Manfred Kriener

Lecker-Land ist abgebrannt

Manfred Kriener

Lecker-Land ist abgebrannt

Ernährungslügen und der rasante Wandel der Esskultur

Hirzel

MIX
Papier aus verantwortungsvollen Quellen
FSC® C083411

Bibliografische Information der Deutschen Nationalbibliothek
Die Deutsche Nationalbibliothek verzeichnet diese Publikation in der Deutschen Nationalbibliografie; detaillierte bibliografische Daten sind im Internet unter https://portal.dnb.de abrufbar.

ISBN 978-3-7776-2815-8 (Print)
ISBN 978-3-7776-2856-1 (E-Book, epub)

2., korrigierte Auflage 2020

Birkenwaldstraße 44, 70191 Stuttgart
Printed in Germany
Lektorat: Dr. Angela Meder, Stuttgart
Einbandgestaltung: semper smile, München
Satz: abavo GmbH, Buchloe
Druck und Bindung: cpi books GmbH, Leck

Mehr Bäume
Weniger CO_2
www.cpi-print.de/umwelt

www.hirzel.de

Inhaltsverzeichnis

Geleitwort von Vincent Klink

Vor mir habe ich ein Buch, das beim ersten Durchblättern das hält, was ich von einem Autor wie Manfred Kriener seit Jahren erwarten kann: Genauigkeit und journalistische Aufrichtigkeit. Kriener wurde im Schwarzwald geboren, was von dort kommt, hat Qualität. Er entsprang einem Biotop, in dem man es genau nimmt. Die Zuverlässigkeit der dort gefertigten Uhren muss in seine DNA eingelagert sein. Diese befasst sich, seit ich den Mann kenne, mit Essen und Trinken und mit dem Schutz von Natur und Umwelt. Seit 30 Jahren laufen wir uns ständig über den Weg, denn Kriener kümmert sich leidenschaftlich um gute Lebensmittel, und das ist genau auch meine Leidenschaft. Leidenschaft, das Wort ist gut gewählt, denn wir leiden. Manfred Kriener ist ein Mann, der weiß, wie die Natur zu unserem Wohl unermüdlich liefert und wir sie trotzdem mit Füßen treten und wie die Gier des Menschen dauernd obsiegen und ausbeuten möchte. Dieser grenzenlose Egoismus, der alles aussaugt und den Nachkommen nicht viel übrig lassen will. Darum und wie es bewerkstelligt wird, geht es in diesem Buch, das sich vornehmlich den Verbrechen an der Natur und an den Lebensmitteln widmet, das genau in die Wunde sticht, aber nie jammert, sondern auch Auswege zeigt.

Ich gehöre zu den Menschen, die nicht geizig sind, sich aber an den Parametern der Vernunft sortieren, gerade so, wie man das schon bei den Griechen vor 2500 Jahren nachlesen kann. Es geht deshalb nicht ums Wohlleben, sondern ums Überleben, und das nicht auf Kosten anderer.

Das Buch belegt auch die Erkenntnis, dass man seinem Körper Gutes tun sollte, damit man anderen Gutes tun kann. Geben kann nur der, der auch genommen hat. Wer die Welt als Fegefeuer sieht, ist selber schuld und womöglich in Schuldgefühlen verklebt. Moderne Ernährung braucht einen scharfen Blick nach allen Seiten, vor allem allerdings in eine Richtung, welche man mittlerweile häufig als Chemiehölle wahrnehmen darf.

Mit heißem Kopf las ich Seite um Seite von Krieners umfassenden Recherchen und Beweisen. Obwohl ich mich seit Jahren mit Lebensmitteln beschäftige, war mir die Infamie der Nahrungsmittelindustrie und der Lebensmittelchemie in dieser Tiefe nicht bekannt. Soziologisch sehr interessant ist die teilweise fast ins Religiöse abrutschende Ernährungsmoral hierzulande. Man erfährt bei Kriener, dass dies auch sein Gutes hat, aber oft als Anker mentaler Schleudertraumata herhalten muss. Das alles kommt nicht von ungefähr, und dieses Buch leuchtet so gut wie jede Problematik ums Essen gründlich aus. Es nahm mich auch deshalb gefangen, weil es auf missionarische Töne verzichtet, was bei der Thematik um Nahrungsverbrechen, Essverhalten und der Sehnsucht nach dem Aromen-Overkill als Seltenheit gesehen werden kann.

So lese ich mich durch einen bewundernswerten Wortschatz in den Wahnsinn des Foodporn, des bunten Tellerpostings, des exotischen Füllhorns mit Speisen aus aller Welt, mit denen fantasielose Köche oft ungenügende Kreativität tarnen.

Die Ernährungswelt teilt sich nicht nur in Veggies und Karnivoren. Sie unterscheidet auch zwischen bewussten, gebildeten, nachdenklichen Normalverbrauchern, unter denen Kriener auch Otto Moralverbraucher ortet. Bio, fair, artgerecht und zunehmend pflanzlich sind die erstrebenswerten Zutaten eines überlegten Lebens. Wählen können heißt frei sein, frei ist aber nur, wer ein wenig Bescheid weiß. Zum Thema Ernährung und Landwirtschaft gibt es Müllhalden an Aufklärungsbüchern, die durch Manfred Krieners Texte nahezu obsolet erscheinen. Das hört sich jetzt an wie die Lobhudelei auf einen Freund. Ich bin jedoch in der wunderbaren Situation, dass ich nichts beschönigen muss, dass ich frei reden und loben kann, einen Mann und sein Buch hochhebe, mit dem mich viel verbindet.

Stuttgart, im Januar 2020

Essen 4.0

Messer, Gabel, Handy

Schwer zu sagen, wann genau das Essbesteck um ein entscheidendes Instrument erweitert wurde. Irgendwann zu Beginn des neuen Jahrhunderts muss es mit dem Handy angefangen haben. Die Facebook-Welt, die für Kommunikation und Narzissmus ein neues Universum erschuf, wurde 2004 gegründet. Heute versammeln Facebook, Instagram und Co. fast die halbe Weltbevölkerung in ihren Netzwerken. Die Zahl der dort veröffentlichten Fotos von hübsch dekorierten Tellern geht ebenfalls in die Milliarden. Sie kennen das: Kaum hat der Kellner das Duett von Lachs- und Hechtklößchen auf den Restauranttisch gestellt, zückt der Gast seinen elektronischen Alleskönner und fotografiert sein Essen. Das Foto wird spätestens am nächsten Tag gepostet, aber am besten noch vor dem ersten Bissen. Dann sind bis zum Dessert schon die ersten Likes und Kommentare von Manu, Piet und Lissy unterwegs: »Sieht megalecker aus!«

Man zeigt, was man zu bieten hat, die Speisenbestellung ist nicht nur auf den Appetit, sondern auch auf die demonstrative Präsentation ausgerichtet. Das gepostete Essen ist Statussymbol und Ausstellungsstück, Visiten- und Ansichtskarte, Selbstdarstellung und Food-Entertainment, kulinarisches Denkmal und Lifestyle-Ornament, es soll der farbenfrohe Nachweis sein für Genussfähigkeit und ein schönes Leben. Die Freunde daheim in Castrop-Rauxel sollen ruhig ein wenig neidisch werden. Man sitzt schließlich in einem Restaurant an der Strandpromenade von Valencia und gönnt sich eine Meeresfrüchte-Paella mit einem Glas Veuve Clicquot. Und ganz hinten, am Horizont, da versinkt die spanische Sonne blutrot im Meer.

Messer, Gabel, Handy. Seitdem ist nichts mehr, wie es war. Früher musste der Adel einen Künstler anstellen, der die Pracht der höfischen Festtafel mit ihren Fasanen und Wildhasen, Fischen und

Weinkrügen mit feinstem Pinselstrich für die Ewigkeit auf die Leinwand bannte. Heute besorgt das ein Smartphone in Sekundenschnelle. Findige Hersteller haben inzwischen eigens eine Food-Taste als Kameratool installiert, damit die Bilder für den Hashtag *#Foodporn* bei Instagram möglichst kontrastreich versendet werden können. Auch die Restaurants folgen dem Trend und stimmen ihr Dekor mit besonders fotogenem Design gezielt auf die jeweiligen Speisen ab.

Die gemeinsamen Mahlzeiten am Familientisch, die den Tag strukturierten und das regelmäßige Beisammensein garantierten, sind weitgehend auf der Strecke geblieben. Heute teilt man das Essen virtuell mit Followern und Freunden in den sozialen Medien. Auch die Wissenschaft sieht sich die geposteten Teller an und analysiert auf diese Weise das Essverhalten von Millionen. Eine Studie aus Katar[1] hat 150 Tage lang mehr als neun Millionen geposteter Teller von 1,7 Millionen Usern aus 72 Ländern untersucht. Täglich waren das 62 000 Fotos. Häufigster Schlüsselbegriff im großen Datensalat: Schokolade!

In den USA, dem Land mit den weltweit meisten Foodporn-Posts (zweiter Platz: Italien), werden Donuts und Muffins besonders oft geliked. Aber auch Salat-Arrangements, Sushi und Hühnchen sind beliebt. In den Niederlanden sind die Posts besonders gesundheitsbewusst. Brasilien, Argentinien und Frankreich verzeichnen dagegen die höchste Rate ungesund eingestufter Teller. Leider, so die Klage der Wissenschaftler, werde zu wenig Obst und Gemüse fotografiert. Was nicht erstaunt, denn für eine geraspelte Möhre gibt es selten Begeisterungsstürme in den Netzwerken. Dank der wissenschaftlichen Analysen wissen wir jetzt, dass Frauen gemüsiger und kalorienärmer posten als Männer.

Das per Foto dokumentierte Essen passt perfekt in eine Zeit, in der die Identität durch den Magen geht. Ich esse, also bin ich! Weltanschauung und Lebensstil werden stärker denn je durch unser Essen ausgedrückt. Bildung, Schichtzugehörigkeit und politische Haltung – alles liegt mit auf dem Teller. 2000 Jahre nach dem Abendmahl der Jünger hat das Essen fast schon religiöse Züge angenommen. Die Frankfurter Literaturwissenschaftlerin Christine Ott schreibt: »Die Frage nach der Wahl des richtigen Essens (erscheint) als eine existentielle Frage, mit der Konzepte von Schuld und Erlösung verbunden sind. All dies legt die Vermutung nahe, dass neue Ernährungsideologien heute in der Tat die Funktion säkularer Religionen einnehmen können und dass die enorme diskursive Aufmerksamkeit, die dem Essen gegenwärtig gilt, einen regelrechten Kult stiftet.«[2] Dieser Kult ist allgegenwärtig, schon eine harmlose Tasse Kaffee kann zum Lifestyle-Statement aufsteigen: »Brühkapseln«, wundert sich der *Spiegel*, »werden präsentiert wie Schmuckstücke beim Juwelier.«

Tatsächlich sind Essen, Ernährung und Kochen ein Dauerthema geworden. Noch nie wurde so viel über Ernährung geredet, geschrieben und gepostet. Im Fernsehen sind die ewigen Kochsendungen längst zur Landplage geworden, Kochshows und Küchenschlachten gehören zu unserem TV-Alltag wie die *Tagesschau*. Bei *Amazon* erhalten wir zum Suchbegriff »Essen« mehr als 60 000 Buchtreffer. Wir sind umstellt von immer neuen Schlagworten und angeblichen Megatrends: Superfood und Ethnofood, Weizenwampe und Clean Eating, Gluten- und Laktoseintoleranz, Basenfasten und Intervallfasten, Low Carb und No Carb. In den Internetforen dürfen sich Gesundheitsfanatiker und Besseresser aller Richtungen ungeniert austoben. Als neues Ordnungsschema der kulinarischen Welt gilt die Trennung in Veganer und Vegetarier auf der einen und Flexitarier und Karnivoren auf der anderen Seite. Die Gesellschaft hat diese Zweiteilung relativ geräuschlos akzeptiert; sie bedient auf wichtigen Veranstaltungen fast selbstverständlich beide Ernährungsstile in friedlicher Koexistenz.

Dabei ist es noch gar nicht so lange her, dass wir uns zum Hagebuttentee ein Leberwurstbrot geschmiert haben. Heute muss es schon ein Garnelenburger mit Nektarinensalat sein, gern auch ein mit etwas Insektenprotein abgerundeter Energieriegel, dazu vielleicht ein »Long life Tea« aus Minze, Ingwer, Gojibeeren und getrockneten Datteln. Die kulinarische Welt hat sich dramatisch verändert, sie ist nicht nur narzisstischer und ideologischer, sie ist auch sehr viel exotischer geworden.

Bis zur Jahrtausendwende musste es unbedingt Italienisch sein. Wenn der Stuttgarter Koch Vincent Klink auf seiner Speisekarte ein feines Rehgulasch mit Spätzle annoncierte, gähnten die Gäste. Sobald er daraus ein Sugo vom Reh mit Tagliatelle machte, avancierte dasselbe Gericht zum Restaurantrenner. Vorbei! Nicht nur der deutsche Eintopf, Sauerkraut und Schweinshaxe haben an Attraktivität verloren, auch die gesamte italienische Küche ist weniger angesagt. Pizza und Pasta sind zwar nach wie vor bei Kindern beliebt, aber um wirklich zu punkten, macht ein in Bananenblättern eingelegtes Barschfilet mit Ingwer, Koriander und Kokosmilch allemal mehr her. Danach vielleicht ein Smoothie vom Rotkohl. Davor ein bunter Salat mit Granatapfeleinstreu.

In den Supermarktregalen und Restaurants hat die Globalisierung breite Spuren hinterlassen, die kulinarische Verlängerung unserer Urlaube. Trotz Flugscham und Erdüberhitzung reisen wir weiter ungeniert quer durch alle Kontinente und betreten auch gastronomisch immer neue Welten. Fremde Länder, das sind nicht nur Strände, Landschaften und Straßenszenen. Zum Reisen gehören auch Geruch und Geschmack landestypischer Speisen und neue Genusserfahrungen, die man zu Hause gern aktualisiert und so der Sehnsucht nach einer intakten Beziehung zur Welt nachgibt.

Wohlstand und internationale Handelswege gestatten uns die Einverleibung der ganzen Welt. Diese Welt hat »Farbe, Konsistenz, Geruch und Geschmack, sie ist kau- und schluckbar«, schreibt der Sozialwissenschaftler Hartmut Rosa.[3] Sie kann immer neue Reize bieten und uns in aufregende kulinarische Landschaften entführen.

Inzwischen ist uns keine Alltagshandlung wichtiger als das Essen. Über solche Prioritätensetzung wird gern gespöttelt, doch sie hat durchaus Sinn. Denn es gibt kein Entkommen vor der Allgegenwart des Essens. Im Lauf seines Lebens isst der Mensch, wenn er 80 Jahre alt wird und es dreimal täglich tut, fast 90 000-mal. Wir widmen dem leiblichen Wohl fünf bis sechs Jahre unseres Lebens.

Inklusive Zubereitungszeit sind es sogar zehn Jahre. Rund 30 000 Kilo Nahrung und 50 000 Liter Getränke passieren unseren Magenpförtner. »Essen und Ernährung«, sagt der kulinarische Historiker Gunther Hirschfelder, »sind bestimmend im Leben jedes Einzelnen, sie erfordern stetig neue Kost, stetig neues Einverleiben.«[4] Warum also nicht das, was wir sowieso ständig tun, bewusster und genussfreudiger gestalten? Schließlich galt eine gute Mahlzeit in guter Gesellschaft schon bei Immanuel Kant als gesittete Glückseligkeit.

Doch sich einfach nur hinsetzen, essen und genießen, was einem schmeckt, ist vielen Menschen heute nicht mehr möglich. Mitten im Schlaraffenland hat das Essen seine Leichtigkeit und seine Unschuld verloren. Wir können uns immer weniger auf unseren Appetit verlassen. Früher hatten wir Lust auf dies und das, heute haben wir Ernährungspyramiden und Allergien, Foodmeilen und Veggiedays. Neben Pfeffer und Salz sind Moral, Ideologie, Politik und Zeitgeist wichtige Zutaten geworden. Seit uns der amerikanische Berkeley-Professor Michael Pollan die Leviten gelesen hat, wissen wir auch, dass jeder Happen Folgen zeitigt: »Du kannst die Welt mit jedem Bissen verändern. Du kannst dreimal täglich abstimmen. Kauf Produkte von Firmen, die Arbeiter, Tiere und die Umwelt mit Respekt behandeln. Wähle Lebensmittel, die Saison haben. Kauf biologische Lebensmittel. Erkundige dich nach Herkunft und Zutaten. Lies das Kleingedruckte auf den Etiketten […] Wenn Du betest, bitte um Speisen, die uns und den Planeten gesund erhalten.«[5] Pollan isst selbst gelegentlich Fleisch, das macht ihn zum glaubwürdigen und zugleich nachsichtigen Ratgeber all jener, die in Zeiten veganer Radikalität (siehe Kapitel »Nichts vom Tier«) ihren Konsum tierischer Lebensmittel reduzieren wollen.

So haben wir neben Foodporn und buntem Tellerposting, neben dem exotischen Füllhorn mit Speisen aus aller Welt gleichzeitig eine zunehmend moralische Tischordnung bekommen. Die Ernährungswelt teilt sich nicht nur in Veggies und Karnivoren. Sie unterscheidet auch zwischen bewussten, gebildeten, nachdenklichen Otto Moralverbrauchern und eher schlecht informierten und bildungsfernen Allesessern. Bio, fair, artgerecht und zunehmend pflanzlich sind für die einen erstrebenswerte Zutaten – Hauptsache billig, fleischig und süß für die anderen. Die einen sind schlanker, die anderen dicker.

Für die Erstgenannten ist Pollan ein bedeutender Wegweiser geworden. Sein Speiseplan erscheint relativ simpel: »Essen Sie echte Lebensmittel, nicht zu viel, vorwiegend pflanzlich [...] Die Schlüsselentscheidung heißt: statt industriellen Nahrungsmittelimitaten richtige Lebensmittel essen.« Das bedeutet vor allem, dass man sein Essen selbst in die Hand nimmt. Dass man selbst kocht. Doch der Trend geht in die andere Richtung. Mehr Fertiggerichte, mehr Außer-Haus-Essen, mehr Bringdienste. So verliert der Esser die Kontrolle über Inhaltsstoffe und Zubereitung seiner Speisen.

Gerade deshalb schauen viele umso misstrauischer auf ihre Teller. Auf Verzicht getrimmte Ernährungsweisen finden eine immer größere Anhängerschaft, zuletzt vor allem die weitgehende Verbannung der Kohlenhydrate. Das No-Carb-Regime verzichtet auf Brot, Reis, Kartoffeln und andere Carboloadings. Es reiht sich ein in die wachsende Anzahl der sogenannten *Free Froms*, das sind diejenigen Esser, die auf Laktose, Gluten, tierisches Eiweiß, chemische Zusatzstoffe, nicht-basische Nahrungsmittel oder tatsächliche oder manchmal auch eingebildete Reizstoffe konsequent verzichten und die Speisekarten entsprechend akribisch durchforsten. Nicht selten wird der Koch an den Tisch zitiert, um eine koschere Speisenzusammensetzung auszuhandeln.

Manche Verzichtsstrategien sind tatsächlich gesundheitlich begründet, etwa bei einer manifesten Zöliakie, also einer Unverträglichkeit von Weizeneiweiß (Gluten), einer zum Glück seltenen Krankheit. In den USA verzichtet allerdings schon jeder zehnte Haushalt auf Gluten, jeder vierte Amerikaner ist überzeugt, dass eine Ernährung ohne Weizenkleber für ihn gesund sei. Jana Rückert-John, Professorin für die Soziologie des Essens an der Hochschule Fulda, sagt: »Es gibt echte Lebensmittelallergien und Unverträglichkeiten. Aber es gibt auch einen rapiden Anstieg der gefühlten oder der behaupteten.«[6] Könnte die zunehmend aggressiv kommunizierte Vermeidungs- und Verzichtshaltung eine logische Gegenreaktion sein auf eine Verschwendungsgesellschaft, auf die schwindelig machende Vielfalt im Lebensmittelregal, auf Überfluss und Dekadenz? Oder ist sie eine Art Lebensmittelneurose? Oder doch bloß Wichtigtuerei?

Der Aachener Psychoanalytiker Micha Hilgers sieht tiefere Ursachen. Er hält die Inflation der Free Froms nicht nur für eine Form des kulinarischen Fanatismus, er sieht sie vor allem als Antwort auf Kontrollverlust und Ohnmachtsgefühle, denen sich immer mehr Menschen in ihrem Leben ausgesetzt sehen. Der dringende Wunsch nach mehr Kontrolle werde, so Hilgers, »auf den kleinsten Lebensbereich verschoben, den man glaubt, noch lückenlos beherrschen und kontrollieren zu können – das Essen«. Weil aber die primäre und existenzielle Ohnmachtserfahrung im Lebensalltag nicht verschwinde, würden die Kontrollbedürfnisse beim Essen umso exzessiver ausgelebt, bis hin zu einem regelrechten Kontrollwahn.[7]

Das Autorenduo Hanni Rützler und Wolfgang Reiter beobachtet den Einbruch moralisch-asketischer Ideale in die neue Essunordnung ebenfalls mit wachsender Skepsis.[8] »Statt Lebensmittel zu genießen, fürchten wir uns vor ihnen.« Ihr Befund: Wir würden heute mehr Energie auf die Diskussion und die Abwendung von Gefahren verschwenden, die uns beim Essen drohen, als für die Zubereitung und den Genuss des Essens selbst. In einer »Mischung aus Self-Empowerment und Selbstbemutterung«, so die Autoren, würden sich die Verunsicherten und Verängstigten auf den Weg machen zu einem ganz eigenen, keusch-korrekten Speiseplan. Gleichzeitig seien die Diskussionen um das richtige Essen zu einer Stellvertreterdebatte geworden um das richtige Leben – mit zunehmend fundamentalistischen Positionen.

Dass uns die ausdauernde kulinarische Schwarzmalerei, der ökologische oder gesundheitliche Purismus um das gute Leben bringen und der Genuss dabei nicht selten auf der Strecke bleibt – mit diesem Vorwurf treffen Rützler und Reiter sicher ins Schwarze. Nur: Die Untiefen der Nahrungsmittelproduktion mit teilweise barbarischen Formen der Tierhaltung, die Abholzung der Regenwälder für

Tierfutter und Biosprit oder die Überfrachtung industriell hochprozessierter Lebensmittel mit Zusatzstoffen und Unmengen von Zucker sind ja nicht eingebildet. Die 50 000 bis 100 000 Menschen, die jedes Jahr in Berlin »Wir haben es satt!« rufen und gegen das Agrar- und Ernährungssystem demonstrieren, haben viele gute Argumente auf ihrer Seite, von A wie Antibiotikamissbrauch bis Z wie Zuckerirrsinn.

Natürlich ist es richtig, die Moralkeule öfter mal im Waffenschrank zu lassen. Ohnehin können wir beim Einkaufen nicht alle ethischen und moralischen Aspekte ständig mitdenken: Wie wurde dieses Hähnchen gehalten, wie viele Flugstunden hat die Ananas auf dem Buckel? Hat man den Spargelstechern wieder nicht den Mindestlohn bezahlt? Sind die Auberginen womöglich Hybridsorten aus den Laboren der Agromultis Pioneer oder Syngenta? Und der Kabeljau, ist der nicht chronisch überfischt? Bei ständigem Hinterfragen des Speisenangebots müssten wir am Ende verhungern. Gut, also auch mal fünf gerade sein lassen. Übersetzt ins abstrakte Vokabular des Psychoanalytikers Micha Hilgers bedeutet das »Ambivalenz-Spannungen ertragen« und »Kompromisse eingehen«. Ungesund werde es immer dann, sagt Hilgers, wenn wir unsere Werte verabsolutierten. Die richtige Balance zu finden zwischen Genuss und Verantwortung, das ist die große Herausforderung, das ist ein Stück Lebenskunst. Argusäugiger Ernährungsfanatismus ist nicht weniger abstoßend als fatalistische Genussgier. Irgendwo zwischendrin hat sich die Vernunft einen behaglichen Platz am Esstisch reserviert.

Natürlich hat jeder Verbraucher seinen inneren Kompass und gewisse rote Linien. Dazu können zum Beispiel Superschnäppchen gehören, die den Erzeuger um seinen Lohn bringen. Wenn die Wurst billiger ist als Hundefutter und die Milch weniger kostet als gutes Mineralwasser, dann ist ein Ernährungssystem aus den Fugen geraten. Dann muss aber neben dem aufgeklärten Verbraucher auch die Politik Konsequenzen ziehen.

Die um sich greifende Attitüde, die Verantwortung einseitig und ausschließlich dem angeblich allmächtigen König Kunde und dessen Kaufentscheidungen zuzuschieben, ist naiv. Sie verkennt die realen Machtverhältnisse. Politik, Handel, Gastronomie und Ernährungsindustrie sind machtvolle Player. Die viel beschworene Ernährungs- oder Agrarwende zu vollziehen, ist eine gesellschaftliche Aufgabe, für die es ein druckvolles Zusammenspiel von Politik und Konsumverhalten braucht. Eine mächtige Wirtschaftsbranche lässt sich nicht allein durch individuelle Kaufentscheidungen dirigieren. Dass jeder Einzelne einen kleinen Teil der Verantwortung trägt, ist unbestritten. Dass es in jedem Fall sinnvoll ist, bei der Wahl der Lebensmittel immer wieder genauer hinzuschauen, dafür gibt es gleich mehrere Gründe. Erstens schmeckt es besser, zweitens hat man ein gutes »Gefühl« in Bauch und Kopf, und drittens gilt, um es mit Worten des Aufklärers, Schriftstellers und Journalisten Jürgen Dahl zu sagen: Wer zu Hause verantwortungsbewusst handelt, der wird »vielleicht nicht die Welt retten, dafür aber die eigene Würde«.[9]

Zurück zur neuen Ernährungswelt. Sie hat unendlich viele Facetten. Da sind die große Fermentationswelle, die Renaissance des Oma-Prinzips beim Einkochen, die Mode des Intervallfastens, das gemeinsame Kochen mit Geflüchteten oder die neue darmbewusste Ernährung. Für deren Anhänger steht fest, dass die Billionen Bakterien in unserem Verdauungstrakt eine Art zweites Gehirn sind und entsprechend gefüttert werden wollen. Nahrungsmittel werden abgeklopft nach ihrer Tauglichkeit für die Darmbewohner, die zu wichtigen kulinarischen Kooperationspartnern aufgestiegen sind. Womöglich steuern sie uns mit *ihrem* Appetit beim Einkaufen und Essen, ohne dass wir es überhaupt merken.

Neu ist auch die Vielfalt der unzähligen Start-ups, die sich gerade im Ernährungssektor tummeln. Mal hantieren sie mit Insektenmehl, mal kreieren sie gemüsige Fleischersatzprodukte oder Energieriegel zum Selberbacken. Sie verkaufen Smoothies und Kombuchas, die von quallenartigen Pilzen erschaffen werden. Sie importieren exotische Superfoods und kombinieren in der Aquaponik auf intelligente Weise die Kräuterzucht mit der Fischhaltung. Sie retten Lebensmittel aus Abfallcontainern, verkaufen Radieschen aus Urban Gardening, Snacks aus gerösteten Kichererbsen oder »Brainfood« aus Hanfsamen. Es gibt viele spannende Entwicklungen, und es gibt echte Landplagen.

Eine der auffälligsten, weil überall sichtbaren Plagen ist der Trinkbecher, der vor allem mit Coffee to go gefüllt ist. Das Smartphone in der rechten, den Kaffeebecher in der linken Hand, den Kopf leicht gebeugt, so fühlt sich vor allem der Metropolenbewohner gewappnet für den Alltag. Dass man Kaffee im Notfall auch im Sitzen oder im Stehen trinken kann, ist für viele eine neue Erkenntnis. Inzwischen ist der irrwitzige Becherausstoß mit seinen Abfallfluten, dem Energie- und Ressourcenverbrauch bis ins Detail berechnet. Danach fallen in Deutschland pro Stunde 320 000 Coffee-to-go-Becher an. Stellt man die jährlich in Deutschland verbrauchten Becher mit den dazugehörigen Plastikdeckeln aufeinander, würde ein 300 000 Kilometer hoher Turm entstehen. Nebeneinandergelegt ließe sich die Erde damit mehr als sieben Mal umrunden.[10] Allein Berlin zählt jährlich 170 Millionen Kaffee-Einwegbecher. Die Zahl der Verbraucher, die immer mal wieder zu den Wegwerfbechern greifen, soll deutschlandweit inzwischen bei 70 Prozent liegen.

So türmt sich neben den hochmoralisch begründeten Veggiespeisen ein höchst bedenklicher Becherberg – beides Erscheinungen der gleichen modernen Ernährungswelt. Ähnliche Müllgebirge wie die Kaffeebecher verursachen die Online-Essenslieferanten. Das Internet als wachstumsstärkster Vertriebskanal wird inzwischen von fast jedem zweiten Deutschen zum Einkaufen genutzt. In der Lebensmittelbranche sind die Erfolge von Anbietern wie *Amazon Fresh* zwar noch überschaubar geblieben, dafür werden Speisen-Bringdienste wie *Delivery Hero*, *Takeaway-Just-Eat* und andere weltweit und auch bei uns gern genutzt. Sie liefern nicht nur Pizza vom Italiener um die Ecke, sondern ganze Menüs von allen möglichen Restaurants.

Der Kunde kann zu Hause über eine App aus dem Angebot verschiedener Restaurants, die sich im Stadtgebiet befinden, auswählen. Dutzende von Speisekarten sind plötzlich verfügbar, ohne einen einzigen Schritt aus dem Haus zu gehen. Der Vorteil ist gleichzeitig der Nachteil: Das entspannte Erlebnis in einem Restaurant, der Tapetenwechsel, der kleine Weg in der Mittagspause oder das Ausgehen am Abend werden ersetzt durch klingelnde Lieferhelden, die nicht selten lauwarmes Essen inklusive Müllorgie servieren. Appetitlich angerichtetes Essen in schöner Atmosphäre frisch aus der Küche sieht anders aus. Die Lust auf ein schönes Essen in angenehmer Umgebung wird der Effizienz geopfert. Das Geschäft floriert. Die Zahl der teilnehmenden Restaurants steigt ebenso rasant wie der Umsatz. *Delivery Hero*, einer der globalen Marktführer, meldete im zweiten Quartal 2019 mit 315 Millionen Euro eine glatte Verdoppelung der Erlöse. Glaubt man den Aussagen von Firmengründer und Vorstandschef Niklas Ostberg, dann sollen die Bringdienste in wenigen Jahren das Kochen komplett übernehmen. »In zehn Jahren ist es viel billiger, gesünder und leckerer, sich Essen kommen zu lassen [...] Kochen ist dann nur noch ein Hobby.«[11]

Es steht zu befürchten, dass der Mann nicht nur Unsinn redet. Schon die vielen TV-Kochsendungen sollten uns misstrauisch machen. Seit Jahren schon gibts kein Zappen mehr, ohne auf Rührkessel, Sahnehäubchen und Macadamiakrusten zu schauen. Die Epidemie der Kochsendungen, die Rezeptlawinen, der Kochbuchboom und die vielen Blogs im Netz kommen ja nicht zufällig zustande. Es ist beim Essen und Kochen wie bei der Fitness: Je weniger wir uns bewegen, desto beängstigender wächst die Zahl der Hometrainer, Ruderboote und Laufbänder, die zu Millionen in Kellern verstauben. Dasselbe am Herd. Weil immer weniger Menschen richtig kochen, gönnt man sich wenigstens den Augenschmaus am TV.

Kochsendungen und Kochbücher sind zum Surrogat fürs eigene Brutzeln geworden. Sie bieten auch ein gewisses ästhetisches Vergnügen, Herd-Unterhaltung und Nostalgie. Da aalen sich herrliche Zutaten auf der Anrichte, der Tisch ist präpariert, als käme gleich die Queen in die Küche, und der dekantierte Rotspon lockt funkelnd im Glas. Es ist ein saftiges Stück Abschied von der Zeit, als man noch eigenhändig den Schmorbraten in Stellung brachte und gemeinsam um den Tisch saß. Heute sitzt man im Fernsehsessel und freut sich über den knusprigen Gemüsestrudel, den der ewig grinsende Herr Lafer aus der Röhre zieht. Oder man liest den neuesten Eintrag im Kochblog von *Arthurs Tochter*. Vielleicht grummelt es dann ein wenig im Zwölffingerdarm. Schatz, lass uns doch was essen gehen!

Gegessen wird überall. In Bahnhöfen und Fußgängerzonen, Markthallen und Shoppingmalls, beim Bäcker und Metzger, an Bratwurstbuden und bei den Kaffeeketten und immer noch gern bei den Burgerbratern McDonalds und Co. Bei Neuanmietungen von Läden hat sich die alte Rangordnung verändert: Die sogenannte Systemgastronomie hat jetzt erstmals die Nase vorn, sie hat sogar die Textilgeschäfte abgehängt.[12] Ihr Angebot ist das standardisierte und durchökonomisierte Essen für den schnellen Hunger. Schlecht bezahlte Hilfskräfte mit bunten Schürzen schieben uns beim »großen Schlingen« *(Spiegel)* an jeder Ecke kleine und große Happen in den Mund. Geregelte Essenszeiten werden seltener. Und nur noch 42 Prozent der Deutschen nehmen ihre Hauptmahlzeit zu Hause ein. Das häufig zu beobachtende Essen im Gehen oder Stehen ähnelt dabei auf verblüffende Weise den Essgewohnheiten der Steinzeitmenschen, die bei ihren Streifzügen sofort aufaßen, was sie an Schnecken, Beeren oder Käferchen gerade finden konnten.

Beim Futtern in den Fußgängerzonen und Einkaufszentren muss es jedenfalls schnell gehen. Sofern man überhaupt an einem Tisch Platz nimmt, rechnet man in den Fast-Food-Restaurants vom Betreten bis zum Verlassen des Lokals mit maximal 20 Minuten. Sinn des Restaurantbesuchs sind nicht mehr Atmosphäre, Gemütlichkeit, Geschmack oder die Lust am Essen. Der Zweck des Essens liege in seinem Verfahrensende, schreibt der japanische Philosoph Tadashi Ogawa. Schon die Sitze sind bewusst so unbequem, dass man das Lokal möglichst schnell wieder verlässt. »Der Gast isst«, notiert Ogawa, »wie ein Pferd aus dem Eimer frisst.«[13] Noch interessanter ist eine andere These des Japaners: Er glaubt, dass der Besucher eines Schnellrestaurants in Wahrheit nicht den Bratklops oder die Hähnchen-Nuggets kauft, sondern – die Zeit. Er kaufe sich

Lebenszeit, die er einsparen will. Man könnte hinzufügen: um sie später am Computer und Smartphone wieder zu verdaddeln.

Egal, wo man sich verköstigt, es darf gern etwas Ausgefallenes sein. Mexikanisch, Peruanisch oder Japanisch gehören in Berlin zu den angesagten Küchen. Dagegen verzeichnet eine Ackerfrucht, die wie keine andere mit der heimischen Küche identifiziert wird, einen steilen Absturz: die brave Kartoffel. Die Deutschen, von Migranten gern als »Kartoffeln« bezeichnet, mögen sie nicht mehr. Nach Jahrzehnten inniger Liebe liegt die Knolle missachtet unterm Spülkasten, streckt ihre Keime in luftige Höhen, während bei Tisch Curryreis und Quinoabratlinge serviert werden. Wie konnte es dazu kommen, da doch jeder Deutsche nach dem Krieg 176 Kilo im Jahr verzehrte, das Ackergold als wichtigstes Nahrungsmittel fast täglich auf die Gabel nahm?

Die Diagnose ist schnell gestellt. Die derbe Kartoffel passt nicht mehr zu unserem Lifestyle. Sie ist weder schick noch exotisch. Die jüngeren Generationen, heißt es, scheuen sich, *Linda* und *Nicola* die Haut abzuschälen und ihre saubere Kochinsel mit Ackerkrumen einzudrecken. Nach Zahlen des Kartoffelmarkt-Berichts 2018[14] ist der Verbrauch auf schlanke 57,9 Kilo pro Person und Jahr gefallen, davon wird mehr als die Hälfte in Form von Chips und Pommes frites gegessen.

Dabei hat die Kartoffel eine Schlüsselrolle, wenn es um die zukünftige Ernährung der wachsenden Menschheit geht. Sie ist energiereich, sättigend, leicht anzubauen auf wenig Platz, dazu auch noch billig, und vor allem ist sie unschlagbar, was den in Kalorien gemessenen Ertrag je Hektar angeht. Der Reisanbau verbraucht – um die gleiche Kalorienmenge zu ernten – fast dreimal so viel Wasser wie der Anbau von Kartoffeln.

Auch Weizen und Mais hängt die Kartoffel locker ab, wenn es um Ernährungsproduktivität geht. Kartoffeleiweiß wird von unserem Körper zudem besonders gut verwertet, es gilt als wertvollstes Eiweiß aller Gemüsesorten.

Mit ihrer Wandlungsfähigkeit und allen anderen Vorzügen wäre unsere heimische Knolle eigentlich ein echtes Superfood. Wer sich ernsthaft mit Ernährung beschäftigt, müsste sie lieben. Ihr Absturz zeigt, wie schräg und irrational sich unser Speiseplan 2020 konstituiert. Dies ist nicht allein die Schuld der Verbraucher. Die mediale Inszenierung unseres Essens hat andere Prioritäten. Sie konzentriert sich lieber auf bunte Sushiröllchen als auf einen anständigen Kartoffelbrei mit Nussbutter.

Noch eine andere erstaunliche Entwicklung zeigt die Widersprüche unseres Ernährungsrummels: der Niedergang der alten Genusshandwerker, der Bäcker und Metzger. Beides waren über Jahrhunderte unverzichtbare, angesehene Berufe, die unsere Grundversorgung sicherten. Doch während sich die Deutschen so intensiv und ausdauernd wie nie zuvor ihrer Ernährung zuwenden, schauen sie ungerührt zu, wie die Konkursmasse der zwei zentralen Ernährungsberufe jedes Jahr mehr zusammenschrumpft. Man darf vermuten, dass die meisten Verbraucher diese Entwicklung eher verdrängt haben. Auch hier ist die Ursache schnell gefunden. Trotz des Boheis um die Ernährung kauft die Mehrzahl der Deutschen vor allem eines: billig. Und abends um 18 Uhr sollen bitte schön noch 20 Brotsorten im Regal liegen.

Generation lecker

Restaurantkritiker schreiben halbe Zeitungsseiten voll über Aroma-Wirbelstürme und höchstes Geschmacksglück. Da werden Specksaucen von alttestamentarischer Wucht serviert, da singt eine Kalbskopfpraline ihr deliziöses Halleluja, und geschmacklich hochintensive Zweisamkeiten aus Ozean und Erde werden von feinnervigen Chinoiserien begleitet. Die Verstiegenheiten der Großkritiker können einem ganz schön auf die Nerven gehen.

Doch das heute täglich zu hörende Gegenstück ist nicht besser. In Zeiten notorischer Spracharmut reduziert sich das Urteil des Alltagsessers immer häufiger auf die repetitiv-enthusiastische Vokabel »lecker«, in besonders schweren Fällen auch »total lecker«. An allen Tischen, vor allen Tellern ist das Essen, sobald der erste Bissen den Magenpförtner passiert hat, immer wieder und vor allem: lecker. Selbst der Bio-Gemüsehändler am Berliner Chamissoplatz ist infi-

ziert: Diese Tomatensorte sei lecker, jene aber noch leckerer. Auch Koppelungen wie mega-, super- oder oberlecker sind allgegenwärtig. Wiederholungen münden schnell in die Endlosschleife »leckerleckerlecker!«, was ein wenig an die Werbung von *Black & Decker* erinnert. Das Ausrufezeichen ist übrigens fest mit dem Begriff »lecker« verbunden, dem ja ursprünglich eine gewisse Emphase innewohnte.
Der badische Verleger und Autor Wolfgang Abel hat der »Generation lecker« schon vor Jahren den Marsch geblasen: »Zum Wesen der Epidemie gehören Ansteckungsgefahr und Ausbreitung. Kein Tag vergeht ohne Kontakt mit Menschen, die lecker gegessen haben. Auch die Generationenschranken sind mittlerweile durchbrochen. Pensionäre genehmigen sich nach Mischgemüse mit Jägersoße noch ein lecker Tässchen Cappuccino. [...] Manchmal bricht es aus ihnen heraus wie ein reifer Abszess: die Gorgonzolasauce – total lecker Du!«[15]
Eigentlich war »lecker« einmal ein schönes Wort, weil es so unprätentiös und einfach daherkommt. Mit der Verbindung zum Lecken hat es etwas Sinnliches, zugleich etwas Oral-Frühkindliches und Regressives. Ergänzt von einem lang gezogenen »mmmmhh!« legt es umstandslos ein positives Zeugnis ab. Die ständige Wiederholung hat den Begriff indes komplett entwertet. Er hat heute den Charakter eines nichtssagenden Verlegenheitslobs, er steht zugleich für Gedankenfaulheit und die Weigerung, Geschmack und Charakter einer Speise ein wenig origineller und treffender zu beschreiben. Der kulinarische Wortschatz ist riesengroß. Gern würde man wieder mal ein entzücktes »köstlich« hören, vom Feinen und Raffinierten ganz zu schweigen. »Smaczne« (»smatschne« gesprochen) sagen die Polen, wenn es ihnen schmeckt, das klingt wunderbar originell für unsere Ohren und erinnert an schmatzendes Glück bei einem guten Happen. Man muss den Leckerer nicht gleich als kulinarischen Analphabeten verdammen, aber ein wenig mehr Variation sollte in Deutschland einig Leckerland schon möglich sein. Zumal der Leckerer das Gespräch über die Speise mit seinem banalen Dauerattribut in der Regel auch gleich wieder beendet und so den Themenwechsel einleitet. Zudem applaudiert der Leckerer auch lieblosem und ungenießbarem Dosenfutter allzu schnell mit seiner Allzweckwaffe. Aufge-

zuckerte Tiefkühlpizza, Kartoffelchips, rosarote Aldiwurst – alles schwer lecker.

Inzwischen wird der Begriff auch außerhalb des Essens eingesetzt. Ein »lecker Grillwetter« zieht immerhin noch Verbindungslinien vom Meteorologischen zum Kulinarischen. Ein »wahnsinnig leckerer Typ« oder ein »leckeres Outfit« sind dann aber nur noch Dummdeutsch. Im Mundartlichen ist die Generation lecker noch am ehesten zu ertragen, etwa im Hessischen bei einem *läggä grie Sößsche*!

Als Folge erlebt das Bäckereihandwerk eine anhaltende wirtschaftliche und qualitative Talfahrt. Industrielle Großbäcker dominieren heute die Fußgängerzonen. Die kleine Ur-Bäckerei, der Familienbetrieb um die Ecke, der sein Wohnviertel versorgt, der die Kundschaft persönlich kennt, scheint auszusterben. Nach neuesten Zahlen des Zentralverbands des Bäckerhandwerks existieren in Deutschland nur noch 10 900 in der Handwerksrolle eingetragene Bäckereien. Zum Vergleich: 1980 waren es 31 000, im Jahr 2005 immerhin noch 18 000. So wird handwerkliche Arbeit durch industriell geprägte Prozesse ersetzt. Mehr als die Hälfte der Backwaren wird beim Discounter gekauft, wo Backautomaten auf Knopfdruck ihre Laibe auswerfen. Bei einem der Marktführer kostet ein Roggenmischbrot – ein Kilogramm – aktuell 1,15 Euro. »Die Brotpreise in unseren Bäckereien sind ungefähr doppelt so hoch wie die der Lebensmitteldiscounter«, bilanziert der Zentralverband.

Spätestens an dieser Stelle könnten wir die Jeremiade über künstlich zugesetzte Backenzyme, Emulgatoren und den übrigen Chemiebaukasten der Branche anstimmen, über Abermillionen tiefgefrorener Fertigteiglinge aus Asien und Osteuropa und über die vielen Backstationen, die sich Bäckereien nennen, aber weder Backstube noch Backofen besitzen, geschweige denn einen anständigen Bäckermeister. Stattdessen bräunen Verkäuferinnen in Heißluftgeräten bleiche Teiglinge im Minutentakt. In Europa sind in Backwaren weit mehr als 100 Zusatzstoffe zugelassen, selbst ein harmloses Brötchen wird mit den Helferlein aufgepumpt. Der Verfall von Geschmack und Handwerkskunst ist offensichtlich.

Doch Naturgesetze kann man nicht außer Kraft setzen: Wer richtig gutes Brot backen will, braucht Zeit zum Kneten, Teigreifen und Backen. Mit Sauerteig angesetzte Brotteige müssen viele Stunden, manchmal über Tage »gehen«. Wird das Brot im Schnelldurchgang mit chemischen Backhilfen produziert, dann schmeckt es auch so. Dann liegt es nach einem Tag wie ein Stein im Brotkasten, dann wirft man es weg und kauft ein neues.

In einigen Großstädten haben kleine Handwerksbäcker neue Qualitätsoasen gegründet. Mit der Vereinigung »Die Bäcker – Zeit für Geschmack« ist eine unabhängige Berufsorganisation entstanden, die mit Vorteigen und langen Teigführungen arbeitet. Noch sind die neuen Qualitätsbäcker längst nicht flächendeckend vertreten, ein kleiner Anfang ist immerhin gemacht. Auch die enormen Klickzahlen fürs Selberbacken und die dazugehörenden Brotblogs im Netz sind ermutigend. Die Stars der Szene kommen auf über 100 000 Klicks im Monat. Darf man wieder hoffen, dass unser Jahrtausende altes Bäckereihandwerk neu belebt wird?

Bei den Metzgern ein ähnliches Bild. Berlin verzeichnete vor dem Ausbruch des Zweiten Weltkriegs 4800 Fleischereien, nach dem Krieg waren es immerhin noch 2500. Heute sind es in der Hauptstadt nur 60 unabhängige Betriebe für vier Millionen Einwohner.[16] Die Verbraucher kaufen preisbewusst bei Discountern und Supermärkten. Machen wir's kurz und zitieren den Kulturwissenschaftler Wolfgang Pöhlmann, der eine deutsche Kulturgeschichte der Wurst geschrieben hat. Er fordert die Metzger auf, offensiver für ihr Handwerk einzutreten. »Sie dürfen sich nicht auf die bösen Tiertotmacher reduzieren lassen. Das ist ein vollkommen verzerrtes Bild. Ich habe bei meiner Rundreise auf den Spuren der Wurst überall warmherzige und sensible Menschen getroffen, die mit Leidenschaft ein gutes Lebensmittel herstellen. Sie sind die Vertreter eines uralten Handwerks und Kulturguts, das untrennbar mit unserem Leben verbunden ist. Und mehr noch: Der gute Metzger ist für mich auch ein Künstler, die Wurst ist sein Werk und der Konsument ihr Rezipient.«

Es gibt zu unserem Glück auch immer wieder lichthelle Überraschungen in der kulinarischen Landschaft. Wer hätte vor zehn Jahren gedacht, dass ausgerechnet die fest mit dem Dimpflnimbus verbundene Bierbranche umgekrempelt wird. Während sich die großen industriellen Biergiganten gegenseitig mit feindlichen Übernahmen schlucken und verschlucken, zeigen die immer zahlreicheren Craftbierbrauer, dass das deutsche Lieblingsgetränk keine austauschbare, langweilige Bitterplörre sein muss. Underground- und Mikrobrauereien sorgen mit neuen handwerklichen Qualitätsbieren für Furore. Aus dem angelsächsischen Raum nachempfundene Biersorten wie Pale Ale, Stout oder Porter bereichern das öde Angebot der Industriebiere. Exotische Hopfensorten und neue Brauverfahren verwandeln den Gerstensaft in einen gehobenen Genussartikel. Da wird auch mal ein Bier mit Minze oder Safran aromatisiert, da wird mit Früchten und Gewürzen experimentiert.

In den Craftbier-Hochburgen Berlin und Hamburg laufen in einschlägigen Braugasthäusern bis zu 20 verschiedene Fassbiere aus dem Hahn – in allen Farben. In feinwandigen Tulpen serviert, entsteht so eine neue Bierkultur. Schon die Namen sind Hingucker: *Beverly Pils, Trainingslager, I wanna dance with somebody*. Klingt anders als *Bitburger* und *Warsteiner*. Die kleinen Brauer setzen auch bei der Rohstoffqualität oft neue Maßstäbe und sagen Schönungsmitteln, Klärstoffen und Hopfenextrakt den Kampf an. Selbst Weintrinker sind von der Geschmacksvielfalt und Qualität begeistert.

Es ist eine kunterbunte, höchst widersprüchliche Ernährungswelt, die wir heute beobachten können. Der Einfluss des Veganismus, den wir im nächsten Kapitel beschreiben, ist dabei sicher die auffälligste Entwicklung. Damit rückt die Ethik des Essens in den Vordergrund.

Die Instrumentalisierung des Essens für die Gesundheit ist ein ebenso machtvoller Trend. Der Genuss tritt zurück hinter sekundäre Pflanzenstoffe, Vitamine und löbliche Verdaubarkeit. Die ewige Angst vor Krankheit und Tod bestimmt letztlich den Speiseplan. Aber auch die Industrialisierung des Essens hat weiter zugenommen, und der Fast-Food-Trend – schnell, süßlich, billig – ist ungebrochen. Der Berliner Philosoph Wilhelm Schmid charakterisiert die neue Ernährungswelt so: »Es gehört zu den Besonderheiten der Lebensführung in moderner Zeit, dass Fragen der Ernährung von jedem einzelnen Selbst neu zu entscheiden sind, nachdem traditionelle, konventionelle und religiöse Antworten darauf an Verbindlichkeit verloren haben. Die moderne Freiheit durchquert den Magen des Selbst.«[17]

Nichts vom Tier

Vegan rockt

Frage: Woran erkennst du einen Veganer? Antwort: Er wird es dir sagen! Man möge den kleinen Jokus zu Beginn dieses Kapitels verzeihen. Gleichwohl bringt er das missionarische Bekennertum jener Spezies auf den Punkt, die im Ernährungsdiskurs der letzten Jahre den Takt klopft: die Veganer. Bis ins letzte Dorfgasthaus im Bayerischen Wald haben sie die Speisezettel der Republik verändert. In einer Gesellschaft, die mit zunehmender Verunsicherung und wachsendem Ekel auf die Fleisch-, Milch- und Eierproduktion in den von ihr selbst geschaffenen Monsterställen blickt, haben sie einen radikalen Schnitt vollzogen. Sie spielen nicht mehr mit. Sie essen, tragen, verbrauchen nichts mehr vom Tier. Schluss mit Kükentöten, Schnäbelkürzen, Hoden- und Schwänzeabkneifen. Schluss mit Antibiotika-Orgien und überforderten kranken Hochleistungstieren. Schluss mit Milchlämmern und Stubenküken, die, kaum geboren, schon auf dem Teller landen. Schluss mit Fischen aus Netzkäfigen, mit Fettlebern gestopfter Enten und Gänse und lebenden Hummern im kochenden Wasser. Schluss mit der ganzen Bestialität.

Die kompromisslose Konsequenz dieser Haltung ist beeindruckend. Ohnehin erzeugt eine stark auf Pflanzen basierende Ernährung so viel Sympathie wie die industrielle Massentierhaltung regelmäßiges Schaudern. Die Grundeinstellung gegenüber veganer Kost ist keineswegs so negativ, wie es manchmal scheinen mag. Allerdings stellen die ideologischen Hardliner vom radikalen Flügel der Bewegung unsere Sympathie immer wieder auf harte Proben. So verharrt das Publikum im ambivalent-kulinarischen Wartestand zwischen Beifall und Kopfschütteln.

Viele »Normalesser« fühlen sich durch die teilweise aggressive Kampfrhetorik der Veggiebewegung[18] provoziert. Wer lässt sich schon gern als Aasfresser oder Tiermörder bezeichnen, der Leichenteile verzehrt und für den »Dauerholocaust an Tieren« verantwortlich ist? Hinzu kommt, dass nicht wenige Normalköstler wegen ihres regelmäßigen Verbrauchs von Fleisch aus industrieller Massenhaltung tatsächlich ein schlechtes Gewissen haben und gelegentlich bedrückende Gefühle abwehren müssen. Entsprechend heftig fallen manchmal die Reaktionen auf das Reizwort »vegan« aus. Einige Verstiegenheiten der Szene laden die Kritiker aber auch geradezu ein. Mit schenkelklopfender Polemik werden die Pflanzenköstler dann als wahnhafte Gutmenschen und depperte Salatköpfe verhöhnt. Man pickt sich die bizarrsten Äußerungen heraus, spitzt sie noch ein wenig zu, um sie anschließend mit viel Getöse als »total Banane« zu entlarven.

Udo Pollmer, Enfant terrible und Pausenclown der Ernährungswissenschaft, zelebriert diese Methode gemeinsam mit zwei Co-Autoren aufs Unterhaltsamste und Bösartigste in seinem Buch *Don't Go Veggie!*.[19] So argumentiert er allen Ernstes, ein vegetarischer Donnerstag als »fleischfreier Buß- und Bettag« für alle könne den Tierverbrauch keinesfalls senken, weil die Tiere dann eben am Freitag geschlachtet würden. Vegetarier und Veganer werden als gedankenlose Luxusbienen hingestellt, die sich »mitten in der Erntesaison für deutsche Frühkartoffeln [...] doppelt so teure Spezialitäten aus Malta, Neuseeland, Sambia und Simbabwe« kaufen. Statt in eine anständige teutonische Bratwurst zu beißen, verzehrten sie lieber peruanischen Spargel. Da wird dann sogar der spanische Stierkampf verteidigt, weil »praktisch das gesamte Leben der Kampfstiere eigentlich den Wünschen der Tierschützer entspricht« und sie in der Arena doch »einen gnädigen Tod« stürben. Das Fleisch der Kampfstiere sei zudem äußerst delikat. Es ist immer wieder erstaunlich, wie polarisierend und eskalierend die Debatte geführt wird. Kein anderes Thema, schreibt *DIE ZEIT*, habe im Jahr ihres Erscheinens so viele Diskussionen und Leserreaktionen ausgelöst wie die Artikelserie zum Veganismus.

Seriöser und klüger als Pollmer argumentiert der Theologe Kai Funkschmidt. Auch er geht die Veganer frontal an, erspart sich aber die Häme in seiner Analyse des »Veganismus als Ersatzreligion«.[20]

Und er konzediert, dass es »gute Gründe gibt, tierethische Erwägungen [beim Essen] zu berücksichtigen«. Weiter heißt es: »Die Massentierhaltung führt zu realen ethischen und ökologischen Problemen, die auch aus einer christlichen Perspektive der Schöpfungsverantwortung heraus kritisch zu bewerten sind.« Funkschmidt bescheinigt der Veggiebewegung, dass sie viel dazu beitrage, die Tierhaltung auf die politische Tagesordnung zu setzen und Menschen dafür zu sensibilisieren. »Indem sich einige demonstrativ zu extrem asketischen Formen der Lebensgestaltung entschließen, stellen sie berechtigterweise Selbstverständlichkeiten infrage, die ohne diese radikale Minderheit weniger Beachtung fänden.«

Gleichzeitig sieht Funkschmidt in der veganen Bewegung die Züge einer quasi-religiösen Weltanschauungsgemeinschaft mit Heilsversprechen und sinnstiftender Funktion. Natürlich werde auch kräftig missioniert, und es kursierten in der Szene immer wieder wundersame Bekehrungsgeschichten, etwa die vom karriereversessenen Fleischesser, der den Planeten und die Menschen ausplündert, bis er mit veganem Essen auf den richtigen Weg findet. Das Essen, analysiert der Theologe, werde zur alles dominierenden Frage, zum Zentrum des neuen guten Lebens. Man *isst* nicht vegan, man *lebt* vegan. Während die Speiseregeln eigentlich nur die kulinarische Komponente einer Religion sein sollen, würden sie bei vielen Veganern selbst zur Religion erhoben. Der Autor beschreibt die Geschichte und Theorieentwicklung der Veggiebewegung, ihr Schwarz-Weiß-Denken und ihr Elitebewusstsein, aber auch ihre akribische Suche nach tierischen Produkten in allen möglichen Alltagsgegenständen bis hin zum Holzleim im Bücherregal. Der wird häufig auf Basis von Glutin und Kasein hergestellt und steht deshalb auf dem Index.

Die behaupteten gesundheitlichen Vorteile einer veganen Ernährung hält Funkschmidt für nicht belegt. Da ist er nicht der Einzige. Zunächst ist festzuhalten, dass Ernährungsumstellungen grundsätzlich einen positiven Placeboeffekt haben. Man ist aktiv geworden, man ernährt sich jetzt bewusster und glaubt, eine gute Wahl getroffen zu haben. Das kann das Lebensgefühl schon mal verbessern. Doch veganes Essen, dies wird von medizinischer Seite immer wieder betont, ist vor allem für Kinder und Jugendliche mit Risiken verbunden. Ohne die regelmäßige Einnahme von Nahrungsergänzungsmitteln fehlen dem Körper wichtige Nährstoffe. Funkschmidt kritisiert, dass die Veggieszene bei ihren auf die Gesundheit zielenden Vergleichen unterschiedlicher Ernährungsstile oft von einem unvernünftig exzessiven Fleischgenuss ausgehe und diesem einen sorgfältig reflektierten Veganismus gegenüberstelle. Dies sei unseriös und methodisch fehlerhaft. Funkschmidt hat recht. Natürlich gibt es auch den moderaten und reflektierten Fleischgenuss und umgekehrt einen unvernünftigen Veganismus.

Die Horrorgeschichten von vegan ernährten Kindern, die an Mangelernährung gestorben sind, eignen sich allerdings nicht als Munition fürs Bashing der Veggiebewegung. Wenn ein vegan ernährtes Kind sterbenskrank wird, wie in dem spektakulären Fall im belgischen Beveren, und die Eltern die Schulmedizin ablehnen und auch in höchster Not mit einem Kleinkind in alarmierendem Zustand lieber den Homöopathen aufsuchen, anstatt ins Krankenhaus zu fahren, dann ist das nicht typisch vegan, sondern Ausdruck außergewöhnlicher Verantwortungslosigkeit. In dem konkreten Fall hatte der kleine, sieben Monate alte Lukas nach Darstellung der Eltern keine herkömmlichen Milchprodukte vertragen und sich wiederholt übergeben. Deshalb hatte das Ehepaar, das einen Naturkostladen führt, das Kind mit Hafer-, Quinoa-, und Buchweizenmilch aus dem eigenen Verkauf ernährt. Das Kind hatte mit 4,3 Kilogramm starkes Untergewicht und war dehydriert, als es – bereits tot – endlich in der Notaufnahme des Krankenhauses eintraf.

Eine vegane Ernährung für Kleinkinder wird von den meisten Ernährungswissenschaftlern als gefährlich abgelehnt. Die Deutsche Gesellschaft für Ernährung (DGE) schreibt: »Für Schwangere, Stillende, Säuglinge, Kinder und Jugendliche wird eine vegane Ernährung nicht empfohlen. Wer sich dennoch vegan ernähren möchte, sollte dauerhaft ein Vitamin-B_{12}-Präparat einnehmen, auf eine ausreichende Zufuhr der kritischen Nährstoffe achten und gegebenenfalls angereicherte Lebensmittel und Nährstoffpräparate verwenden. Dazu sollte eine Beratung von einer qualifizierten Ernährungsfachkraft erfolgen und die Versorgung mit kritischen Nährstoffen regelmäßig ärztlich überprüft werden.«[21] Was die DGE nicht sagt: So verliert das tägliche Essen seine Leichtigkeit und Natürlichkeit, Nährstoffkunde wird zum Pflichtfach.

Der Verband *Proveg* beharrt darauf, dass eine vegane Ernährung in *allen* Lebensphasen möglich und gesund sei. Allerdings ist der Verband bei seinen Ernährungsempfehlungen für Säuglinge und Kleinkinder ehrlich genug, um einzuräumen, dass »bei Säuglingen von vegan lebenden Frauen, die selbst weder mit Vitamin B_{12} angereicherte Lebensmittel, Vitamin-B_{12}-Zahncreme noch Nahrungsergänzungsmittel verwenden, schwere Wachstums- und Entwicklungsstörungen beobachtet wurden.« Auch *Proveg* empfiehlt deshalb unter anderem die Einnahme von Vitamin-B_{12}-Supplementen.

Interessanter als die medizinische Diskussion ist allemal die politische. Ist die Veggiebewegung tatsächlich ein Teil der linken Bewegung, wie der Theologe Funkschmidt schreibt? Richtig ist, dass die Veggies das fleischverzehrende und die Nutztiere ausbeutende »System« bekämpfen. Sie übernehmen mit ihren militanten Angriffen gegen Monsterställe, Pelzfarmen und Metzgereien Aktionsformen aus der radikal linken Protestbewegung. Auch die Weltrettungsmotive sind in der Linken nicht unbekannt, ebenso das Warten auf eine Revolution, die das gegenwärtige Unrecht beenden und die Verhältnisse auf den Kopf stellen soll.

Ein gewisses Sektierertum kommt einem ebenfalls vertraut vor und erinnert an alte K-Gruppen-Zeiten. Ein typisches Beispiel dafür ist der teilweise verbissene Kampf, der innerhalb des eigenen Lagers geführt wird. Der Blogger Achim Stößer etwa schreibt auf seiner Internetseite *Vegetarier-sind-Mörder.de*: »Nicht nur durch Leichenfressen, sondern auch durch den Konsum von Milch, Eiern und Honig wird Mord an Säugetieren, Vögeln beziehungsweise Bienen in Auftrag gegeben.« Man hat den Eindruck, dass die radikalen Veganer die Vegetarier manchmal intensiver bekämpfen als die auf Fleisch getrimmten Omnivoren. Rein ethisch motivierte Veganer, die vor allem die Tierrechte hochhalten, rümpfen wiederum die

Nase über eher gesundheitlich motivierte Mitstreiter, für die ihre Pflanzenkost Teil einer Selbstoptimierung ist, einschließlich Waschbrettbauch. Ähnliche Diskussionen über Abweichler von der reinen Lehre waren in der Linken vor allem in den 1970er-Jahren weitverbreitet, sie sind aber auch in anderen politischen und religiösen Zirkeln zu beobachten.

Die Wissenschaftlerin Christine Ott stellt in ihrer Analyse[22] die Veganer ebenfalls in die links-anarchistische Ecke. Sie schreibt: »Die Ausweitung des Veganismus zu einer Bewegung für alle unterdrückten nichtmenschlichen und menschlichen Tiere macht jedenfalls auch das anarchistische Potenzial der Bewegung aus, die vor allem Jugendliche fasziniert.« Und weiter: »Es ist tatsächlich das Gefühl, durch jede Ess-Entscheidung unmittelbar zu einer gerechteren Welt beizutragen, das den Erfolg des linken oder anarchistischen Veganismus erheblich steigert.« Für die vegane Bewegung, so Ott, sei ihr Ernährungsstil die unerlässliche Basis für gelebten Feminismus, Antirassismus und Antikapitalismus.

Auffällig ist die zunehmend ökologische Argumentation in den Reihen der Veggies. Zu Recht kritisieren sie, dass der hohe Fleischkonsum einer der Haupttreiber für die Erdüberhitzung ist. Die galoppierende Klimaveränderung ist inzwischen sogar zum wichtigsten Argument aufgestiegen, wenn man den Umfang der dazu veröffentlichten Stellungnahmen zugrunde legt. Auf der Homepage von *Proveg* wird eine Klimarechnung für Nordamerika vorgelegt: »Das Ersetzen von Rindfleisch durch Bohnen würde 42 Prozent der landwirtschaftlichen Nutzfläche der USA freigeben, 75 Prozent des Klimaziels der USA für 2020 erreichen und mehr als genug Nahrungsproteine liefern. Studien deuten darauf hin, dass der persönliche ernährungsbedingte CO_2-Fußabdruck durch eine pflanzliche Ernährung in etwa halbiert werden kann und die weltweiten ernährungsbedingten Treibhausgasemissionen bis 2050 um bis zu 70 Prozent gesenkt werden könnten, wenn alle Menschen auf eine vegane Ernährung umstellen würden.«[23]

Dass auf derselben Homepage nur ein paar Klicks weiter zehn »vegane Reisetipps« veröffentlicht werden, die bis auf zwei Ausnahmen alle auf das besonders klimaschädliche Flugzeug angewiesen und teilweise mit weiten Fernreisen verbunden sind, gehört zu den eher lässig gehandhabten Widersprüchen der Bewegung. Der kosmopolitische Touch der Veggiebewegung kann dafür keine Rechtfertigung sein. Wer die Ökokarte spielen will, der muss auch konsequent und glaubwürdig sein. Kritische Worte vermisst man außerdem zu dem immer mehr Naturflächen verschlingenden Anbau von Gentech-Soja in Lateinamerika mit seinen gravierenden ökologischen und sozialen Folgen. Soja wird nicht nur für die Produktion von Tierfutter angebaut, es ist auch der wichtigste Eiweißlieferant für Vegetarier und Veganer.

Neben dem Klima werden auch der hohe Wasserverbrauch, der Schwund der biologischen Vielfalt, das Abholzen der Regenwälder, die Gewässerverschmutzung oder die Erosion der Böden als Folge der Massentierhaltung herausgestellt. Hier leistet die Bewegung engagierte Aufklärungsarbeit für Klimaschutz und Umwelt.

Mit Attributen wie links und rechts wird man dem Veganismus indes kaum gerecht werden. Viele politisch linke Aktivisten würden sich sicher dagegen wehren, ausgerechnet mit den Veganern vergemeinschaftet zu werden, zumal Essen und Ernährung für viele Linke als ein Luxusthema von »Mittelstandfuzzis« gelten, wie das Umweltmagazin *Futurzwei* schreibt. Die Pflanzenköstler werden weder als besonders sozial engagiert noch als wirklich politische Köpfe wahrgenommen, beides sind Attribute, die das linke Lager traditionell für sich reklamiert. Linke Aktivisten und andere Veggiekritiker, die Distanz herstellen wollen, verweisen wiederum gern auf die vegetarische Affinität der Nazis und deren Engagement für den Tierschutz. Die Nazigrößen Hitler, Hess und Himmler sollen sich bekanntlich vegetarisch ernährt haben. Das eine oder andere Täubchen oder Würstchen habe der Führer allerdings dann doch verspeist, schreibt *DIE ZEIT*[24] und nennt Verdauungsbeschwerden als eigentliche Ursache für Hitlers vorwiegende Fleischabstinenz. »Tatsächlich hat es in der Nazizeit nie öffentliche Aktionen gegen den Fleischkonsum gegeben, im Gegensatz etwa zu massiven Antiraucherkampagnen.«

Die Denunziationen der Veggiebewegung durch Verweis auf die Nazis sind nicht weniger dümmlich als manche Auswüchse radikaler Veganer. Dazu gehören etwa die Überlegungen, wie man den Veganismus in der gesamten Natur etablieren könnte. Fleischfressende Raubtiere sollen allen Ernstes bekämpft und ihre Beutetiere geschützt werden, um weiteres Blutvergießen zu verhindern. Man erhebt sich über die Natur, um gottgleich die Schöpfung nach eigenen Vorstellungen zu korrigieren und zu befrieden. Gleichzeitig wird aber die Spezies Mensch ebenfalls zum Tier erklärt und eine herausgehobene Rolle unter den Mitgeschöpfen strikt abgelehnt. Weil der Mensch nur ein Tier unter vielen sei, habe er kein Recht, andere Tiere zu unterjochen, zu töten und zu essen. Nach dieser Logik hätte das tierische Menschengeschöpf auch kein Recht, als ordnende Hand in die Weltläufte einzugreifen.

In einschlägigen Internetforen finden sich auch längere Abhandlungen darüber, wie man nicht nur Hunde, sondern auch fleischfressende Katzen auf vegane Kost umstellen kann. Da wird aus Kichererbsenbrei mit verschiedenen Zusätzen ein rein pflanzliches Futter kreiert, das angeblich auch von Katzen aus der Nachbarschaft gern gefressen wird. Die Fütterung unserer Nutzpflanzen ist ebenfalls problematisch, weil natürliche Dünger wie Gülle und Mist als Produkte der Massentierhaltung nicht auf die Felder gehören. Pflanzen sollten demnach nur Nährstoffe aus pflanzlicher Düngung oder Kunstdünger erhalten.

Nicht jede dieser Abstrusitäten ist immer veganertypisch. Die Veggiebewegung ist stark heterogen, sie reicht von militanten Tierbefreiern mit schäumender Aggro-Rhetorik, die auch mal Bioställe attackieren, bis zu sanften Pflanzenköstlern, die, außer am Mittagstisch, nicht weiter auffallen, höchst vernünftig und in Beruf und Gesellschaft gut integriert sind. Für die einen ist ein Glas Milch »Raubmord« und »weißes Blut«, ein Hühnerei ein erzwungenes »Menstruationsprodukt«, für die anderen sind es schlicht Lebensmittel, die sie nicht mehr (so häufig) essen wollen. Auch die Verantwortlichen von *Proveg* sind von manchen Auftritten des radikalen Flügels nicht amüsiert. Die zuweilen abgedrehten und verschwörungstheoretischen Ausfälle seien nicht gerade förderlich fürs Image, sagt Thomas Schönberger, einer der klugen Köpfe der NGO. Die ist inzwischen in Deutschland von 2000 Mitgliedern im Jahr 2004 auf aktuell 15 000 angewachsen und beschäftigt 90 Personen. Der Name Proveg wird nach Greenpeace-Vorbild auch in anderen Ländern benutzt, die Bewegung ist international gut vernetzt.

Blicken wir jenseits der Extreme an den Rändern auf die Habenseite der Bewegung. Nicht nur in unserem Land dominierten die Veggies in den vergangenen Jahren den Diskurs über Ernährung und Nutztierhaltung. Dabei ist der eher mönchische Charakter, der lange die vegetarische Szene bestimmt hat, komplett verschwunden. Die neue Veggiebewegung hat Jutesack und Jesuslatschen abgelegt, sie ist selbstbewusst, jung, hipp, schick, trendy, stark feminin und international. Hochleistungssportler wie der Freiburger Jungnationalspieler Luca Waldschmidt, Hollywoodstars und Musiker wie Miley Cyrus, Pamela Anderson, Johnny Depp oder Natalie Portman sorgen als prominente Vorbilder für zusätzlichen Glanz. »Vegan rockt!«, heißt es dann und: »Wir haben Appetit auf eine bessere Welt!« Das große Ziel heißt »50 by 40«. Bis 2040 soll sich der Konsum tierischer Produkte um 50 Prozent reduziert, also glatt halbiert haben.

Wie viele Vegetarier- und VeganerInnen tatsächlich in Deutschland leben, ist schwer zu sagen. Es kursieren die unterschiedlichsten Zahlen. Der Interessenverband *Proveg* nennt in seiner Bilanz zum 1. Januar 2019 acht Millionen (zehn Prozent) vegetarisch und 1,3 Millionen (1,6 Prozent) vegan lebende Deutsche. Das Statistikportal *Statista* meldete für 2017 ein Prozent vegane und fünf Prozent vegetarische Deutsche. Auch global sei ein Trend zur Pflanzenkost zu erkennen, sagt *Proveg* und verweist auf Zahlen, wonach die vegan-vegetarisch lebenden Menschen weltweit auf eine Milliarde geschätzt werden. Der große Unterschied dabei: Viele Millionen Menschen in den Ländern des Südens können sich den Fleischkonsum einfach nicht leisten, ihr Ernährungsstil ist aus der Not geboren. Die Veganer in den westlichen Ländern verzichten dagegen ganz bewusst und in einer Situation des Überflusses und Reichtums auf tierische Produkte. Sie proklamieren diesen Ernährungsstil zugleich als politische Waffe und Multiproblemlöser im Kampf gegen Tierleid, Hunger und Klimakatastrophe.

Ein besonders schillerndes Beispiel dafür, wie sich die kulinarische Welt unter dem Einfluss der Veggiebewegung verändert hat, ist das Münchner Oktoberfest. Es gilt seit jeher als Inbegriff urbayerischer Tradition. Im zünftigen Münchner Wiesnbiotop werden, angereichert mit Blasmusik, Lederhosen- und Dirndllook, nicht nur Tausende Fässer Bier geleert. Da werden auch Fleischorgien gefeiert. Bratwürste, Leberkäs, Hendln und Haxen vertilgen die Besucher in gewaltigen Mengen, nicht selten werden ganze Ochsen gegrillt. Doch die Theresienwiese kann auch anders. Der Interessenverband *Proveg* informiert unter der Überschrift »Wiesn ganz vegan«, dass das Angebot pflanzlicher Speisen förmlich explodiert sei. Achtunddreißig vegane Hauptgerichte haben die Beobachter gezählt. Neben den Schweinshaxen gibts auch »Geräucherten Bio-Mandel-Sesamtofu mit jungem Kressesalat, Erbsenspargel und Passionsfrucht-Chili-Dressing«. Wow! Auch das »Kürbis-Gemüseragout mit Rosmarinkartoffeln oder die gebratenen Steinpilze mit Kartoffelgröstl und frittierter Petersilie lassen kulinarische Herzen höher schlagen.«

Das Oktoberfest hat den kulinarischen Trend erkannt und sich neu orientiert. Und selbst für Lederhose und Dirndl gibt es »tierleidfreie Alternativen«. Die vegane Lederhose wird aus Baumwolle und Kork hergestellt, das Dirndl ist ohnehin vegan, heißt es, solange auf Seide und Wollanteile verzichtet wird. Darüber hinaus gibt es in der bayerischen Landeshauptstadt heute 17 vegane Gastronomiebetriebe.

Der Trend zur Pflanzenkost hat auch die Großkantinen deutscher Unternehmen erreicht. Veganes Essen wird beim Technologieriesen *Siemens* ebenso angeboten wie beim Dieselbetrüger *Volkswagen* oder in der Kantine der Wochenzeitung *DIE ZEIT*. Bei VW heißt es dazu: »In den Speisekarten der Autostadt-Restaurants stehen die drei Ernährungsformen vital (mit Fleisch und Fisch), vegetarisch (ohne Fleisch und Fisch) und vegan (rein pflanzliche

Bestandteile) gleichwertig nebeneinander.« Der Autokonzern springt auf den Trend auf und präsentiert sich auf der Höhe der Zeit. Die umwelt- und klimafreundliche Seite einer pflanzlichen Kost wird umso wichtiger, je tiefer der Konzern in die »Schummelei« genannten Umweltverbrechen mit kriminellen Motormanipulationen verstrickt ist. Jetzt soll Schluss sein mit den Dieseleien, VW will jung und modern erscheinen und Käuferschichten ansprechen, deren Identität durch den Magen geht und die sich ideell und politisch jenseits des Schweinebratens verorten.

Das erste vollvegane Auto kam allerdings nicht aus Wolfsburg, sondern von *Tesla*. Der US-Elektroautopionier begann schon 2015, sein Modell X komplett ohne Leder und andere tierische Zutaten auszustatten. Zwei Jahre später wurden die Ledersitze für alle Modelle abgeschafft. Inzwischen findet man auch auf Weinflaschen und vielen anderen Alltagsprodukten das Veganzeichen. »Veganes Reiten« ist allerdings nur ein Gag der Kabarettisten, die mit Vorliebe die Veggies aufs Korn nehmen. Veganes Reiten heißt einfach nur Fahrradfahren, natürlich ohne Ledersattel.

In den vergangenen Jahren hat sich der vegane Lifestyle stark vernetzt. Vegane Wohn- und Bürogemeinschaften, vegane Partnerschaftsbörsen, veganes Reisen, vegane Sommerfeste, Messen, Konferenzen und Ausstellungen gehören zum festen Inventar der Bewegung. Vor allem in den sozialen Netzwerken zelebriert die Bewegung stolz und selbstgewiss ihren neuen Lebensstil. Dazu gibt es Handreichungen für alle Lebenslagen, für veganes Weihnachten ebenso wie für die vegane Hochzeit. Die Neuvermählten müssen ohne die von Pferden gezogene Hochzeitskutsche glücklich werden, das Werfen von Reiskörnern wird aber ausdrücklich erlaubt.

Auch die Liebe geht durch den vegan versorgten Magen: Gegenüber dem *Tagesspiegel* berichtet eine junge Frau, dass die Omnivoren, mit denen sie liiert war, viel Wasser trinken und sich die Zähne putzen mussten, bevor es zu Zärtlichkeiten gekommen sei. Heute könne sie sich Intimitäten »mit Fleischfressern« nicht mehr vorstellen. Die No-Go-Quote zwischen Gemüsestrudel- und Schnitzelessern ist offenbar hoch. Für 85 Prozent der VeganerInnen scheidet eine Partnerschaft mit Fleischessern aus.[25] Die Szene hält nicht hinterm Berg mit ihren Gefühlen. Der Ekel gegenüber tabuisierten Nahrungsmitteln und deren Vertilgern wird gern kommuniziert, manchmal auch militant ausgelebt. Essen ist ein wunderbares Ausdrucksmittel. Für viele vegan lebende Menschen ist es Kern ihrer Identität.

Neben den höheren Zielen wird inzwischen auch der Genussaspekt der Pflanzenkost stärker und selbstbewusster herausgestellt. Veganes Essen wird trotz Verzichts auf Fleisch, Milchprodukte, Honig und Eier als besonders geschmackvolle Alternative gepriesen und mit entsprechenden Rezepten flankiert. Exotische Zutaten von Zwerghirse bis Bananenmehl sind willkommen und verstärken den internationalen Trend der Bewegung. Die Flut veganer Kochbücher bricht seit Jahren alle Rekorde. Aber auch im Lebensmittel-Einzelhandel hat der Umsatz mit Veggieprodukten – ohne Frischware wie Obst und Gemüse – im Jahr 2018 erstmals die Milliardengrenze übertroffen. Nach Zahlen, die die Marktbeobachter von *Nielsen* ermittelt haben, lag der Jahresumsatz bei 1,18 Milliarden Euro.

Vor dem Veggieregal kennen auch Fleischesser keine Berührungsängste mehr, zumal die Namensgebung vertraut ist. Wurst und Käse dienen bei den Bezeichnungen der pflanzlichen Lebensmittel immer noch als Vorbild (siehe Kasten Seite 44). Omnivoren greifen gern mal zur alternativen Bratwurst oder probieren einen Käse auf Mandelbasis. Ohnehin ist gerade der Flexitarier gewaltig auf dem Vormarsch. Darunter wird eine Esskultur verstanden, die den Fleischkonsum erlaubt, ihn aber bewusst einschränkt und nicht länger in den Mittelpunkt stellt. Flexitarier sind halbwegs umweltbewusst und wollen sich gesund ernähren. Man könnte verkürzt sagen: Flexitarier sind Teilzeitvegetarier oder Fleischesser mit angezogener Handbremse. Wenn überhaupt, wird von ihnen Fleisch aus artgerechter Tierhaltung verzehrt. Zumindest sagen sie das in den Umfragen der Meinungsforscher. Die schwachen Bio-Verkaufszahlen sprechen allerdings eine andere Sprache. Bioschweinefleisch erreicht in deutschen Landen lediglich einen Anteil von einem Prozent.

In einer Umfrage der Gesellschaft für Konsumforschung gaben schon im Oktober 2015 erstaunliche 37 Prozent der teilnehmenden Haushalte an, dass sie den Konsum von Fleisch bewusst reduzieren. Inzwischen sind wir bei rund 50 Prozent angekommen. Die Schweizer Trend- und Ernährungsforscherin Hanni Rützler sieht den Hang zum Flexitarismus in ihrem *Foodreport 2019* als aktuell wegweisenden Trend: »Dieser Trend ist die Grundlage für eine Revolution der Ernährungs- und Essgewohnheiten: Denn nicht jede Mahlzeit muss Fleisch enthalten. Die ›kopernikanische Wende‹ […] beschreibt die neue Rolle von Gemüse auf unseren Tellern – Gemüse wird zum neuen Star. Doch es geht schon längst nicht mehr nur um Gemüse, sondern um die Bedeutung von pflanzlichen Lebensmitteln in unserer Ernährung generell. Und es geht dabei nicht nur um Gesundheit, sondern auch um nachhaltige, klimafreundlichere und ökologischere Wege in der Lebensmittelproduktion.«[26]

Jenseits von rigiden Speisezetteln und veganem Absolutismus probieren Flexitarier die pflanzlichen Alternativen und wählen aus, was ihnen schmeckt und bekommt. Die Guten ins Töpfchen. Die kulinarische Aufwertung pflanzlicher Nahrungsmittel sei voll im Gang, resümiert Rützler. Entscheidend seien dabei nicht mehr Imitationen tierischer Produkte, sondern die Gesundheits- und Fitnessansprüche der Konsumenten.

Dazu passt eine schöne Geschichte aus dem Allgäu. In Oberreute, im westlichen Allgäu, hat sich die Firma *Simply-V* niedergelassen. Das dynamische Jungunternehmen stellt dort veganen milchfreien Käse her. Mitten im traditionellen Käseland. Der befürchtete Aufstand der echten Käseproduzenten ist jedoch ausgeblieben. Stattdessen besetzen jetzt viele Einheimische einen der 70 Mitarbeiterplätze beim veganen Arbeitgeber. Als die Firma auf die Idee kam, in dem konservativ geprägten Ort einen großen Selbstbedienungsautomaten aufzustellen, um die Oberreuter mit veganen Produkten vertraut zu machen, war der am nächsten Tag komplett leer. Vandalismus? Einbruch? Defekter Automat? Rache der Milch-Käsereien? Nein, die neugierigen Einwohner hatten sich großzügig eingedeckt. Und alles brav bezahlt.

Was die Veggiebranche an pflanzlichen Alternativen zu bieten hat, zeigt jedes Jahr die Veggieworld, die größte internationale Messe für veganen Lebensstil. Im Frühjahr 2019 kamen 130 Aussteller nach Berlin: Food-Heroes und Schokolatiers, Burgerbrater und Eisverkäufer, Seifenmanufakturen, Gemüsebauern und Käsemacher, vegane Food-Trucks und auffällig viele Start-ups. Mit der »V-Partei« hat auch eine junge politische Partei ihren Stand aufgeschlagen; sie will »Visionen verwirklichen« und »futtern wie bei Muttern«.

Gleich am Eingang gibt es ein Power-Frühstück in Form eines Hirse-Buchweizen-Breis, ein paar Schritte weiter den »First Almond-Cheese in the World!« und ein Tofu-Crisper-Sandwich. Das »aktivierte Bio-Superfood-Müsli« ist schon rein sprachlich schwer verdaulich. Die Biokiste aus Brandenburg erdet die Besucher ein wenig, vegan kann auch ganz einfach sein: Kartoffeln, Mohrrüben, Kohlrabi. Die meisten Stände sind exotischer. Der auffälligste Anbieter wirbt mit großbuchstabigem SEX: »Den gibt es nicht bei uns, dafür aber Gerstengras.« Die in Mini-Plastikbechern ausgeschenkten grasgrünen Tropfen schmecken grauenhaft. Egal, Hauptsache elfmal so viel Kalzium drin wie bei der Kuhmilch. Der Drink entgiftet, beruhigt, entspannt, reduziert Kopf- und Bauchschmerzen. Wenn man ihn denn runterkriegt.

Die Fleischersatzprodukte sind geschmacklich besser geworden. Aber noch immer sind viele Produkte hochprozessiert mit endlosen Zutatenlisten und leicht labberiger Textur. Die Hersteller kennen das Problem. De-Processing heißt die oft gehörte Vorgabe der Branche, die veganen Proteine sollen natürlicher und weniger stark verarbeitet werden. Die jungen Messebesucher mit ihren XXL-Rucksäcken stören sich nicht an der Zutatenprosa. Links das Smartphone, rechts die Kokoschips, die vegane Mascarponecreme, ein Smoothie oder Connis Seelenschmeichler mit Extratopping. Alles ist lecker, wenn nicht superlecker. Wichtigster Trend: der Hang zum Süßen. Schokolade, Eis, süß komponierter Joghurt, süß abgeschmeckte Saucen und Aufstriche – am Zucker wird nicht gespart.

Gleichzeitig wird an jedem zweiten Stand mit gesundheitlichen Argumenten geworben.

In dem Maß, in dem sich die Bewegung von den ideologischen Fesseln und teilweise kruden Glaubenssätzen befreit, kommt sie auch sympathischer rüber, sie wird attraktiver und interessanter für die Allgemeinbevölkerung. Auf der ebenfalls von Veggies organisierten *New-Food-Conference 2019* in Berlin wurde der Kampfbegriff »vegan« deutlich seltener verwendet. »Pflanzenbasierte Nahrung« heißt das Zauberwort, und weil das noch nicht so richtig cool klingt, wird lieber die englische Vokabel *plant based food* verwendet, die auch besser zur Internationalität der Aufbruchsstimmung passt.

Die Diskussionen und Referate überraschten mit einer deutlichen Portion Selbstkritik, vor allem was die Qualität des Fleischersatzes angeht. Zuweilen blitzte sogar Selbstironie auf, wenn sich eine vegane Firma ausgerechnet *Milkman* nennt. Wiederholt wurden Geschmack und emotionales Erlebnis von richtigem Fleischgenuss unverhohlen gelobt – ohne einen einzigen Buhruf. Yaakov Nahmias, Gründer der Firma *Future Meat Technology* für tierfreie Fleischproduktion in Jerusalem, rühmte fast überschwänglich Geschmack und Aussehen eines saftigen Stücks gebratenen Fleischs. Übergroß an die Wand projiziert, konnte man die köstlichen Röstaromen eines gegrillten Steaks im Konferenzsaal förmlich riechen. Fleisch sei noch immer an vielen Tischen der Mittelpunkt einer Mahlzeit, sagte Nahmias, seine Zubereitung werde auf allen Kontinenten regelrecht zelebriert. Mit Pflanzenproteinen sei es zwar möglich, die Fleischtextur und -farbe mit teilweise großartigen Resultaten nachzuahmen. Aber Aroma und Geschmack ließen weiter zu wünschen übrig. Das tierische Fett sei es, das jenen unvergleichlichen Geschmack produziere. Nahmias Firma will deshalb in ihren Bioreaktoren vor allem Hühnerfett nachbauen.

Obwohl die Veggiebewegung selbst kein Fleisch isst, verfolgt sie doch mit großem Interesse und teilweise auch mit Begeisterung die rasante Entwicklung von In-vitro-Fleisch im Bioreaktor. Dort wird aus tierischen Stammzellen und Fibroblasten im sündteuren Nährmedium nicht nur Fleisch von Rind, Schwein, Huhn, Lamm, Pute oder Ente hergestellt. Auch Thunfisch oder Milch werden synthetisch neu erschaffen (siehe Seite 61). Schon in diesem oder im nächsten Jahr könnte Fleisch aus dem Bioreaktor in unseren Supermarktregalen liegen.

Einer der beiden Hauptsponsoren der Food-Konferenz war die Firma *Rügenwalder Mühle*. Das niedersächsische Unternehmen erzielt seinen Umsatz von mehr als 200 Millionen Euro vor allem mit Schinkenspicker, Rügenwalder Teewurst, Mühlenmett und ähnlichen Produkten. Eine Wurstfabrik als Hauptsponsor der Veggiekonferenz? Tatsächlich kooperieren *Proveg* und *Rügenwalder* schon seit Jahren. 2014 brachte die Wurstfabrik als erste Fleisch verarbeitende deutsche Firma vegetarische und vegane Fleischersatzprodukte auf den Markt. »Wir haben gesehen, dass immer mehr Menschen bewusst weniger oder gar kein Fleisch mehr essen – aus ethischen oder gesundheitlichen Gründen oder aus Sorge um die Umwelt«, sagt der Rügenwalder Marketingchef Thomas Ludwig.[27] Zum Jahresbeginn 2019 hatte das Unternehmen 24 vegetarische und acht vegane Artikel am Start und erzielte mit Veggieprodukten zuletzt einen Umsatzanteil von fast 40 Prozent.

Im September 2019 nahm das Unternehmen seine Currywurst aus dem Angebot, um mehr Platz für Veggieprodukte zu schaffen. Es sei jetzt mal an der Zeit, 50 Prozent weniger Fleisch zu essen, befand Firmenchef Godo Röben, Tierwohl und Klimaschutz seien in den letzten Jahren auf der Strecke geblieben. Marketingleiter Ludwig hatte schon zu Beginn des Jahres angekündigt: »Wir planen, unsere pflanzenbasierte Produktlinie auszubauen und unsere vegetarischen Rezepturen auf vegan umzustellen.« Rügenwalder schafft mühelos eine versöhnlich klingende Verbindung von Wurst und Veggie: »Wir lieben Fleisch und Wurst. Darum stellen wir sie jetzt auch aus Pflanzen her.«

Wurstige Interessenpolitik

Schon der frühere Landwirtschaftsminister Christian Schmidt (CSU) hatte auf Druck der Fleischlobby wiederholt die Veggiebewegung attackiert und ein

Verbot für alle »irreführenden« Bezeichnungen vegetarischer und veganer Produkte als »Würste« und »Schnitzel« gefordert. Der Vorwurf, dass die Fleischersatzprodukte den Verbraucher verunsichern oder gar arglistig täuschen, ist indes barer Unsinn. Niemand wird hinter einer Veggie-Salami etwas anderes vermuten als ein Produkt, das von der Lebensmittelindustrie mit vegetarischen oder veganen Zutaten auf einen salamiähnlichen Geschmack und entsprechendes Aussehen getrimmt wurde. Dasselbe gilt für vegetarische Bratwürste, Soja-Rinderfilet, vegane Hühnchen-Nuggets und ähnliche Ersatzangebote. Die Verbraucher wünschen sich solche Bezeichnungen als grobe Orientierung. Bisher ist deutschlandweit noch kein Käufer aufgefallen, der eine echte Wurst kaufen wollte und zu Hause von einer Veggievariante überrascht wurde.

Dennoch wurde Ende des Jahres 2018 das Bezeichnungsrecht verschärft. Die neue Namensgebung ist kompliziert. Das »vegane Schnitzel« bleibt erlaubt, die »Veggie-Salami« ist dagegen verboten, sie heißt jetzt »vegetarischer Soja-Aufschnitt nach Art der Salami«. Auch die Tofubutter kam unter die Räder. Namen für Milchprodukte sind den »echten« aus dem Tiereuter vorbehalten. Bezeichnungen für spezielle tierische Teilstücke wie »Schinken« dürfen ebenfalls nicht mehr verwendet werden. Dagegen sind die Namen »Schnitzel« oder »Frikadellen« für geschnittenes oder zerkleinertes Ersatzfleisch erlaubt. Auch die Streich- und Bratwurst bleibt den Veggies erhalten. Lyoner, Leberwurst, Salami etc. sind wiederum tabu.

Die neue Wahrhaftigkeit in der Namensgebung gilt leider nicht für jene Betrügereien, die seit Jahren toleriert werden. Kalbsleberwurst, die überwiegend vom Schwein stammt, oder Vanilleeis ohne ein Mikrogramm Vanille bleiben ebenso verschont wie Karottensaft, der zu großen Teilen aus Orangen gewonnen wird, und die Wildpastete mit ganz viel Hausschwein drin. Dort, wo tatsächlich getrickst wird, traut sich die Politik nicht ran.

Rügenwalder und Proveg sind nicht das einzige ungleiche Paar. Schon 2015 waren sich die Tierrechtsorganisation *PETA* und der Geflügelschlachter *Wiesenhof* nähergekommen. Beide Seiten sondierten in mehreren Verhandlungsrunden, unter welchen Bedingungen das PETA-Logo die vegane Produktlinie des Konzerns zieren könnte. Wiesenhof hatte den Veggieboom erkannt und mit gutem Erfolg vegetarische und vegane Wurst auf Soja- und Erbsenbasis verkauft. Das Logo der Tierrechtler als ethische Plakette für den Großschlachter?

PETA hatte immer wieder mit schockierenden Undercover-Videos die skandalöse Tierhaltung von Zuliefererbetrieben aufgedeckt und den Konzern »sturmreif geschossen«, wie ein Aktivist berichtete. Aufgrund der Recherchen der Tierrechtsorganisation waren wiederholt Staatsanwälte in Marsch gesetzt worden, die wegen Tierquälerei ermittelten. Trotz der jahrelangen Konfrontation hatten die Tierschützer keine Berührungsängste, wie PETA-Manager Edmund Haferbeck erklärte. Es mache keinen Sinn, die reine Lehre zu predigen, wenn man nicht auch dafür sorge, dass »gewaltfreie vegane Produkte« in großem Stil für Verbraucher verfügbar seien[28]. Die Adelung der Veggieprodukte von Wiesenhof mit dem PETA-Emblem kam dann doch nicht zustande. Die Mastbetriebe, die für Wiesenhof arbeiten, hatten sich dagegen gewehrt, plötzlich mit jenen Leuten zu kooperieren, die ihnen jahrelang nachts aufs Dach gestiegen waren. Die Zeit sei noch nicht reif für eine engere Zusammenarbeit, bilanzierte Haferbeck. Man wolle aber weiter die Veggieprodukte von Wiesenhof unterstützen.

Der Aufbruch der Schweine- und Hühnerschlachter ins Pflanzenreich oder in die Kunstfleischproduktion folgt dem weltweiten Trend. Neben Rügenwalder und Wiesenhof engagiert sich auch die US-Kette *Kentucky Fried Chicken* für die Entwicklung von alternativen Proteinen, ebenso die US-Riesen *Tyson Foods* und *Burger King*. Da mag auch die Fast-Food-Kette *McDonalds* nicht zurückstehen, sie bietet seit April 2019 den Veganburger *Big Vegan TS*: Der Burger-Patty besteht aus Pflanzen, imitiert aber den Fleischgeschmack und soll dank Rote-Bete-Saft auch ein wenig »bluten«.

Lieferant der Grillscheibe ist der *Nestlé*-Konzern. Auch der größte Nahrungsmittelmulti weltweit ist in den Markt von Fleischersatzprodukten eingestiegen. Der Aufgalopp der Großen ist der schlagende Beweis für die Dynamik und die gewaltigen Dimensionen des Veggiemarkts, der die Nische längst verlassen hat. Mit der neuen Generation stark verbesserter pflanzlicher Lebensmittel entwickle sich ein verlockender Massenmarkt, schreibt der *Spiegel*[29] über den Angriff der Tofus. »Konzerne und Finanzinvestoren wittern ein Milliardengeschäft.« Der US-Broker *Oppenheimer* beschreibt die Größenordnung so: »Wenn sich die Kategorie der alternativen Fleischprodukte auf einem ähnlichen Weg wie die pflanzlichen Getränke entwickelt, könnte der Gesamtmarkt in den USA innerhalb eines Jahrzehnts eine Größe von etwa 40,5 Milliarden Dollar erreichen.« Zum Vergleich: 2018 wurden 4,6 Milliarden Dollar für pflanzliche Fleischersatzprodukte ausgegeben, wie eine US-Beraterfirma vorrechnet.

Den Markt müssen sich die Multis mit vielen Start-ups und neuen Highflyern teilen. Star unter den jungen Vorzeigebetrieben ist das US-Unternehmen *Beyond Meat*, dessen Pflanzenburger in der Branche als bestes Produkt gefeiert wird – in Geschmack und Konsistenz erstaunlich dicht dran am fleischigen Original. Think big: Der Börsengang der Burgerfirma Anfang Mai stellte alles in den Schatten, was in den letzten 20 Jahren an der Wallstreet neu gelistet wurde. Der Kurs sprang am ersten Tag von 25 auf 85 Dollar und kletterte im Sommer auf fast schon obszöne Höhen von über 200 Dollar, eher er im Herbst wieder bröckelte; es war das erfolgreichste Börsendebüt dieses Jahrhunderts. In Deutschland hatte sich neben der *Metro* zunächst der Discounter *Lidl* mit einem Exklusivvertrag die Markteinführung des BM-Burgers gesichert. 4,99 Euro wurden für zwei Patties aufgerufen, doch die meisten Kunden kamen vergeblich, die hochgejazzte »Zukunft der fleischlosen Ernährung« war in den ersten Wochen nach der Markteinführung regelmäßig ausverkauft, und auch danach war das Trendprodukt oft nur stundenweise zu haben.

Zu den Fans des Pflanzenburgers gehört ausgerechnet CSU-Rechtsausleger Alexander Dobrindt. Nach einem Firmenbesuch mit Kostprobe geriet der Ex-Verkehrsminister ins Schwärmen: »Die sehen nicht nur aus wie Fleisch, die fühlen sich auch so an und schmecken genauso, sind aber komplett vegetarisch.« Öko müsse eben Spaß machen, so die Erkenntnis des CSU-Manns. Ähnlich wie

Tesla die Automobilindustrie aufmischt, will *Beyond Meat* die alte Nahrungsmittelindustrie das Fürchten lehren. Und nebenbei die blaue Murmel namens Erde vor dem Kollaps retten. Neben *Beyond Meat* beeindruckt vor allem die Firma *Impossible Foods* mit ihren Fleischersatzprodukten.

Es ist also angerichtet. Nahrungsmittelindustrie und Investoren wittern die kulinarische Zeitenwende und reagieren. Die Veggies sind für sie weit mehr als eine kurzlebige Modeerscheinung. Sie haben das Zeug, die weltweiten Essgewohnheiten dauerhaft und gründlich zu verändern. Spott und Witzeleien über die pflanzlichen Besseresser machen zunehmend dem Erstaunen Platz über eine sich rasant verändernde neue Ernährungswelt.

Neues Fleisch

Zellulärer Hackbraten und Heuschreckenragout

Der Metzger kam am frühen Morgen. Dann wurde das Schwein aus dem Stall geholt. Wir Kinder wurden kurz weggeschickt, bevor das Tier mit dem Bolzenschussgerät getötet wurde. Das Bolzenschussgerät war ein goldfarbener schmaler Zylinder, der überhaupt nicht an die Pistolen erinnerte, die wir aus dem Fernsehen kannten. Geschlachtet wurde im Winter, meistens lag Schnee im Garten, auf dem das tote Schwein eine breite, leicht blutige Spur hinterließ. Es wurde zum Kellerfenster geschleift und fiel über eine Holzrutsche auf den Tisch in der Waschküche.

Dort wurde dem Tier der Hals aufgeschnitten und das wertvolle Blut in einem großen Eimer aufgefangen. Meine Aufgabe bestand darin, das Blut gleichmäßig zu verrühren, was ich mit großer Gewissenhaftigkeit erledigte. Nichts wäre schlimmer gewesen, als vom Metzger angeschnauzt zu werden. Der war wortkarg und übellaunig. Er trug das Metzgerkäppi, den typisch blau-weiß gestreiften Arbeitskittel und eine weiße Gummischürze. Er arbeitete hektisch und mit hohem Tempo, ständig verlangte er kochend heißes Wasser, das aus dem großen Waschkessel geschöpft wurde, unter dem ein Holzfeuer brannte. Das Entfernen der Borsten war besonders mühselig, das Ratschen des scharfkantigen Schabers durchdrang die dampfende Waschküche, als wären es die letzten Laute des Schweins.

Das Schwein war riesig, es hatte neun Monate friedlich in unserem mit Stroh ausstaffierten Stall gelebt. Oma Rebekka hatte es mit Lebensmittel- und Tischabfällen, vermischt mit viel Kleie, gefüttert, bis es am Ende etwa drei Zentner wog. Der eindrucksvollste Körperteil des toten Tiers war die erstaunlich große Leber. Der Metzger balancierte die rot glänzende glitschige Kostbarkeit wie einen Schatz auf ausgestreckten Händen durch die Waschküche. In diesem Augenblick der Stille paarte sich die Schönheit des Schweineorgans mit dem Schauder des Tötens. Der freudigste Moment war das Glitschen der Würste. Die penibel gesäuberten Naturdärme wurden über die Ausgangstülle des Fleischwolfs gezogen. Dann drehte sich die Kurbel, und die Därme füllten sich rasch zu praller Wonne.

Die kritischste Phase des Schlachtens war zuvor das Würzen des Wurstbräts. Jetzt schlug die Stunde meines Großvaters Immanuel. Er hatte schon Tage vorher seinen berühmten Knoblauchsud angesetzt. Außerdem wurde mit Salz, Pfeffer, einem großen Berg fein gehackter, in Butter gedünsteter Zwiebeln und mit Majoran gewürzt. Der Streit entbrannte jedes Jahr an der Menge des Majorans. Alle hielten den Atem an. Der Metzger wollte großzügiger, der Großvater moderater in den Kräutersack greifen. Herr des Aromas war der Großvater, dessen unumstößlichem Urteil sich am Ende auch der mürrische Metzger beugen musste. Genug! Die Würste schmeckten großartig. Die heute fast ausgestorbene Warmfleischverarbeitung, also die Verwurstung des noch schlachtwarmen Tierkörpers, sorgte für einen Wohlgeschmack, den die heute im Schlachthof gekauften, längst erkalteten und extrem mageren Schweinehälften mit ihrem abgesenkten pH-Wert und den enzymatisch veränderten Fleischeigenschaften niemals erreichen.

Punkt zwölf Uhr wurde gegessen. Aus dem Kopf des Schweins, der im Wurstkessel schwamm, schnitt Opa Immanuel einige Fleischbrocken heraus und verteilte sie. Zum Stippen streute er großzügig grobes Salz über die Tischplatte. Dazu dicke Scheiben selbst gebackenes Weißbrot. Bis heute weiß ich: Es gibt auf dieser Welt kein köstlicheres Mahl.

50 Jahre nach meiner letzten häuslichen Schweineschlachtung tragen die neuen Metzger weiße Laborkittel und Mundschutz. Ihr Schwein und ihr Rind bestehen aus einer winzigen Biopsie, aus der einzelne Muskelzellen isoliert werden. Der Schweinekoben ist ein Bioreaktor, in dem sich die mit Aminosäuren, Zucker und Fett versorgten und mit elektrischen Strömen zum Wachstum angeregten Zellen vermehren sollen. In den Reaktoren wird Fleisch »außerhalb des Tieres« produziert: Laborfleisch, In-vitro-Fleisch, Kulturfleisch, Kunstfleisch, Science-Fiction-Fleisch, Fake-Fleisch, Frankenstein-

Fleisch oder wie es die beteiligten Wissenschaftler nach langer Namenssuche jetzt nennen: Clean Meat, sauberes Fleisch. Sie haben mit ihrer zellulären Fleischproduktion nicht weniger im Sinn als eine Ernährungsrevolution, die unsere über Jahrhunderte entwickelte Esskultur, aber auch die gesamte Landwirtschaft, Viehhaltung und Nahrungsmittelproduktion komplett auf den Kopf stellen könnte. Was anfangs als Verrücktheit einiger exzentrischer Köpfe abgetan wurde, hat sich zu einem ernst zu nehmendem Forschungs- und Unternehmenszweig entwickelt, der vielleicht schon in diesem Jahr die ersten Produkte auf den Markt bringen will. Allein im vergangenen Jahr haben sich 27 neue Unternehmen gegründet, die Laborfleisch auf ihre Agenda geschrieben haben.

Es waren Wissenschaftler der US-Raumfahrtbehörde Nasa, die, noch vor dem Ende des alten Jahrhunderts, mit Laborfleisch-Experimenten begonnen hatten. Ihre Vision: Sie wollten die Astronauten auf ihren Missionen zu fernen Gestirnen mit frischem Fleisch versorgen. Die Nasa-Forscher isolierten Muskelzellen vom Goldfisch und badeten sie in Nährstoffen.[30] Heute stehen statt Zierfischen unsere traditionellen Nutztiere im Fokus der Zellzüchter. In den Niederlanden, in Israel, in Japan und in den USA sitzen die von Milliardären wie Bill Gates oder dem Google-Mitbegründer Sergey Brin gesponserten Pioniere. Der Bekannteste ist der niederländische Professor Mark Post, dessen Firma *Mosa Meat* im Jahr 2021 bezahlbares In-vitro-Fleisch im kommerziellen Stil in die Fleischtheken des Handels liefern will. Das Unternehmen hat nach eigenen Angaben bereits mit der Massenproduktion tierischen Proteins ohne Massentierhaltung begonnen. Post ist Biomediziner an der Universität in Maastricht, er war ursprünglich auf Gewebezüchtung für menschliche Blutgefäße spezialisiert. Nach seinem Schwenk vom Menschen zum Tier hatte er zunächst mit Mäusefleisch experimentiert. 2009 war es ihm gelungen, im Labor einen ersten, zwei Zentimeter großen Mäusemuskel zu erschaffen.

Vier Jahre später, am 5. August 2013, betritt Mark Post die in kühles Blau getauchte Bühne der Riverside-Studios im Westen Londons. Die Szenerie erinnert an Kochsendungen im Fernsehen: eine hübsche Moderatorin, ein berühmter Koch und ein voll besetztes Studio. An der improvisierten Küchenzeile wird allerdings nicht viel herumgewerkelt. Das Hauptgericht ist eher kärglich und fast schon fertig, es muss nur kurz angebraten werden. Dafür hat man den berühmten Küchenmeister Richard McGeown engagiert. Der legt einen Rindfleischburger in die mit heißem Sonnenblumenöl präparierte Pfanne. Es ist der teuerste Burger der Welt, den McGeown nach kurzem Brutzeln mit dem Pfannenwender einmal umdreht. Er hat 250 000 Euro gekostet – das erste aus einer Rinderstammzelle im Labor erschaffene Hackfleisch-Patty.

Zwei Koryphäen der Ernährungsliteratur sind auserwählt, um die Weltsensation zu verkosten. Die Schweizer Autorin Hanni Rützler und der amerikanische Schriftsteller Josh Schonwald dürfen sich ein Stück vom Burger abschneiden. Rützler kaut mit geschlossenen Augen 27-mal. Dann das Urteil: Es schmeckt! Es schmeckt wie Fleisch! Es ist Fleisch!

Es ist reines Muskelfleisch ohne Fett, Knorpel, Sehnen, Faszien und ohne den roten Farbstoff des Blutes. Noch während die Versuchskaninchen kauen, verkündet Fleischmacher Mark Post seine Botschaft: »Heute hat die Welt zum ersten Mal den Beweis gesehen, dass man Fleisch wirklich aus Zellen herstellen kann, die aus einem Rind entnommen wurden.« Post hat keinen Zweifel, dass dieses Fleisch nicht nur den authentischen Geschmack, sondern auch die Moral auf seiner Seite hat. »Wir müssen einen ethischen und umweltfreundlichen Weg finden, um Fleisch zu produzieren«, sagt er. Den 60 Journalisten im Raum ist klar, dass dieser freundliche Weg direkt in die Bioreaktoren der neuen Fleischfirmen führen soll. Die Weichen dafür sind gestellt.

Sechs Jahre nach der spektakulären Londoner Burgerspeisung wird in den Labors der neuen zellulären Viehwirtschaft nicht nur Rindfleisch produziert. Auch Hühnchen und Ente, Truthahn und Lamm stehen auf der Speisekarte der In-vitro-Unternehmen. Hühnchenzellen sollen sich sogar deutlich leichter im Nährmedium der Bioreaktoren vermehren lassen. Bei den Fischen hat sich die Branche auf den Roten Thunfisch konzentriert, der zu den teuersten und weltweit begehrtesten Speisefischen zählt. Die Population des Roten Thuns hat durch die jahrzehntelange Überfischung so stark abgenommen, dass Umwelt- und Naturschützer schon lange die Alarmtaste gedrückt halten. Kann sich ein bedrohtes Flossentier durch die In-vitro-Produktion seiner begehrten Filets womöglich wieder erholen? Es wäre ein dicker Pluspunkt in der Bilanz der neuen Fleischmacher.

Die Firma *Mosa Meat* beschreibt auf ihrer Internetseite die Vorzüge des schlachtfreien Laborfleischs gegenüber der herkömmlichen blutigen Produktion. Gesundheit, Klima, Umwelt, Tierwohl, Hygiene – die präsentierten Zahlen und Fakten lesen sich eindrucksvoll: 99 Prozent weniger Landverbrauch, 96 Prozent weniger Wasser, 96 Prozent weniger Treibhausgase, 70 Milliarden weniger tote Tiere.[31]

Der Faktencheck von *Mosa Meat* seziert die industrielle Massentierhaltung und führt uns noch einmal schonungslos ihr Sündenregister vor Augen. Das alles wollen die neuen Fleischproduzenten abschaffen: keine Monsterställe, keine Wachstumshormone mehr, keine Gentechnik, keine Antibiotikaorgien, keine resistenten Superkeime, keine Pestizide für die Futterpflanzen, keine Entwaldung für neue Ackerflächen, um noch mehr Soja anzubauen, keine Düngerorgien, kein nitratverseuchtes Grundwasser, keine Fäkalien im Schlachthof, keine Salmonellen, keine Tierseuchen, keine, keine, keine!

Stattdessen ein Produkt, das effizient, sicher, steril, klimafreundlich und ohne Tierleid hergestellt wird? Man muss die Motivation der Laborfleisch-Wissenschaftler ernst nehmen. Wer sie zum Beispiel im Frühjahr 2019 auf der *New Food Conference* in Berlin beobachtet hat, wird ihnen ihr leidenschaftliches Engagement für Umwelt, Klima und Tierschutz abnehmen. Gefeiert von der YouTube-Generation, getragen von der neuen Veggiebewegung, befeuert von einem beängstigenden Bevölkerungswachstum, das die Zahl der nach Protein gierenden Erdenbürger bis zur Jahrhundertmitte auf 9,7 Milliarden Köpfe treiben könnte – da treten die In-vitro-Metzger wie rettende Visionäre auf.

Manchmal wirken sie wie berauscht von den eigenen Zukunftsentwürfen. Als hätten sie in ihren Laboren die endgültige Formel zum Menschheitsglück gefunden. In nur drei Monaten, sagt *Mosa Meat*, könne man aus wenigen Starterzellen einen kompletten Burger produzieren. Mark Post träumt allen Ernstes von Verbrauchern, die in einigen Jahren bei ihrem Lebensmittelhändler eine Art Teebeutel kaufen mit Stammzellen vom Hühnchen, Schwein oder auch mal vom Känguru oder Krokodil. Diese Zellen sollen sie dann zu Hause selbst vermehren und so ihr eigenes Fleisch produzieren. In der Küche, wo heute noch die Espressomaschine gluckert, könnte also bald der eigene Bioreaktor stehen. Fleisch herstellen, das sei im Prinzip so einfach wie Bierbrauen, heißt ein oft gehörter Spruch der Branche. Aus einer einzigen Stammzelle, so das immer wieder postulierte Szenario, könnten Billionen neuer Zellen wachsen, genug, um die gesamte Weltbevölkerung mit wertvollem Protein zu versorgen.

Die Erlöser-Fantasien erinnern ein wenig an die Versprechen der großen Nahrungsmittelpioniere Heinrich Nestlé, Carl Heinrich Knorr, Justus von Liebig und Julius Maggi. Alle vier wollten im 19. Jahrhundert mit Erbswurst, Fleischextrakt und Milchpulver vor allem den Armen und Kranken helfen, sie wollten der »Fabrikbevölkerung« nahrhafte Lebensmittel zur Verfügung stellen, die Kindersterblichkeit reduzieren. Der philanthropische Geist der vier Erfinder war ehrlich und honorabel, er verflüchtigte sich allerdings schnell, als ein immer größeres Profitstreben und auch militärische Interessen die ehrbaren Motive verdrängten. Die neuen Lebensmittel waren als unverderblicher Proviant für die Soldaten höchst willkommen. Am Ende stellten die Pioniere das erste industrielle Fast-Food her und ein Milchpulver, das Hunderttausende von Kleinkindern tötete, weil die von der Werbung verführten Mütter auf das wichtige Stillen der Babys verzichteten.

Natürlich wollen auch die Investoren für In-vitro-Fleisch irgendwann Geld verdienen. Inzwischen sind einige der großen Fleischkonzerne in den Markt für alternative Proteine eingestiegen, wie *Cargill* oder *Tyson Food*. Aus Deutschland engagiert sich die *PHW-*

Gruppe, zu der auch der große Hühnerschlachter *Wiesenhof* gehört. *PHW* ist am israelischen Laborfleisch-Start-up *Supermeat* beteiligt. Für die neue Fleischproduktion wurde bei *PHW* eigens ein Vorstandsposten eingerichtet, den Marcus Keitzer besetzt. Auf dem Hamburger *Food Innovation Camp*, einem Treffen der Start-ups im Lebensmittelsektor, riskierte Keitzer auf dem Podium schon mal einen Blick in die Zukunft: »Fleisch aus Zellkulturen ist kein Science-Fiction mehr. Wenn wir uns das mal klargemacht haben, ist schon viel gewonnen. In Deutschland haben wir das noch nicht verinnerlicht. […] Aber wir dürfen diese Entwicklung nicht ignorieren. Fleisch aus Zellkulturen wird in jedem Fall kommen, ob mit oder ohne deutsche Unternehmen.« Keitzer entdeckt viele Vorteile in der Laborfleischproduktion. So könne man »die negativen Stoffe rausnehmen« und das Fleisch mit guten Zutaten anreichern. Laborfleisch als ein gesundheitlich und pharmakologisch maßgeschneidertes Kunstprodukt aus der Küche der Ernährungsindustrie? Cholesterinreduziert und angereichert mit Omega-3-Fettsäuren, Vitaminen und anderen Substanzen, die gerade als besonders gesund taxiert werden? Appetitlich klingt das nicht. Und natürlich schon gar nicht.

Bis das Laborfleisch den Massenmarkt erobert, müssen aber noch etliche, teilweise gravierende Probleme gelöst werden. Vor allem müssen die Herstellungsverfahren und der Preis attraktiver werden. Noch ist In-vitro-Fleisch extrem teuer. Der Preis für eine kleine Rindfleischscheibe wurde vom israelischen Unternehmen *Aleph Farms* am Jahresende 2018 auf 50 Dollar beziffert. Ein dreimal so großes echtes Steak ist in guter Qualität schon für zehn Euro zu haben. Skaleneffekte und die Automation der Herstellung werden die Kosten für einen Laborburger sicherlich weiter drücken, aber bis wirklich konkurrenzfähige Preise erreicht werden, ist der Weg noch weit. Mark Post bleibt dennoch optimistisch, seine Firma *Mosa Meat* kündigt schon mal einen Burgerpreis von neun Euro an, sobald die Herstellung in größeren Stückzahlen erfolgt.

Kostentreiber ist vor allem das teure Nährmedium, in dem sich die Zellen vermehren. Der israelische Forscher Yaakow Nahmias,

Gründer des Start-ups *Future Meat Technologies*, bezifferte bei einem Vortrag in Berlin den Preis für einen Liter Nährmedium auf bis zu 400 Dollar. Um ein Kilogramm Fleisch herzustellen, seien etwa zehn Liter nötig, so Nahmias.

Worüber die Branche nur ungern spricht: Als Nährmedium wurde und wird immer noch fetales Kälberserum eingesetzt. Es enthält die für die Vermehrung der Zellen unerlässlichen Wachstumsfaktoren. Die Gewinnung dieses Serums ist grausam und steht in krassem Gegensatz zu allen Versprechen einer Fleischproduktion ohne Tierleid. Die Vereinigung »Ärzte gegen Tierversuche« beschreibt die Prozedur so: »Direkt nach der Schlachtung einer trächtigen Kuh wird der Fötus aus der Gebärmutter herausgeschnitten. Dann wird dem noch lebenden Kalb eine dicke Nadel zwischen die Rippen durch Haut und Muskeln direkt ins schlagende Herz gestoßen. Das Blut wird abgesaugt, bis das Tier blutleer ist und stirbt.«[32] Bis zu zwei Millionen Kälber, so die Tierärzte-Organisation, müssten jedes Jahr auf diese Weise sterben, um jenen Stoff zu gewinnen, in dem die Zellkulturen – auch für medizinische Zwecke – besonders gut wachsen können.

Fairerweise muss hinzugefügt werden, dass die Unternehmen der zellulären Fleischproduktion schon aus Kostengründen intensiv nach Alternativen zum Kälberserum suchen und inzwischen auch pflanzliche und synthetische Seren nutzen. Auch mit Hühnerserum und verschiedenen Mikroorganismen wird experimentiert. Die Ansprüche an die Nährlösungen sind unterschiedlich, Putenbrust braucht zum Zellwachstum eine andere Nährlösung als Rindfleisch. »Einen Ersatz für das fetale Kälberserum herzustellen, ist zurzeit aus wissenschaftlicher Sicht noch das größte Problem«, sagt Mark Post im Interview mit der Mitgliederzeitschrift des Deutschen Tierschutzbunds.[33] Mit dem Kälberserum können außerdem schädliche Mikroben und andere Pathogene in den Bioreaktor eingeschleust werden.

Auch beim Thema Antibiotika sind die neuen Fleischmacher längst nicht so sauber, wie der Name »Clean Meat« und ihre Verlautbarungen suggerieren. So kritisiert Esther Müller, Expertin beim Deutschen Tierschutzbund, dass Antibiotika verwendet werden, um die wertvollen Zellkulturen vor Keimen zu schützen. Bei der Herstellung des berühmten ersten 250 000-Euro-Burgers aus Zellkulturen wurden ebenfalls Antibiotika eingesetzt: »Muskelfleisch aus Zellkulturen hat kein Immunsystem«, sagt Mark Post, »deshalb war er [der Antibiotikaeinsatz] notwendig; wenn zukünftig die Produktion vergrößert und automatisiert ist, kann sie in geschlossenen sterilen Systemen erfolgen, und wir brauchen keine Antibiotika mehr.«[34] Bisher sind auch die neuen Fleischmacher auf die antibakteriellen Arzneimittel angewiesen.

Wie sieht nun jenseits von Antibiotika und Kälberserum die Umweltbilanz für In-vitro-Fleisch aus? Seitdem die finnische Wissenschaftlerin Hanna Tuomisto 2011 eine erste Studie zur Umweltbilanz vorgelegt hat[35], sind mehrere Analysen erschienen, die den Energie-, Wasser- und Landverbrauch sowie den Ausstoß von Klimagasen von Laborfleisch und Fleisch vom Schlachter miteinander vergleichen. Tuomisto hat bei ihrem Vortrag in Berlin im April 2019 die Datenlage bilanziert. Das Ergebnis überrascht.

Beim Energieverbrauch schneiden die Bioreaktoren der neuen Fleischmacher eher schlecht ab. So verbraucht die konventionelle Hähnchenhaltung deutlich weniger Energie als die Fleischerzeugung im Labor. Die heutigen Turbohühner sind nämlich relativ gute Futterverwerter und wachsen extrem schnell. Vergleicht man dagegen »natürliches« Rindfleisch mit Rindfleisch aus dem Labor, liegt das In-vitro-Produkt vorn. Beim Wasser- und Landverbrauch erzielen die neuen Fleischmacher bei allen Fleischprodukten die weitaus bessere Umweltbilanz, ebenso beim Ausstoß von Klimagasen. Die Datenlage ist allerdings noch wacklig. Je nach Standort des Labors und des Energiemixes im jeweiligen Land verändert sich auch der CO_2-Ausstoß. Der ist zum Beispiel in den USA aufgrund der dort stärker genutzten fossilen Energieträger deutlich schlechter als in anderen Ländern.

Ein ganz anderes Thema ist die Akzeptanz der Konsumenten. Werden Sie lustvoll in einen Kunstfleischburger beißen? Dazu kursieren die unterschiedlichsten Umfragen. Je nachdem, wie die Fragestellung formuliert ist und welcher Begriff für das Laborfleisch gewählt wird, fallen auch die Antworten aus. Sind Sie bereit, sauberes, im Labor erzeugtes echtes Fleisch als Alternative zur industriellen Massentierhaltung einmal zu probieren, um damit Umwelt und Klima zu helfen? Da mögen viele nicht Nein sagen. Paul Shapiro berichtet in seinem Buch *Clean Meat* über einige Umfrageergebnisse. 2014 zeigten sich in einer Akzeptanz-Befragung nur 20 Prozent der Amerikaner bereit, »Fleisch aus dem Labor« zu essen. Die Quote ging steil nach oben auf 43 Prozent, als die Befragten zuvor über »den Nutzen für die Umwelt« aufgeklärt wurden.[36] Doch selbst bei einer Akzeptanz von nur zehn Prozent in den USA würde sich in der 300-Milliarden-Dollar-Branche der US-Fleischindustrie ein gewaltiger Markt eröffnen. Der globale Fleischmarkt wird auf rund 1000 Milliarden Dollar geschätzt. In Deutschland erklärten in einer Umfrage für den Ernährungsreport 2019 des Landwirtschaftsministeriums 29 Prozent der Befragten, dass »alternative Fleischarten wie aus Insekten hergestellte Lebensmittel oder In-vitro-Fleisch einen Beitrag zur Ernährungssicherheit leisten können«.

Die Gegner von Fleisch aus Zellkulturen haben vor allem zwei große Vorbehalte. Erstens zementiere die In-vitro-Produktion das alte Fleischparadigma, Fleisch spiele weiter die zentrale Rolle auf unserem Teller. Wollten wir nicht mit einem stark pflanzlich orientierten Speisezettel unsere Ernährung radikal verändern? Noch gravierender erscheint der zweite Einwand: das Unbehagen gegenüber dem unnatürlichen Herstellungsprozess. Fleisch aus der Petrischale bleibt für viele ein grenzüberschreitendes, schauriges, sogar monströs anmutendes Produkt. Eine Art Maschinenfleisch. Die Entfremdung der Menschen von ihren Nahrungsmitteln werde so auf die Spitze getrieben. Das Nutztier als Lebensmittellieferant werde quasi abgeschafft und ausgerechnet durch einen *Reaktor* ersetzt, ein Begriff, der schon wegen der Atomkraftwerke mit Assoziationen des Schreckens belegt ist. Da schaut dann auch gleich der *Schnelle Brüter* um die Ecke.

Ausgerechnet beim zentralen Kritikpunkt der fehlenden Natürlichkeit können die neuen Fleischmacher gut kontern. Nutztiere ohne Tageslicht, gestresste Schweine auf Spaltenböden, mit Antibiotika mühsam am Leben gehaltene Puten aus Qualzucht, in riesigen Hallen gemästete Turbohühner mit angezüchteter Fressstörung, dazu die üblen Zustände beim Tiertransport und in den Schlachthöfen – ist das die *natürliche* Alternative zur zellulären Fleischproduktion? Ist nicht gerade die industrielle Massentierhaltung auf Kosten der Kreatur, der Umwelt und des Klimas zu weiten Teilen barbarisch und unnatürlich? Das Argument sticht. Eine wirklich art- und tiergerechte Haltung unserer Fleischlieferanten ist zwar möglich und wird auf vielen Höfen auch täglich mit viel Herzblut praktiziert, aber gegenwärtig besetzt sie nur eine Nische. Der weitaus größte Teil unseres Fleischs wird unter ethisch höchst bedenklichen Bedingungen auf dem Rücken der Tiere produziert. Gut, dann müssen wir die Haltungsbedingungen eben verbessern, statt Fake-Fleisch aus der Frankensteinküche herzustellen, argumentieren die Kritiker. Aber wie lange schon und mit welch bescheidenen Erfolgen versucht die Agraropposition, genau das zu erreichen?

In Deutschland hat das Karlsruher Institut für Technikfolgenabschätzung und Systemanalyse ITAS eine Bürgerjury zum In-vitro-Fleisch befragt.[37] Die Bürger waren sich »darüber einig, dass eine Reduktion des Fleischkonsums sowie eine Förderung von pflanzlichen Alternativen und ökologischer Landwirtschaft die beste und einfachste Lösung darstellt.« Insgesamt realistischer erschien ihnen jedoch das In-vitro-Fleisch. »Mit In-vitro-Fleisch könnten Ressourcen womöglich effizienter genutzt und dadurch globale Ernährungsprobleme angegangen werden.« Unklar blieb für die befragten Bürger, wie die medizinischen Folgen und Risiken der neuen Technologie aussehen und ob sie nicht in eine weitere Entfremdung vom Menschen zu seiner Nahrung mündet. Der Staat solle Strategien zur Reduktion des Fleischkonsums entwickeln und gleichzeitig Alternativen fördern, hieß es. Das hört sich nicht wie ein kategorisches Nein an.

Ein ganz anderer Aspekt des Fleischessens wird selten thematisiert: Echtes Fleisch vom Tier besitzt eine Vielfalt, die im Labor kaum imitiert werden kann. Bisher hat die zelluläre Fleischproduktion vor allem Hackfleisch hervorgebracht wie den berühmten Rindfleischburger von *Mosa Meat.* »Noch können wir nicht die komplexe Gewebestruktur eines Steaks herstellen, aber wir arbeiten dran und gehen davon aus, dass wir das in Zukunft hinkriegen«, sagt Mark Post mit dem branchenüblichen Optimismus.

Ein Rind oder Schwein besteht aber aus unterschiedlichsten Fleischpartien zum Kochen, Schmoren oder Kurzbraten, dazu Knochen, Knochenmark, Haut, Blut und Knorpelstücke. Ein langsam geschmorter Ochsenschwanz kann wunderbar schmecken, ein gekochter Tafelspitz hat damit kaum etwas gemeinsam, ist aber ebenfalls delikat. Ein falsches Filet, ein Rinderbäckchen, eine Scheibe Leber oder eine Rinderbrust versprechen den Fleischessern wiederum – jedes Teilstück für sich – einen ganz anderen, ganz eigenen Genuss. Und selbst beim Steak gibt es die unterschiedlichsten Zuschnitte und Fleischpartien. Schließlich liefert auch noch jede Rinderrasse für sich einen spezifischen Charakter und Geschmack. In Bayern ist das Murnau-Werdenfelser Rind ein Geheimtipp, im Schwarzwald ist es die für ihre Fleischqualität gerühmte Rasse der kleinwüchsigen Hinterwälder. Die Franzosen schwören auf die cremefarbenen Charolais-Rinder. Und je nachdem, ob das Fleisch vom Kalb, von der Färse, vom Jungbullen oder von der Kuh stammt, verändern sich Geschmack und Qualität. Wie soll diese Vielfalt im Labor jemals hergestellt werden?

Auch die Zulassung des Fleischs aus Zellkulturen könnte noch schwierig werden. Um neuartige Lebensmittel für den Massenverbrauch zu genehmigen, muss die Sicherheit des Produkts nachgewiesen werden. Dazu sind umfangreiche Untersuchungen nötig. Die Hersteller müssen nachweisen, dass ihr neues Fleisch gemäß der Novel-Food-Verordnung »keine Gefahr für den Verbraucher darstellt, keine Irreführung bewirkt und sich von Lebensmitteln oder -zutaten, die sie ersetzen sollen, nicht so unterscheidet, dass sein normaler Verzehr Ernährungsmängel mit sich bringt«, so das Bundesamt für Verbraucherschutz und Lebensmittelsicherheit. Anwalt Jens Karsten von der Europäischen Vegetarierunion sieht ein gewaltiges Zulassungsverfahren auf die Firmen zukommen. Die alte Fleischlobby werde jede Gelegenheit nutzen, um potenzielle Risiken zu thematisieren und den Verbrauchern einzuhämmern. Auch die genaue Bezeichnung der Produkte könnte einen längeren Streit provozieren. Karsten: »Darf sich Laborfleisch denn überhaupt Fleisch nennen?«

Ungeachtet solcher Zulassungssorgen entdecken die zellulären Proteinmacher immer neue Optionen. Fleisch aus Zellkulturen – das funktioniert natürlich auch beim Fisch. Favorit ist der teure Rote Thunfisch. Michael Selden, der junge Mitbegründer und Chef der kalifornischen Firma *Finless Foods*, spricht über seinen In-vitro-Fisch mit derselben missionarischen Hingabe, mit der Mark Post über Fleisch redet. In wasserfallartiger Rhetorik sprudeln die Missetaten der überdimensionierten Fischereiflotten aus ihm heraus: dramatische Überfischung, irrsinnige Beifänge, Zerstörung der Meeresböden, mitgefangene Delfine, dazu Plastik und Quecksilber in den Ozeanen, lange Transportwege und der Antibiotikamissbrauch in den Aquakulturen. Selden will all diese Probleme auf einmal lösen. »Wir bringen den Fisch zurück zu seinem Ursprung als eine frische, gesunde, nachhaltige Speise für alle.« Schon 2019 wollte Selden ein aus Zellkulturen hergestelltes Surimi auf den Markt bringen, das ist eine aus kleinen Fischschnipseln geformte Rolle. 2020 sollen die ersten richtigen Fischsteaks an die Händler ausgeliefert werden.

Inzwischen hat *Finless Foods* etliche Millionen von verschiedenen Investoren erhalten, zu denen auch der norwegische Aquakultur-Spezialist *Hatch* gehört. Obwohl die Vermehrung von Fischzellen im Bioreaktor offenbar besser funktioniert als die der Säugetierzellen, hat Selden die gleichen Sorgen wie die Fleischproduzenten von Rind, Lamm und Hühnchen. Wie kriegt er die Kosten runter, um mit normalem Fisch aus Wildfang oder Aquakultur konkurrieren zu können? Auch Konsistenz und Mundgefühl seines Produkts würden sich noch spürbar vom Original unterscheiden, sagt Selden selbstkritisch. Der Geschmack sei dagegen authentisch, Fisch aus dem Labor schmecke wie richtiger Fisch.

Die Konzentration der neuen Proteinmacher auf besonders teure Produkte hat noch eine andere begehrte Delikatesse in den Fokus gerückt: Gänse- und Entenstopfleber. Die daraus gewonnene Pastete zählt gemeinsam mit Hummer, Steinbutt oder Wachtelbrüstchen zum festen Rohstoffinventar der Sterneküche. Der Preis ist entsprechend hoch. Die mit dem Produkt verbundene, durch Zwangsfütterung erzeugte Krankheit der Gänse und Enten, die eine stark vergrößerte Fettleber bekommen, wird von den Gourmets gern verdrängt. Foie gras ist nicht nur eines der teuersten, sondern auch der umstrittensten Tierprodukte.

In Japan und in den USA versuchen nun die neuen Fleischunternehmen, die erste im Labor gewachsene Foie gras zu erzeugen. Leberzellen sollen sich offenbar effizienter vermehren lassen als reine Muskelzellen. Autor Paul Shapiro durfte schon mal einen der ersten Prototypen bei der inzwischen umbenannten Firma *Hampton Creek* (jetzt *JUST*) probieren: »Der Geschmack war beeindruckend. Das Paté war reichhaltig, buttrig, schmackhaft und sehr dekadent …« Wird die Gänseleber bald ungestopft aus dem Labor kommen? Die japanische Firma *Integriculture* will 2021 Gänseleber im kommerziellen Maßstab produzieren.

Neben Fleisch, Fisch, Milchprodukten und Eiern haben die Unternehmen der zellulären Agrokultur auch Hybridprodukte im Visier. Fleisch und Fett aus dem Labor sollen mit pflanzlichen Rohstoffen kombiniert werden. Das senkt den Preis für die In-vitro-Produkte und verleiht den pflanzlichen Fleischimitaten eine echt tierische Note. Der israelische Fleischforscher Yaakow Nahmias arbeitet an der Erzeugung reinen Hühnerfetts, um es mit pflanzlichen Zutaten zu vermischen. Um das Fett im Labor zu produzieren, nutzt er keine Muskelstammzellen, sondern Fibroblasten, also Bindegewebszellen, die er mit einem einfacheren und preiswerteren Nährmedium zum Wachsen bringt. Fett ist für Nahmias der Schlüssel zum Erfolg. Die pflanzlichen Fleischimitate hätten zwar eine gute Textur, Konsistenz und Farbe, aber es fehle ihnen der charakteristische Fleischgeschmack, den vor allem das Fett liefere. Nahmias weiß, was ein duftender Braten für die Verbraucher weltweit bedeutet: Emotion, Faszination, Geschmack. Auf diese Herausforderung, sagt er, müsse die Branche der neuen Fleischmacher eine wohlschmeckende Antwort finden.

Eine Antwort verlangt auch die Frage nach der Zukunft der Bauern, die heute das Nutzvieh halten. Wird man, wenn das Laborfleisch tatsächlich einen relevanten Marktanteil erobert, in den alten Mastställen die neuen Bioreaktoren zur In-vitro-Fleischproduktion aufstellen, wie einige Teilnehmer der *New Food Conference* 2019 in aller Naivität vorschlugen? Die Bullenmäster von heute als zelluläre Fleischmacher von morgen? Die Zukunftsvorstellungen sind außerordentlich.

Trotz aller Probleme kursieren bereits kühne Studien, in denen In-vitro-Fleisch und anderen Alternativproteinen eine bahnbrechende Zukunft prophezeit wird. Die bekannte US-Beratungsgesellschaft *M A. T. Kearney* etwa spricht in ihrer viel zitierten Untersuchung zum weltweiten Fleischmarkt schon in der Überschrift davon, wie Fleisch aus Zellkulturen und neue pflanzliche Fleischalternativen gemeinsam die alte Viehwirtschaft niederstrecken werden. Die traditionelle Fleischindustrie werde durch die technologischen Innovationen auf den Kopf gestellt (»disrupted«), gesprengt, zerrissen.[38] Schon im Jahr 2030 werde herkömmliches Fleisch von toten Tieren nur noch 55 Prozent des Markts decken, zehn Jahre später soll der Anteil auf 40 Prozent schrumpfen. Im Gegenzug soll In-vitro-Fleisch bis 2040 auf einen Marktanteil von 35 Prozent katapultiert werden, die neuen pflanzlichen Fleischimitate kämen dann auf 25 Prozent. Der Fleischkonsum, glaubt *M A. T. Kearney*, werde zwar weltweit weiter kräftig zunehmen, aber aus anderen Quellen gedeckt werden.

Die Ursachen für den vorhergesagten Niedergang der alten Fleischindustrie sind altbekannt: Die Konsumenten, so analysiert die Marktstudie, hätten nach vielen Skandalen den Appetit auf Fabrikfleisch aus der Massentierhaltung gründlich verloren. »Mehr und mehr Menschen lehnen das industrialisierte Schlachten ihrer Mitgeschöpfe ab.« Somit habe die alte Fleischindustrie ein Imageproblem, ihre riesigen Ställe würden zunehmend als »überflüssiges

Übel« betrachtet. Als Gegenentwurf dazu sorgten neue glamouröse Start-ups für Aufsehen, die auf hoch qualifizierte Studienabgänger eine fast magische Anziehungskraft hätten. Die US-Berater verglei-chen diese Anziehungskraft von Firmen wie dem Veggieburger-Hersteller *Beyond Meat* oder von Unternehmen der zellulären Fleischproduktion wie *Supermeat* oder *Mosa Meat* mit der Strahlkraft von *Apple*, *Google* und *Tesla*.

Man muss solchen gewagten Einschätzungen und Prognosen nicht unbedingt glauben, zumal völlig unklar bleibt, auf welcher Datenbasis das Orakel der US-Marktbeobachter eigentlich beruht. Aber die Untersuchung zeigt, wie die neuen Unternehmen für alternative Proteine gehypt werden. Nicht selten laufen große Investoren solchen Verheißungen neuer Megatrends hinterher und kurbeln damit den Markt erst richtig an. Die neuen Stars der pflanzenbasierten Fleischimitate wie *Like Meat*, *Beyond Meat* oder *Impossible Food* hatten schon bis zum Jahresende 2018 rund 900 Millionen Dollar bei Investoren eingesammelt. Im Mai 2019 spülte der Börsengang von *Beyond Meat* der Firma weitere 240 Millionen Dollar in die Kasse.

Auffällig an der Marktstudie von *M A.T. Kearney* ist die nur unbedeutende Nebenrolle, die dem Insektenprotein zugestanden wird. Fleischersatz auf Insektenbasis ist in den Medien ein großes Thema, schon allein weil die Vorstellung eines schmackeligen Heuschreckenragouts auf unserem Teller allemal für einen Grusler gut ist. Insekten sind gut für die Quote. Sind sie auch gut für einen nachhaltigen, wirklich enkeltauglichen Speiseplan? Für die US-Beraterfirma *M A.T. Kearney* sind Insekten vor allem als Vieh-Futtermittel relevant, »mit enormem Potenzial« oder als Proteinbeimischung in Form von Insektenmehl in den Kesseln der Nahrungsmittelindustrie. In unvermahlenen Zubereitungsformen mit sichtbaren Tierkörpern würden die Konsumenten in den westlichen Ländern Insekten ablehnen, auch aufgrund »mangelnder geschmacklicher Sensorik«.

Ob diese Einschätzung auf Dauer wirklich Bestand hat? Beim Hamburger *Food Innovation Camp 2019* waren die Start-ups, die

Lebensmittel mit Insektenprotein oder Insekten pur anboten, nicht nur gern gesehene Gäste. Ihre Produkte wurden auch häufig probiert. Der Stand von *Snack Insects*, wo man Mehlwürmer, Grillen und Heuschrecken essen konnte, war jedenfalls gut frequentiert. Regelmäßig ließen sich die Esser fotografieren, wenn sie sich kreischend eine Handvoll Speiseinsekten in den Mund schoben. Tenor: Schmeckt gar nicht schlecht! Es ist sicher nicht die »mangelnde geschmackliche Sensorik«, die den Konsumenten schaudern lässt. Ekel ist der wichtigste Ablehnungsgrund, wie eine Studie von Christina Hartmann und Michael Sigrist unterstreicht.[39] Positive Geschmackserfahrungen, etwa mit dem attraktiv-nussigen Geschmack von gerösteten Mehlwürmern, könnten helfen, diese Ekelgefühle zu verringern. In westlichen Ländern werden Insekten vor allem als Schädlinge wahrgenommen, sie sind nicht mehr Teil unserer Esskultur und gelten als primitive Not-Nahrungsmittel der Armen.

Doch die Akzeptanz nimmt zu. Folke Dammann von *Snack Insects* berichtet von guten Geschäften, der Handel stelle immer mehr Insektenprodukte in die Regale. Auf dem mühsamen Weg raus aus der Dschungelcamp-Ekelecke sei man ein gutes Stück vorangekommen. »Da ist viel passiert, vor allem das Nachhaltigkeitsbewusstsein hat uns enorm geholfen.« Dammanns Unternehmen bietet inzwischen eine große Produktpalette vom Energieriegel bis zum Insektenmehl fürs Brotbacken. Auch Insektenlutscher, Insektenpasta oder Insektenschokolade gehören zum Portfolio. Statt Marmelade gibts Dschungelade, und natürlich werden auch Kochkurse und Rezepte angeboten.

Die EU will nun die unklare Rechtslage beseitigen. Insekten, die in Europa bisher noch ein wenig im rechtsfreien Raum verzehrt wurden, befinden sich jetzt im amtlichen Zulassungsverfahren nach der neuen Novel-Food-Verordnung 2015/2283. Für Mehl- und Buffalowürmer, Grillen und Heuschrecken ist die Zulassung offiziell beantragt. Während der Übergangsfrist bis zur endgültigen Genehmigung dürfen sie weiter verkauft werden. Die Schweizer Behörden hatten schon im Mai 2017 per Gesetz erlaubt, Grillen,

Mehlwürmer und Wanderheuschrecken »zu Lebensmittelzwecken in den Verkehr zu bringen«.

Inzwischen vergeht kaum ein Monat ohne eine Konferenz zu Insekten als Nahrungsmittel und kaum eine Woche, in der nicht irgendwo eine Publikation zu den Vorzügen der Insektenkost erscheint. Manche Studien sprechen sogar von einer »globalen Bewegung für Insektenkost«, die vor allem von jungen Leuten getragen wird. Die Welternährungsorganisation FAO hat sich zum energischen Fürsprecher aufgeschwungen. Ihr Grundsatzpapier zur Proteinquelle der Zukunft ist zum wichtigsten Botschafter geworden.[40] Darin werden die 1900 essbaren Insektenarten als besonders nährstoffreich und gesund gelobt, mit hohem Proteinanteil von bis zu 70 Prozent, dazu reichlich Kalzium, Eisen, Zink und – zum Beispiel bei Mehlwürmern – vielen ungesättigten Omega-3- und Omega-6-Fettsäuren. Der entscheidende Vorzug aber sei der vergleichsweise kleine ökologische Fußabdruck der Käfer, Raupen und Grashüpfer. Die FAO-Wissenschaftler preisen sie als besonders effiziente und pflegeleichte Futterverwerter. Sie würden Abfälle fressen, wenig Wasser und Fläche verbrauchen, sie übertrügen keine Infektionskrankheiten und ihre Klimabilanz sei konkurrenzlos gut.

Nach FAO-Zahlen müssen Rinder im Vergleich zu Grillen zwölfmal so viel Futter fressen, um dieselbe Proteinmenge zu erzeugen, Schafe brauchen die vierfache und selbst Hühner noch die doppelte Futterration. Von einer knochenlosen Grille sind 80 Prozent essbar, von einem Schwein nur etwas mehr als die Hälfte. Die Haltung der Insekten ist zudem wenig kapitalintensiv und »lowtech«. Einer Expansion dieser Proteinquelle stehen aber nicht nur die Ekelgefühle der reichen westlichen Konsumenten entgegen, sondern auch die zunehmende Verwestlichung der Speisezettel in den ärmeren Ländern. Weltweit geht der Insektenverzehr deshalb eher zurück. Immerhin: Eine ugandische Marktstudie dokumentiert, dass ein Kilogramm der besonders delikaten Großen Schiefkopfschrecke auf dem Markt in Kampala 40 Prozent mehr kostet als ein Kilo Rindfleisch. Der hohe Preis zeigt die Wertschätzung.

Selbst in Thailand, mit 20000 Insektenfarmen das mit Abstand führende Land, sind Insekten in der Regel teurer als etwa Hühnerfleisch.

Insektenmehle, die deutsche Firmen bei belgischen Farmen bestellen, sind extrem teuer. Bis zu 60 Euro je Kilo bezahlen Marc Schotter und Jean-Baptiste Delas. Die beiden jungen Foodpioniere haben im September 2018 in Berlin das Start-up *Insnack* gegründet. Ihre ersten Produkte sind Fitnessriegel mit kleinen Anteilen von beigemischtem Grillenmehl. Wer die beiden Jungunternehmer besucht, wird womöglich enttäuscht sein. Da hüpft keine Heuschrecke über den Schreibtisch, und es steht auch keine Box in der Ecke, in der eine Mehlwurmkolonie kuschelt.

Insnack residiert im Food Tech Campus von *Edeka* in Berlin-Moabit zusammen mit einigen anderen Startups. In dem lichten Bau aus Glas und Stahl geht es vorbei am Lemongrass-Meetingroom und dem Goji-Office zum kleinen Büroplatz der Insektenfirma. Hier sitzt Marc Schotter: jung, blond, gut gelaunt und schwer insektenbegeistert. Hier nimmt er jeden Tag Anlauf, um über seine größte Hürde zu springen – die Ekelgefühle seiner potenziellen Kundschaft. »Aber die Leute werden langsam offener, sobald sie probiert haben, sind die Vorurteile weg – hey, das schmeckt ja gar nicht schlecht!« Der 25-Jährige hat Betriebswirtschaftslehre studiert, danach wollte er unbedingt »was mit Nachhaltigkeit machen«. Weil er auf seinen Auslandsreisen immer wieder Insekten gegessen und danach bei einer Fitnessfirma ein Praktikum absolviert hat, landete er zusammen mit seinem französischen Studienkollegen Jean-Baptiste beim Fitnessriegel mit Grillenmehl. Wichtigster Lieferant ist ein belgischer bio-zertifizierter Insektenhalter. Marc zeigt Fotos übereinandergestapelter grauer und schwarzer Boxen in etwa fünffacher Schuhkartongröße: die Ställe der Grillen. Es gibt auch offene Haltungssysteme, da können sich die Insekten frei in geschlossenen Hallen bewegen. »Aus Thailand könnten wir Mehle zum halben Preis beziehen«, sagt Marc Schotter, er will aber seinem belgischen Bio-Lieferanten treu bleiben. Den könne er besuchen und die Insektenhaltung jederzeit inspizieren. *Insnack* beliefert inzwischen 25 Berliner Supermärkte von *Rewe* und *Edeka*. Zusätzlich sollen im Online-Shop jetzt auch Insekten pur verkauft werden. Da liege die Hürde dann noch etwas höher, sagt Marc, »wegen der visuellen Eindrücke«.

Inzwischen sind auch einige kritische Berichte zur Insektenhaltung erschienen. Darin wird unter anderem die Fütterung der Tiere mit Abfällen problematisiert. Werden Insektenhäuser zur Mülltonne, um unsere Abfallberge zu entsorgen? Was bedeutet die Fütterung mit Abfällen für die Lebensmittelqualität und -sicherheit? Und was ist mit dem Tierschutz? Wenn wir schon mit den Säugetieren in unseren Ställen so grausam umgehen, wie werden wir dann erst die Insekten behandeln?, fragt die Kölner Lebensmittelexpertin Sabine Bonneck.[41] Auch das Allergiepotenzial von Insektenprotein ist ein Thema. Das Max-Rubner-Institut hat dazu 2019 eine eigene Studie angestoßen.

Besonders fundiert liest sich die Kritik von Andrew Müller, dem Mitverfasser der Studie »Entomophagy and Power« (Insektenkost und Machtverhältnisse).[42] Kernaussage der Untersuchung: Der demokratische Traum, dass mit den Insekten auch die Armen ohne großen Aufwand ihre eigenen gesunden und proteinreichen Nahrungsmittel herstellen und vertreiben können, hat sich bisher nicht erfüllt. Der Insektenhandel beim Weltmarktführer in den thailändischen Hotspots werde überwiegend von reichen Familien kontrolliert. Auch die Insektenzucht erfordere einige Tausend Dollar Startkapital, zumal Transport und Verarbeitung der Tiere – Zermahlen, Trocknen, Einfrieren – nicht ohne einen erheblichen Gerätepark funktionierten. Die ärmeren Schichten müssten unter teilweise unwürdigen Bedingungen für die Insektenfarmen schuften. Ausbeutung bei niedrigsten Löhnen, Kinderarbeit und stumpfsinniges Abpulen von Beinen und Flügeln der Insekten seien an der Tagesordnung. Oft würden Migrantinnen aus den Nachbarländern, vor allem aus Kambodscha, beschäftigt. Zudem seien die Insekten teurer als einfache Fleischalternativen und damit keine Lösung für die Hungerproblematik. Ärmere Bevölkerungskreise essen meist nur selbst gefangene Insekten.

Müller kritisiert zudem den Run auf bestimmte Insektenarten, die als besondere Delikatesse gelten. Dazu gehört etwa die Riesenwasserwanze (*Lethocerus indicus*), deren Marktpreis sich stark erhöht hat auf bis zu 0,76 Dollar je Exemplar. Die Riesenwanzen sind schwer in Gefangenschaft zu züchten und werden deshalb vor allem aus Wildfängen angeboten. So würden bei vielen kulinarisch besonders attraktiven Arten die Wildbestände stark dezimiert und damit in ihrer Existenz bedroht.

Auch die Fütterung ist heikel. So verweist die Müller-Studie auf Untersuchungen, wonach Grillen die Fütterung mit organischen Abfällen nicht tolerieren und eingehen. Die Vorstellung von Insektenfarmen als billige Abfallbeseitigungsanlage scheint nicht aufzugehen. Im Gegenteil: Um das Wachstum der Insekten zu beschleunigen, setzen etliche Farmen dem Futter offenbar Soja und sogar Fischmehl zu.[43] Das wäre dann der *worst case* – die angeblich nachhaltige Nahrungsmittelproduktion mit Insekten als zusätzlicher Markt für Soja und Fischmehl.

Verbraucher wollen natürlich wissen, wie die Tiere nach Beendigung der »Mast« auf den Farmen getötet werden. Die Firma *Snack-Insects* beantwortet die Frage so: »Insekten sind wechselwarme Tiere, sie passen die Körpertemperatur ihrer Umgebung an. So verlangsamen Insekten bei niedrigen Temperaturen ihren Stoffwechsel und fallen in eine natürliche Kältestarre. Senkt man die Temperatur weiter (dies geschieht über einen Gefrierprozess), erwachen die Insekten nicht mehr aus ihrem ›Winterschlaf‹.«[44] Vor der Tötung sollen die Tiere über 24 Stunden keine Nahrung bekommen.

Haltung und Zucht von Insekten, die in Europa vor allem in Belgien und den Niederlanden boomen, müssen in jedem Fall geregelt werden. Da überrascht es nicht, dass mit *Naturland* erstmals in Europa ein Bioverband konkrete Richtlinien zur Bio-Insektenzucht aufgestellt hat. Die Regelungen sollen die artspezifischen Bedürfnisse sicherstellen sowie Verletzungen, Krankheiten und »ein Leiden der Insekten« ausschließen. So müssen die Züchter dem Kannibalismus vorbeugen, indem sie Insekten in unterschiedlichen Entwicklungsstadien strikt voneinander trennen. Die Tiere sollen in doppelwandigen Behausungen mit Sicherheitsschleusen gehalten werden, um Ausbrüche zu verhindern. Je nach Art erfolgt die Haltung bei Dämmerlicht oder in völliger Dunkelheit. Heuschrecken brauchen zudem »etagenförmige Versteckmöglichkeiten« und spezielle Schalen für die Eiablage. Auch die Temperatur (25 bis 30 Grad) und Luftfeuchtigkeit (50 Prozent) in den Heuschreckenhäusern sind in den Naturland-Richtlinien festgelegt. Gefüttert wird mit pflanzlichen Reststoffen, man vermeidet den Begriff »Abfall«. Tierische Reststoffe, etwa aus Schlachthöfen, sind als Futtermittel nicht erlaubt.

Mit den Regelungen betritt der Bioverband Neuland. In den meisten Ländern Afrikas, Asiens und Lateinamerikas, in denen traditionell Insekten gegessen werden, kommen die Tiere überwiegend aus Wildfängen in den Kochtopf. Es gibt, von Thailand abgesehen, keine langjährige Tradition der kommerziellen Insektenhaltung. Wenn überhaupt, wurden die Tiere bisher als Futtermittel für Zoos gezüchtet. In China wurden in früheren Jahrhunderten Grillen zwar gern in Käfigen gehalten, aber dabei hatten die Tiere eher den Status von Kanarienvögeln. Man wollte ihrem schönen Gesang zuhören. Über die Bedürfnisse der Insekten in den Zuchtstationen, auch über ihre Schmerzempfindlichkeit, ist bisher noch viel zu wenig bekannt.

Wir bilanzieren: Heuschreckenragout, Veggiewurst und In-vitro-Burger aus dem Labor – der Markt für alternative Fleischprodukte ist in Bewegung wie nie zuvor. Die altlexikalische Definition von Fleisch landet damit endgültig auf dem Komposthaufen der Geschichte. Nach einer Definition von 1894 versteht man unter Fleisch »ausschließlich die Muskelpartien der Wirbeltiere, im allerengsten Sinne gar nur der vierfüßigen Schlachttiere. […] Die großen Fleischlieferanten Europas sind das Rind, das Schwein, das Schaf, die Ziege, das Kaninchen und in den Großstädten auch das Pferd. Namentlich die drei Erstgenannten lassen sich mit anerkennenswerter Unverdrossenheit alljährlich zu Hunderttausenden im Wohlfahrtsdienst der Menschheit ums Leben bringen.«[45]

Altes Fleisch

Das toxische Steak

Soziologen nennen es »kognitive Dissonanz«. Umgangssprachlich würde man eher von einer ausgeprägten Schizophrenie sprechen. Wir Menschen vertilgen gewaltige Mengen Fleisch. Wir lehnen aber das Agrarsystem und die Orte, an denen Schnitzel, Gulasch und Rumpsteak hergestellt werden, als barbarisch ab. Während der Sonntagsbraten zum Alltagsbraten geworden ist und der Fleischverzehr weltweit immer neue historische Höchststände erreicht, sind die Ställe der sogenannten Massentierhaltung zu gesellschaftlichen Un-Orten geworden. Erst recht die Schlachthöfe. Sie markieren eine der letzten Tabuzonen unserer Lebenswelt. Geschlachtet und gestorben wird im Akkord – unter Ausschluss der Öffentlichkeit.

Die Fleischindustrie versucht, diese Un-Orte aus unserem Bewusstsein herauszuhalten. Besuche im Schlachthof, Fernsehbilder, Fotografien, Interviews sind nicht erwünscht. Manche Einrichtungen werden nicht nur per Videoüberwachung, sondern auch mit Hundepatrouillen und Stacheldraht gesichert, etwa die Hähnchen-Großschlachterei im niedersächsischen Wietze.

Weil der Schlachthof ein unzugängliches, ja im Grunde ein verbotenes Terrain ist, weiß auch niemand, wie ein typischer moderner Schlachthof genau aussieht und wie dort gearbeitet wird. Umso verstörender sind die blutgetränkten Bilder aus Undercover-Einsätzen der Tierschützer. Solche illegal gefilmten Aufnahmen, die gelegentlich in unsere Wohnzimmer flimmern, dokumentieren meist empörende Zustände. Sie vergegenwärtigen für kurze Augenblicke die Realität des Schlachtens, sie können den normalen Alltag in den Schlachthöfen aber nicht abbilden. Unter welchen Bedingungen das Produkt Fleisch tatsächlich entsteht, bleibt unserer Wahrnehmung entzogen.

Schlachthöfe liegen heute in dünn besiedelten Regionen außerhalb unseres Radars. Es sind gut getarnte, fensterlos-sterile Klötze. »Mit steigendem Fleischkonsum und gesteigerter Taktung des Tötens lassen sich Angebot und Nachfrage nur dann noch miteinander vereinbaren, wenn das Schlachten keiner mehr sieht, hört und riecht«, schreiben Berliner Sozialwissenschaftler im Rahmen ihres Forschungsprojekts zu deutschen Schlachthöfen[46]. So sind diese anonymen Tötungsfabriken zu beunruhigenden gesellschaftlichen Einrichtungen geworden. Ihr ramponiertes Image ist noch am ehesten mit Institutionen wie Bordellen oder Gefängnissen vergleichbar. Trotz hartnäckiger Versuche gelang es den Berliner Sozialwissenschaftlern übrigens nicht, ein Gespräch mit einem führenden Mitarbeiter oder Besitzer eines großen deutschen Schlachthofs zu führen. Schlachthöfe sind stumm.

Die Mehrheit des Personals spricht ohnehin kein Deutsch. Zwei von drei Mitarbeitern kommen aus dem Ausland, vor allem aus Ost- oder Südosteuropa. Deutschlands größter Schlachthof gehört der Firma *Tönnies*, er befindet sich in Rheda-Wiedenbrück, in der westfälischen Bucht bei Gütersloh. Die Wissenschaftler haben nachgezählt: Von den mehr als 40 000 städtischen Einwohnern kommen 1085 aus Polen, 559 aus Rumänien, 167 aus Mazedonien, 104 aus der Slowakei, 83 aus Bulgarien, 53 aus Serbien.

Am Fließband »stehen fast nur noch Leiharbeiter aus dem Ausland, die oft zu prekären Bedingungen von Fremdfirmen beschäftigt werden«, sagt Hendrik Haase, Foodaktivist und Miteigentümer der Berlin-Kreuzberger Metzgerei *Kumpel und Keule*. Das Töten und Verarbeiten unserer Nutztiere ist damit an die unterste Kaste delegiert worden. Die Arbeiter wohnen in unwürdigen containerartigen Massenunterkünften, und sie werden lausig bezahlt. Für die schrecklichste aller denkbaren Tätigkeiten gibt es lediglich den gesetzlichen Mindestlohn, und selbst der wird oft nicht regulär abgerechnet, wie die Gewerkschaften beklagen. Die Arbeit ist körperlich und psychisch extrem anstrengend, sie ist gefährlich und führt häufig zu Verletzungen, die hygienischen Verhältnisse sind miserabel. Welches Maß an Empathie und sorgsamem Umgang mit

Tieren darf man von diesen schlecht bezahlten und häufig wechselnden Schlachthofarbeitern in Großbetrieben erwarten? Dort wird Fleisch produziert wie andernorts Ziegelsteine. Die Tiere sind nur noch Rohstoff.

Dabei war das Schlachten einst ein großes öffentliches Fest. In den Dörfern war es ein besonderer Höhepunkt. Im Mittelalter konnte man den Schlachtern bei der Arbeit zusehen. Es war suspekt, wenn der Metzger im abgeschlossenen Raum arbeitete, weil dann keine Möglichkeit bestand, sich von der Qualität und Gesundheit des Schlachtviehs zu überzeugen.

Geschlachtet wurde auch auf großen öffentlichen Plätzen.

Anfangs wurde mit den Schlachtfesten der Jagderfolg feierlich begangen, wenn ein Tier erlegt und damit die Fleischversorgung gesichert war. Die Domestikation unserer Haustiere veränderte die Bräuche, jetzt galt das Schlachtfest einem lange und aufwendig gemästeten Tier, das für die Familie und die Dorfgemeinschaft eine wertvolle Protein- und Nahrungsquelle war. Das Tier wurde »vor dem Schlachten reich geschmückt und nicht selten vor der Tötung von einem religiösen Würdenträger gesegnet, um die Besonderheit des Augenblicks zu verstärken«.[47] Müssen wir wieder Seelsorger in die Schlachthöfe schicken?

Das Schlachten von Tieren hat auch einen religiösen Hintergrund: Vom Buddhismus abgesehen, hat das Schlachten »als Opferritual in allen Weltreligionen und sicherlich auch in vielen kleineren Glaubensrichtungen eine lange Tradition. Teilweise werden diese Bräuche noch heute praktiziert, zum Beispiel im Zuge des islamischen Opferfests oder beim großen Schlachtfest zu Ehren der hinduistischen Göttin Gadhimai in Nepal, wobei das Fleisch anschließend unter den Gläubigen verteilt wird«.[48]

In Berlin wird noch im 19. Jahrhundert wild und chaotisch überall im Stadtgebiet geschlachtet: auf Hinterhöfen, in kleinen und größeren Schlachthäusern oder auf Stelzenbauten direkt an der Spree. Die hygienischen Verhältnisse sind katastrophal, die Polizei hat »die Kontrolle über die schiere Vielzahl der Schlächtereien völlig verloren«, heißt es in einem Bericht über das historische Berlin.[49] Blutwasser überschwemmt die Höfe, tierische Abfallstoffe vergammeln in Gruben, und in den Wursthöfen am Fluss gehen die Abfälle direkt ins Wasser. Die Ärzteschaft ist alarmiert. Schließlich ist es der berühmte Berliner Arzt Rudolf Virchow, der 1864 den Antrag stellt, ein städtisch betriebenes Schlachthaus einzurichten. Es dauert weitere 17 Jahre, bis im März 1881 gegen den erbitterten Widerstand der Schlachter der *Centrale Vieh- und Schlachthof der Stadt Berlin* eingeweiht wird. Er verfügt über 144 separate Schlachtkammern mit kostenfreiem Zugang zum Brühwasser. Die *Allgemeine Schlächter-Zeitung* wettert gegen diese »Monopolisierung der Fleischversorgung«. Es rieche nach Kommunismus, heißt es in der *Nationalzeitung*. Doch die Entwicklung ist nicht aufzuhalten.

Heute, 140 Jahre später, sind das Schlachten und Verarbeiten der Tierkörper weitgehend industrialisiert und in den Händen weniger Großbetriebe konzentriert. Die zehn größten deutschen Schlachtbetriebe haben einen Marktanteil von rund 80 Prozent. Vor den Toren Berlins, wo einst das Vieh weidete, demonstrieren heute junge Leute gegen den Schlachthof der *Märkischen Geflügelhof-Spezialitäten GmbH*, der zum *Wiesenhof*-Komplex gehört. Hier rotieren die Blitzmesser unaufhörlich, um täglich bis zu 120 000 Masthähnchen die Hälse durchzuschneiden. 2018 hatte das Unternehmen die Schlachtkapazität ohne Genehmigung auf 160 000 Hähnchen erweitert, in Spitzenzeiten sollten bis zu 240 000 Tiere am Tag geschlachtet werden. Jetzt ziehen 1000 Demonstranten an der Fabrik vorbei, schwenken ihre Transparente und skandieren »Zickezacke Hühnerkacke, zickezacke Hühnerkacke!«

In Deutschland haben die Schlachthöfe 2018 nach Angaben des Statistischen Bundesamts mehr als acht Millionen Tonnen Fleisch produziert. Es wurden fast 57 Millionen Schweine geschlachtet, 3,4 Millionen Rinder, 1,1 Millionen Schafe und Lämmer sowie 1,6 Millionen Tonnen Geflügel. Hühner, Puten und Enten werden nicht mehr einzeln gezählt, nur die Tonnage geht in die Statistik ein. 750 Millionen Tiere sollen es insgesamt sein – Fische nicht mitgerechnet –, die für die Proteinversorgung von 80 Millionen Deutschen im Jahr 2018 zu Fleisch verarbeitet wurden, wobei allerdings eine immer größere Menge exportiert wird. Beim liebsten Nutztier der Deutschen, dem Schwein, ist der Pro-Kopf-Verzehr seit 2010 merklich zurückgegangen. Mit aktuell 37 Kilogramm bleibt das Borstenvieh dennoch mit Abstand die Nummer eins.

Die Deutschen und das Schwein! Sie lieben es, stecken Münzen in bunte Sparschweine, verschenken Marzipanschweinchen und quietschende Ferkel als Glücksbringer, und bei einem Dreier im Lotto haben sie »Schwein gehabt«. Aber sonntags beim *Tatort* ist der Kinderschänder und Mörder ebenfalls »ein Schwein«. Ähnlich widersprüchlich verhält sich der Deutsche an der Fleisch- und Wursttheke. Schweinefleisch hat klar die Poleposition. Gleichzeitig gilt es als fett, billig und banal, eher die rustikale als die feine Küche.

Dabei gab es Zeiten enthusiastischer Wertschätzung. Das Autoren-Duo Robert Habs und Leopold Rosner zählte im legendären *Appetitlexikon* von 1894 das Schwein »ohne Widerrede zu den kostbarsten und unersetzlichsten Perlen in der Krone der Kultur«. Das Schwein sei nicht nur verdienstvoll, sondern »wie ein Prinz aus Gottes Gnaden ganz und gar aus Verdiensten zusammengesetzt« – vom Schinken bis zur Rüsselscheibe. Das Hausschwein war damals allerdings ein anderes Tier als heute, es war fetter, anders gebaut, es lebte sehr viel länger und es wurde langsamer gemästet.

Seitdem hat sich das gute alte Fettschwein, die frühere Versicherungspolice gegen Hungersnöte, in ein reines Fleischschwein verwandelt, in ein hochbemuskeltes Magerschwein. Die Rückenspeckauflage ist geschrumpft, der Anteil an Magerfleisch macht nahezu zwei Drittel des Körpergewichts aus. Das moderne Fleischschwein hat einen langgestreckten Körper mit vergrößertem Kotelettstrang und überdimensionalem Schinken. Es wird mit Eiweiß aus importiertem Soja und mit synthetischen Aminosäuren gefüttert. Es geht mit nur zwei Zentnern Gewicht als Jungschwein auf die Schlachtbank – nach einer Hochgeschwindigkeitsmast von vier Monaten.

Doch die Grenze ist erreicht. Das extreme Muskelwachstum wird mit zunehmenden *Myopathien* erkauft, die Schweine leiden an Muskelkrankheiten. Die Symptome: enormes Kaliberwachstum der Muskelfasern, überschießende Milchsäureentwicklung in den

Muskeln, erhöhter Kalziumspiegel, Denaturierung der Muskelproteine, Muskelzittern, Versteifung, Stoffwechselentgleisungen, Rückenmuskelnekrose. Und: Die Tiere sind extrem stressempfindlich. Als direkte Folge hat die Rate des berüchtigten PSE-Fleischs (pale, soft, exudative – blass, weich, wässrig) die Zehn-Prozent-Marke überschritten, sie erreicht bei einzelnen Stichproben bis zu 46 Prozent.[50]

Ersparen wir uns ein nochmaliges Aufzählen der unappetitlichen, größtenteils aber bekannten Fakten zum Antibiotikaeinsatz, zu den Spaltenböden, den generell wenig artgerechten Haltungsbedingungen sowie den Tiertransporten. Bei all diesen Themen kämpfen Agraropposition und Zivilgesellschaft seit Jahren um Verbesserungen. Die Agrarindustrie steht deshalb heftig unter Beschuss. Weniger bekannt ist eine andere Konsequenz: der dramatische Verlust des Geschmacks. Mit dem Fett als wichtigstem Geschmacksträger hat das extrem magere Schweinefleisch auch an Genussqualität verloren. Nicht nur die äußere Fettauflage, die den Schweinekörper wie ein Schutzschild umgibt, ist geschrumpft, sondern vor allem der intramuskuläre Fettgehalt. Auf den kommt es aber an, wenn Kotelett und Schweinebraten saftig bleiben und schmecken sollen. Das intramuskuläre Fett sorgt für die berühmte »Marmorierung« des Fleischs, jene kleinen, kaum wahrnehmbaren Fetteinsprengsel im Muskelfleisch, die wie kleine weiße Pinselstriche aussehen. Sie machen das Fleisch zart, saftig, aromatisch. Schön marmoriertes Schweinefleisch ist heute schwer zu finden. Je höher der schiere Fleischanteil, desto niedriger ist der Gehalt intramuskulären Fetts und desto höher sind auch der Wasseranteil und die Stressanfälligkeit der Tiere. Experten sprechen von einer »Negativ-Korrelation« zwischen Muskelmasse und Fleischfülle auf der einen Seite und Geschmack, sensorischer Qualität und Vitalität der Tiere auf der anderen.

Das Bezahlsystem des Handels ist stur auf den Magerfleischanteil fixiert und hat die einseitige Zucht fleischig-fettarmer und extrem schnell wachsender Tiere vorangetrieben. Je magerer und fleischhaltiger ein Schweinekörper ausfällt, desto mehr Geld bekommt sein Erzeuger. Qualität wird nicht nur nicht honoriert, sie wird sogar bestraft, weil Tiere mit einem höheren intramuskulären Fettgehalt per Naturgesetz über weniger Fleischfülle verfügen und damit weniger Geld einbringen.

Ein höherer intramuskulärer Fettgehalt mit gesünderen und vitaleren Tieren wäre durch gezielte Zucht und ein darauf abgestimmtes Haltungs- und Fütterungsmanagement erreichbar. Aber die Fleischqualitätsforschung hat im Schweinestall seit Jahren keinen Platz mehr. Umfragen zeigen, dass auch die Verbraucher ihre Kompetenz zur Beurteilung von Schweinefleisch weitgehend verloren haben. Noch immer gilt die falsche Gleichung: weniger Fett gleich guter Geschmack und bessere Qualität. Zeigt man Testpersonen verschiedene Schweinefleischpartien, können sie die höhere Qualität nur schwer erkennen. Lässt man sie den Fettgehalt schätzen, offenbaren sich krasse Fehlurteile. Ein leicht marmoriertes Stück Fleisch mit fünf Prozent Fettanteil wurde im Schnitt auf 32,3 Prozent Fett geschätzt. Selbst ein extrem mageres Bratstück mit nur zwei Prozent Fettgehalt wurde auf durchschnittlich 17,8 Prozent taxiert.[51] Die Vorurteile vom fetten Schwein halten sich hartnäckig.

Die hohe Quote von PSE-Fleisch nimmt die Fleischindustrie als Kollateralschaden in Kauf. Am Fließband großer Schlachthöfe wird es häufig nicht einmal entdeckt: Fleisch aus zu dicken weißen Muskelfasern, denaturiert und schlecht mit Blut und Sauerstoff versorgt, mit niedrigem pH-Wert, wässrig, blass, weich. Beim Braten entstehen in der Pfanne Wasserpfützen, das Kotelett schnurrt zusammen wie ein Luftballon, der Dampf ablässt. Experten sprechen von einem »reduzierten Safthaltevermögen«. Man fragt sich, was los wäre, wenn mehr als zehn Prozent der deutschen Autos oder Fernseher ähnlich offensichtliche Qualitätsmängel hätten.

Ein zusätzlicher, kaum bekannter Geschmackskiller ist die Verpackung. Durch die neue Technik, das Fleisch in »modifizierter Schutzatmosphäre« zu verpacken, wird es trocken, zäh und geschmacklos. Schutzatmosphäre heißt, dass Kohlendioxid und Sauerstoff als Schutzgase in die Verpackung gepumpt werden. Sie sollen das Fleisch bis zu 14 Tage frisch halten. Fäulnisbakterien werden damit reduziert, Discounter und Supermärkte können das so behandelte Produkt länger verkaufen. Wissenschaftler aus der Fleischforschung sind über die geschmacklichen Veränderungen entsetzt. In Norwegen ist diese Form der Begasung sogar verboten. Bei uns wird im Lebensmitteleinzelhandel immer mehr begastes Schweinefleisch verkauft. Am Verpackungsdesaster wird ebenso wenig gerüttelt wie am irrwitzigen Bezahlsystem nach Magerfleischanteil.

Wo bleibt die gute Nachricht? Vielleicht hier: Die spannendste Zahl in der allgemeinen Fleischstatistik betrifft den jährlich ermittelten Pro-Kopf-Verzehr von allen Fleischarten. Er geht seit einigen Jahren leicht zurück und ist 2017 erstmals in diesem Jahrhundert mit 59,7 Kilogramm unter die 60-Kilogramm-Grenze gefallen; 2018 hat er wieder minimal zugenommen.[52] Der Rückgang hat Signalwirkung. Das Essen großer Fleischportionen ist anrüchig geworden, seitdem die Veggiebewegung im gesellschaftlichen Diskurs den Takt klopft. Die Fleischesser mit ihren ohnehin latenten Schuldgefühlen geraten zunehmend in die Defensive, ihr Schnitzel wird zum »Gewissensbissen«, wie der *Spiegel* titelt.

Den Befreiungsschlag aus der Gewissensnot versucht sechsmal im Jahr das Männermagazin *Beef*. Mit seinem leicht blutigen Protein-Porno auf den Titelseiten verteidigt es die über den Tellerrand wabernde riesige Fleischmahlzeit mit provokanter Lust als männliches Grundrecht. Hau dir ein anständiges Stück Fleisch in die Pfanne, und alles wird gut. Das Magazin wirkt wie aus der Zeit gefallen, eine Art kulinarische AfD. Dem überall wahrnehmbaren gesellschaftlichen Druck, weniger Fleisch zu essen, wird ein pubertäres Jetzt-erst-recht entgegengesetzt, inklusive dickem Fettrand und kräftig angekokelten Grillfurchen. Die gesellschaftliche Restvernunft verbrutzelt im Holzkohlenfeuer. Das Magazin feiert nicht nur die »wunderbare Welt des Rumpsteaks«, es empfiehlt auch gleich die passende Grillmusik dazu. Solche irrationalen Trotzreaktionen gegen verschärfte gesellschaftliche Moralvorstellungen sind nicht untypisch, zumal sich die Genießer üppiger Fleischmengen immer öfter ins Unrecht gesetzt und in die Rolle von Ignoranten und Klimakillern gedrängt sehen. Ein 300-Gramm-Steak sei obszön, heißt es, es gleiche dem Fahren eines fetten Geländewagens. Fleischessen ist das neue Rauchen.

Die Forderung, weniger Fleisch zu essen, hat sich als legitime Maxime in unseren Köpfen eingenistet. Es ist aus ökologischen, gesundheitlichen und tierethischen Gründen unbestreitbar vernünftig, die Fleischportion zu kürzen. Auch der Magenwächter der Nation, die Deutsche Gesellschaft für Ernährung, empfiehlt in ihren zehn goldenen Regeln eine deutlich kleinere Fleisch- und Wurstmenge von »nicht mehr als 300 bis 600 Gramm pro Woche«, das ist, wenn man den Mittelwert nimmt, nur etwa halb so viel, wie wir im Schnitt tatsächlich vertilgen. In einschlägigen Umfragen bekennen sich denn auch immer mehr Omnivoren zur Zügelung »unserer irren Lust auf Fleisch«, so das Umweltmagazin *zeozwei*. Im neuen Ernährungsreport 2019 des Landwirtschaftsministeriums erklären 74 Prozent der Befragten das Reduzieren des Fleischkonsums zur besten Lösung für die Ernährung einer wachsenden Weltbevölkerung.[53] Noch mehr Zustimmung gibt es nur für den Vorschlag, die Verschwendung von Lebensmitteln zu stoppen.

Die Deutschen haben ihre Lektion gelernt. Mit der Umsetzung hapert es allerdings: »Salat predigen und Schnitzel essen«, spotten die Medien mit Verweis auf die nur langsam zurückgehenden Ziffern beim Fleischverzehr. Der Fleischhunger wird übrigens zu mehr als 95 Prozent aus industrieller Massentierhaltung gestillt. Die Mehrheit der Deutschen ist gleichzeitig fest davon überzeugt, dass sie selbst *kein* Fleisch aus den Ställen der Massenmäster isst. Die Bösen, das sind immer die anderen.

Fragt man nach den Gründen für unsere hartnäckige Fleischeslust, werden im englischsprachigen Raum gern die vier »N« aufgezählt. Fleisch essen sei erstens *normal*, zweitens *natürlich*, drittens *notwendig*, weil *nährstoffreich*, und viertens »*nice*«, was man mit »es macht Spaß« übersetzen könnte oder »es schmeckt einfach«. Tatsächlich enthält Fleisch biologisch wertvolle Proteine und viele andere wichtige Nährstoffe wie die B-Vitamine, Selen, Eisen, Zink und vieles mehr. Fleisch liefert fast alles, was der Körper braucht, es hat eine hohe Energiedichte, und die Nährstoffe sind besonders gut verwertbar. Auch Nahrungsmittelallergiker können Fleisch meist gut vertragen.

Evolutionsforscher weisen dem Fleisch eine Schlüsselrolle für die Entwicklung menschlicher Intelligenz zu. Mit dem Nährstoffreichtum und der leichten Verdaulichkeit des Fleischs konnten die menschlichen Verdauungsorgane schrumpfen, und das Hirn konnte wachsen. Erst durch den Fleischkonsum sei die wahre Menschwerdung möglich gewesen, sie sei der eigentliche Motor der Zivilisation, schreibt die *Welt*[54]. Das Fleisch habe den Menschen größer und klüger gemacht. So habe er sich bessere Waffen verschaffen und seinen Jagderfolg vergrößern können, wodurch er wieder mehr Fleisch essen und größere Gemeinschaften ernähren konnte.

Fleisch ist für viele Konsumenten aber in erster Linie ein Genuss, den kein anderes Lebensmittel vermitteln kann. Fleisch ist Emotion, Geschmack, Sinnlichkeit und an den meisten Tischen noch immer der duftende Mittelpunkt einer Mahlzeit. Die kulturelle Prägung aufs Fleisch ist für viele Esser schwer zu überwinden. Vielleicht ändert sich das heute. Meine Generation ist mit viel Fleisch und Wurst aufgewachsen, wir bekamen schon als kleine Kinder ein Wienerle gereicht und wurden langsam konditioniert auf saftige Braten und deftige Würste. Zudem ist Fleisch überall verfügbar und extrem billig. Da fällt der Ausstieg aus der Bratpfanne schwer. Immerhin: Es gibt inzwischen Ausstiegshilfen. Das vegetarische Angebot in der Gastronomie wird immer besser, die Buchhandlungen sind voll von Rezeptbüchern. Und die regelmäßigen Skandale rund um die Fleischproduktion steigern den Ekel und erleichtern den Abschied von der großen Fleischportion. Das Verbraucherverhalten hat sich in den letzten Jahren vor allem im Kopf verändert. Galt das »Stück Lebenskraft« namens Fleisch noch bis in die 1970er-Jahre als nahrhaftes Luxusgut, haben die meisten Menschen längst negative Assoziationen wie Gammelfleisch, Tierquälerei in engen Ställen, Hormon- und Antibiotika-Orgien. Und natürlich warnen Legionen von Ärzten und Ernährungsberatern vor der Überdosis

Eisbein und Big Mac. Das Vertrauen ins Fleisch ist erschüttert, bilanziert das Statistische Bundesamt.

Im Oktober 2015 hat die Weltgesundheitsorganisation zusätzlich für Aufregung gesorgt, als eine Arbeitsgruppe aus 22 Wissenschaftlern das zu Wurst und Schinken verarbeitete rote Fleisch als »nachweisbar krebserregend« und unverarbeitetes rotes Fleisch als »wahrscheinlich krebserregend« einstufte.[55] Die WHO-Forscher hatten mehr als 800 Studien ausgewertet. Die Einstufung bezieht sich allerdings nur auf einen wissenschaftlich bewiesenen ursächlichen Zusammenhang, das Risiko für jeden einzelnen Salami- oder Schinkenesser, an Darm- oder Bauchspeicheldrüsenkrebs zu erkranken, bleibt relativ gering. Gleichwohl verstärkt der Warnruf den Trend weg vom Fleisch. Tierschützer der Vereinigung *PETA* boten als Konsequenz aus der WHO-Expertise sofort ein veganes Einstiegspaket für nachdenkliche Verbraucher an.

Die Botschaft des Weniger-ist-mehr ist fast überall angekommen. Benedikt Härlin, Leiter des Berliner Büros der *Zukunftsstiftung Landwirtschaft*, formuliert es besonders pointiert: »Fleischessen wird mehr und mehr zu einer prolligen Geschichte. Wer etwas auf sich hält, wer sich fit halten will, wer seine Reproduktionschancen verbessern will, wer seine Leistungsfähigkeit in dieser narzisstischen Facebook-Welt optimieren will, der isst weniger oder gar kein Fleisch, weil dieses Fleisch allmählich und immer stärker nach ranzigem Fett stinkt. […] Die berühmte *Western Diet* mit ihren Fleischbergen erscheint mir zunehmend trumpartig. Ihre Archetypen sind fette weiße Männer, mit denen niemand mehr ins Bett gehen will, weil sie aus dem Mund müffeln.«[56]

Da muss es sich der Fleischesser gefallen lassen, auf die Couch gelegt und etwas genauer betrachtet zu werden. Was ist das für eine Spezies, die so hartnäckig nach der Leberwurststulle verlangt? Die Ergebnisse solcher Studien sind wenig überraschend. Konsumenten, die viel Fleisch essen, sind im Schnitt weniger gebildet und sie haben per Schichtzugehörigkeit einen geringeren gesellschaftlichen Status als Vegetarier und Flexitarier. Männer essen sehr viel mehr Fleisch als Frauen. Auf dem Land und in kleineren Städten kommt mehr Fleisch auf den Teller als in der Großstadt. Singles und Zwei-Personen-Haushalte essen weniger Fleisch als mehrköpfige Familien. Viel-Fleisch-Esser pflegen auch jenseits von Grillpfanne und Kräuterbutter einen ungesunden Lebensstil, außerdem treiben sie weniger Sport. Und: Fleisch-Verweigerer sind eher jung und eher weiblich.

Das Fazit einer vom Max-Rubner-Institut durchgeführten Studie liest sich erstaunlich pessimistisch – die Wissenschaftler glauben nämlich nicht, dass sich unsere einge*fleisch*ten Ernährungsgewohnheiten nachhaltig ändern könnten: »Viele Deutsche konsumieren mehr Fleisch als empfohlen, eine Korrektur entsprechend den Ernährungsrichtlinien würde von mehr als der Hälfte der Bevölkerung entsprechende Verhaltensänderungen erfordern. [...] Solche drastischen Veränderungen sind unwahrscheinlich.«[57]

Einen Schritt weiter in der Persönlichkeitserforschung des Fleischessers geht die Mainzer Psychologin Tamara Pfeiler. Sie bescheinigt den Karnivoren, dass sie im Vergleich mit Vegetariern und Veganern »in bildgebenden Verfahren eine geringere Aktivität in empathiebezogenen Arealen des Gehirns zeigen, wenn sie ein Video über Gewalt an Tieren sehen. Dasselbe Phänomen tritt auf, wenn sie ein Video über Gewalt an Menschen ansehen.«[58] Sind Fleischesser die eher unsensiblen Typen mit weniger Einfühlungsvermögen als vegan und vegetarisch lebende Menschen? Glaubt man den Ergebnissen der psychologischen Forschung, dann sind Fleischesser auch weniger offen und politisch konservativer als Vegetarier, sie haben eine stärkere Tendenz zu Autoritarismus und Dominanzverhalten, sie engagieren sich weniger für Umwelt, Klima und Tierschutz.

So interessant solche Forschungen auch sind, so sehr muss man aufpassen, Fleischesser nicht per se mit Pauschalurteilen in die Ecke zu stellen. Sie machen 90 Prozent unserer Bevölkerung aus mit höchst unterschiedlichen Charakteren. Das Defizit an Empathie, das den Fleischliebhabern unterstellt wird, erinnert ein wenig an die Charakterisierung der Metzger in früheren Jahren. Der Aufklärungstheologe Johann David Michaelis schrieb im 18. Jahrhundert:

»Der, der sich bey Thieren Grausamkeit und Unempfindlichkeit angewöhnet, wird auch leicht gegen Menschen grausam und hartherzig, dass bisweilen der Gesetzgeber mit hierauf zu achten hat, um sein Volk nicht verwildern zu lassen.« Die Schlachter, befand der Gelehrte, »thun das (Schlachten) so oft, dass sie sich härten und unmitleidig werden müssen«.[59] In England war es den Metzgern bis Anfang des 19. Jahrhunderts nicht erlaubt, Mitglied eines Schöffengerichts zu sein. Man sprach ihnen das nötige Mitgefühl ab, um Leid und Tod eines Menschen angemessen zu bewerten.

Die Kontroverse um das Recht, Tiere für unseren Fleischgenuss zu töten, erscheint derzeit besonders schrill, sie ist aber eine anthropologische Konstante quer durch die Jahrhunderte. Auch große Denker wie Feuerbach, Schopenhauer oder Augustinus quälte der Grundkonflikt aus Leben, Töten und Essen. Beide Seiten, Fleischesser wie Vegetarier, fanden immer wieder starke Argumente und angesehene Kronzeugen für Rechtfertigung oder Schuld, für Fleisch oder Pflanze. Der Minimalkonsens in diesem jahrhundertealten Streit lässt sich heute vielleicht so formulieren: Wer sich das Recht nimmt, Tiere für den Fleischgenuss zu töten, der hat zumindest die Pflicht der Fürsorge für das Tier, der muss ihm ein tiergerechtes Leben ohne Qual ermöglichen und es angst- und schmerzfrei schlachten. Der Naturphilosoph Klaus-Michael Meyer-Abich schrieb: »Wie das Tier gelebt hat, bevor es gegessen wird, das kommt mit auf den Tisch. Wenn Fleisch aus Massentierhaltung gegessen wird, ist es die Tierquälerei, die mit auf den Tisch kommt. Wenn auch wir den Tieren etwas dafür schuldig sind, dass wir sie sterben lassen, dann dies: Dass sie gelebt haben, bevor sie geschlachtet werden.«[60] Niemand wird bestreiten, dass wir von diesem Minimalkonsens, den Nutztieren ein zwar kurzes, aber gutes Leben zu schenken, ziemlich weit entfernt sind.

Wertvolle Wiederkäuer

Im Beißkrampf der Fleischdebatte gibt es eine interessante Außenseiterposition. Die Schriftstellerin, Kleinbäuerin und Feministin Lierre Keith attackiert in ihrer Streitschrift *Ethisch essen mit Fleisch*[61] gleichzeitig Vegetarier und

Steakhäuser, Veganer und Mastställe. Sie erinnert uns daran, dass die grasenden Weidetiere über Jahrhunderte großartige und unverzichtbare Begleiter des Menschen waren. Erst die Intensivfütterung mit Getreide und Soja habe das Milchvieh und die Fleischrinder, Schafe, Ziegen und Hühner in Nahrungskonkurrenten des Menschen verwandelt. Während des größten Teils der menschlichen Geschichte hätten die Weidetiere einen wunderbaren Job gemacht und genau das gefressen, was der Mensch nicht essen konnte: Zellulose. Diese Zellulose, also das Gras und Grünzeug auf der Weide, verwandelten sie in Nahrungsmittel für den Menschen in Form von hochwertigem Fleisch und von Milch. Die Grünland- und Savannenflächen, so argumentiert Keith, würden Milliarden Tonnen Vegetation produzieren, die nur von Weidetieren verwertet werden können. Und gleichzeitig würden die Tiere die Weiden düngen und neuen Mutterboden schaffen. Auch das Gras brauche die Weidetiere mit ihren wertvollen Ausscheidungen. Getreide und Soja, schreibt Keith, seien für Grasfresser nicht nur ein ungeeignetes, sondern auch ein gesundheitsschädliches Futter.

Zuvor hatte schon die Frankfurter Tierärztin Anita Idel in ihrem Bestseller *Die Kuh ist kein Klimakiller*[62] die Wiederkäuer zu unverzichtbaren Grundpfeilern der Welternährung erklärt. Sie würden die Bodenfruchtbarkeit erhalten und hätten das Potenzial, Kohlenstoff als Humus im Boden zu speichern. Das 2010 erschienene Buch gab der Klimadiskussion um die berühmten methanfurzenden Kühe eine neue Richtung. Idel wies nach, dass Kühe per se alles andere als Klimakiller sind, und stellte die Systemfrage. Ihr Fazit: »Entscheidend ist die Haltung!« Wiederkäuer in natürlicher Weidehaltung würden das Grün-, Weide- und Steppenland intakt halten und Kohlendioxid binden. »Die Klimabilanzen nachhaltiger Grünland-Kühe ergeben ein völlig anderes Bild als die in der Massentierhaltung intensiv gehaltener Rinder.« Danach ist nicht die Kuh das Problem, sondern die weltweite Intensivhaltung und Fütterung mit Getreide und Soja. Wie rasant die Weidehaltung von Rindern in Europa zurückgeht, dokumentierte eine Studie des Forschungsinstituts Lei-Wageningen. Im Nordwesten unserer Republik hatten zum Zeitpunkt der Untersuchung nur noch 15 Prozent der Kühe ausgiebigen Weidegang. Sollte der Trend anhalten, werden bis 2025 fast alle Kühe aus der Landschaft verschwunden sein und in Intensivhaltung im Stall leben.[63]

In Zeiten klimatischer Erdüberhitzung spielen solche philosophisch-ethischen Betrachtungen mit dem Fokus auf die Tiertötung nicht mehr allein die Hauptrolle. Die Moral hat ihr Blickfeld erweitert. Glaubt man der Göttinger Politikprofessorin Tine Stein, dann erleben wir die Neuauflage eines stark universalistischen Moralverständnisses. Individuelle Entscheidungen wie der persönliche Fleischgenuss würden nicht mehr im Schutz der Privatsphäre getroffen, sie müssten sich jetzt vor dem Richterstuhl eines globalen moralischen Anspruchs verantworten.[64] Mit rasant steigenden Temperaturen, zunehmend katastrophalen Extremwetterlagen, mit Dürren und Millionen Klimaflüchtlingen stellen sich unangenehme Fragen an unseren Lebensstil. Ist uns wirklich alles Wurst? Oder sind wir noch moralisch zurechnungsfähige Wesen? Dann, so Tine Stein, müssten wir im Sinne einer Menschheitssolidarität unseren ökologischen Fußabdruck auf Überlebensfähigkeit trimmen. Unser Lebensstil müsste nach dem Kant'schen kategorischen Imperativ verallgemeinerbar sein, also von allen Menschen auf der Erde praktiziert werden können. Sind 60 Kilo Fleisch, so der gegenwärtige Pro-Kopf-Verzehr in unserem Land, für alle Menschen eine zukunftsfähige Option? Sicher nicht, das würde die Klima- und Umweltkrise dramatisch beschleunigen und das Gesicht der kleinen blauen Murmel namens Erde noch stärker verändern.

So sind Steak und Schnitzel, wie die Braunkohle, das Flugzeug und der SUV, zum klimapolitischen Toxikum geworden. Unsere Essgewohnheiten entscheiden mit über die Zukunft des Planeten. Wie ein kranker Patient, schreibt der *Spiegel*, verlören Umwelt und Klima mit jedem Entrecôte, mit jedem Parmaschinken und jeder Hähnchenbrust einen Teil ihrer natürlichen Widerstandskraft. Dann folgt die ganze Büchse der Pandora: Entwaldung, Wüstenbildung, Wasserknappheit, Überdüngung, Artensterben, Armut, Hunger, soziale Unruhen – dem maßlosen Fleischhunger und der weltweit expandierenden Viehwirtschaft ist reichlich Unheil anzulasten. Rund 80 Prozent der weltweiten landwirtschaftlichen Nutzfläche werden für die Produktion tierischer Lebensmittel verwendet. Dem Anbau von Futtermitteln musste ein Drittel aller natürlichen Wälder weichen, die Viehwirtschaft ist der wichtigste Verursacher von Habitatverlusten für Tiere und Pflanzen.[65] Ein Kilogramm Mischbrot, rechnet das Umweltbundesamt vor, verursacht einen Ausstoß von 0,7 Kilogramm Kohlendioxid, ein Kilogramm Rindfleisch ist für bis zu 28 Kilogramm verantwortlich.

An erster Stelle im Sündenregister stehen die Treibhausgase. Doch wie hoch ist eigentlich der Ausstoß von Kohlendioxid, Methan und Lachgas durch die Tierhaltung und Fleischproduktion? Die überall und immer wieder zitierte offizielle Zahl heißt 18 Prozent. Das ist laut Welternährungsorganisation FAO der Anteil an klimawirksamen Gasen, der durch die weltweite Produktion von Lebensmitteln tierischen Ursprungs verursacht wird. Heftiger Widerspruch kommt vom *Worldwatch Institute*. Die US-Wissenschaftler postulieren in ihrer Studie »Viehwirtschaft und Klimawandel« den unglaublich hohen Wert von 51 Prozent.[66] Jede zweite Tonne Treibhausgase, die in die Atmosphäre geschleudert wird, ginge damit aufs Konto von Viehhaltung und Fleisch.

Die Worldwatch-Autoren zählen im Detail alles auf, was die FAO in ihrer Bilanz vergessen habe. Zum Beispiel die Aquakulturen der Fischproduktion und den CO_2-Ausstoß beim Bau der Tierfabriken. Oder die Energie für die Kühlhäuser und die Medikamentenproduktion. Es ist eine lange Liste, die in dem Vorwurf gipfelt, dass vor allem die Klimaschädigung durch den Methanausstoß der Rinder stark unterschätzt werde und die FAO zudem mit veralteten Tierzahlen gerechnet habe.

18 oder 51 Prozent aller Treibhausgase? Die exakte Berechnung ist kompliziert. Schon die offiziellen 18 Prozent der FAO würden allerdings bedeuten, dass die Viehwirtschaft mehr Klimakiller emittiert als der gesamte weltweite Transportsektor mit Autos, Eisenbahnen, Schiffen und Flugzeugen zusammen. Unbestritten ist, dass unsere Ernährungsgewohnheiten einen wesentlich größeren Einfluss auf das globale Klima haben als lange angenommen. Und dass wir in den reichen Ländern hinabsteigen sollten von unserem Fleischberg. Schon allein damit eine Reihe von Entwicklungsländern ihren noch sehr moderaten Fleischkonsum steigern und ihre

Proteinversorgung verbessern können. Die nordamerikanischen Länder essen sechsmal so viel Fleisch wie empfohlen, manche Entwicklungsländer kommen nicht einmal auf die Hälfte der empfohlenen Portion.

So ist das Ungleichgewicht zwischen reichen und armen Ländern noch immer am Fleischkonsum abzulesen, auch wenn China seinen Pro-Kopf-Verzehr seit den 1960er-Jahren vervierfacht hat und inzwischen auf westlichem Niveau angekommen ist. Die weltweite Fleischproduktion hat 2018 die kaum vorstellbare Menge von 327 Millionen Tonnen erreicht. Die Welternährungsorganisation FAO, die mit ihren Prognosen stets auf Wachstumskurs ist, rechnet bis 2028 mit einer weiteren Zunahme auf dann 364 Millionen Tonnen.[67] Mit steigendem Einkommen werde auch der Fleischverbrauch weiter ansteigen, heißt die einfache Formel der FAO-Wissenschaftler. Jeder Erdenbürger soll 2028 exakt 35 Kilogramm Fleisch verzehren, das entspricht einer Zunahme von 400 Gramm gegenüber 2018.[68] Drei Viertel des Wachstums sollen auf das Konto der Entwicklungsländer gehen, wobei Afrika beim Pro-Kopf-Verzehr am stärksten zulegen werde. In den reichen Ländern des Nordens sei dagegen eine Sättigung erreicht.

Geflügel, vor allem Hühnerfleisch, ist nach FAO-Prognosen der größte Wachstumstreiber. Jedes zweite zusätzliche Kilo Fleisch, das in den nächsten zehn Jahren über die Ladentheke geht, ist Geflügel. Es ist billig, die Produktionszyklen sind kurz, und das Federvieh kann überall gehalten werden. Dagegen sollen die globale Produktion und der Verbrauch von Schweinefleisch zurückgehen. Es sind die immer gleichen, fast monströs anmutenden Zahlenreihen, die von der Welternährungsorganisation Jahr für Jahr veröffentlicht werden. So prophezeit sie auch im aktuellen Report weitere Effizienzsteigerungen mit noch schnelleren Mastzeiten und noch höheren Schlachtgewichten durch eine noch umfangreichere Intensivfütterung. Es ist zu befürchten, dass sie den Trend auch dieses Mal richtig beschreibt. Die Auspressung der Nutztiere lässt sich offenbar noch weiter verschärfen.

In unserem Land ist das weder erwünscht noch scheint es durchsetzbar. Denn an immer mehr Standorten wehrt sich die Bevölkerung gegen neue Megaställe. Die Akzeptanz schwindet selbst in den strukturschwachen Regionen, die gern mit Schweinemastanlagen und Hähnchenstallungen für Hunderttausende von Tieren beglückt werden. Es sind Namen wie aus dem Bilderbuch: Kuppentin, Dielmissen, Zschepplin, Krippehna, Oldisleben, Suckwitz. Unbekannte Dörfer, die aus der Anonymität herausgerissen und plötzlich zu Kampfplätzen eines neuen Bürgerengagements werden. In Kuppentin ist eine Hähnchenmastanlage für 130 000 Tiere gerichtlich stillgelegt worden. In Dielmissen zog der Landkreis die Reißleine und versagte die Genehmigung für eine ähnlich große Hühnerfabrik. In Zschepplin hat das Oberverwaltungsgericht eine riesige Schweinemastanlage für 11 000 Tiere ausgebremst. Und so weiter.

Glaubt man der Buchführung des Netzwerks *Bauernhöfe statt Agrarfabriken*, dann hat der Zusammenschluss von 400 Bürgerinitiativen innerhalb von zehn Jahren 200 große Mastanlagen verhindert, so sein Initiator Eckehard Niemann. Zählt man noch die vielen Projekte dazu, bei denen die dänischen, holländischen oder deutschen Investoren schon vor der Antragstellung wegen der anschwellenden Bürgerproteste kapitulierten, dann hat das Bürgerengagement gegen die Massentierhaltung vermutlich mehr als 500 Tierfabriken vereitelt: Hähnchen-, Puten-, Legehennen-, Schweinemast- und Schweinezuchtanlagen, außerdem drei Riesenschlachthöfe.

»Nichts ist erfolgreicher als der Erfolg«, sagt Niemann. Motiviert durch die Siege vor Gericht, bei den Behörden und in der Politik, werden die Bürgerinitiativen immer selbstbewusster. Sie werden auch immer schlauer und kompetenter. Ihre Anwälte und Gutachter haben sich inzwischen zu Experten für Monsterställe aller Art entwickelt. Das Internet sorgt für die nötige Vernetzung, ein regelmäßiger Newsletter informiert über Erfolge und neue niederträchtige Antragsteller. Mit dem novellierten Bundesbaugesetzbuch sowie den verschärften Vorschriften zum Brandschutz und zur

Keimbelastung hat sich die Gesetzeslage deutlich zugunsten der Bürgerproteste verschoben.

Initiatoren des Widerstands sind oft ganz normale Einwohner, die den Wert ihres Grundstücks bedroht sehen, wenn in der Nähe eine Tierfabrik gebaut werden soll. Auch Bürgermeister und Landräte, egal welcher Partei, wehren sich gegen Gestank, drohenden Lkw-Verkehr und den Imageverlust des Orts. Die anderen Argumente wie das Tierleid, die *Klima*krise oder die Verfütterung von Sojaimporten aus Südamerika – die kommen mit der Zeit fast automatisch dazu. Kernregionen des Bürgerengagements sind Niedersachsen und vor allem die ostdeutschen Bundesländer. In Ostdeutschland hat Niemann das Engagement einer neuen Zivilgesellschaft entdeckt. Die Leute seien nicht mehr bereit, sich die Heimat von der Massentierhaltung zuscheißen zu lassen. Die Versprechen neuer Arbeitsplätze hätten ihre Glaubwürdigkeit verloren, seitdem klar ist, dass vor allem Fütterungsautomaten die Fleisch- und Eierfabriken versorgen.

Schlechte Perspektiven für die großen Agrarfabriken? Der Trend zu wenigen Betrieben mit immer größeren Tierzahlen stößt zumindest bei den in Deutschland geplanten Neubauten an Akzeptanzgrenzen. Im Weltmaßstab sieht es anders aus. Besonders spektakulär ist die Entwicklung Chinas. Dort hat sich seit den 1960er-Jahren der Konsum von Lebensmitteln tierischer Herkunft vervierfacht von fünf auf 20 Prozent aller verzehrten Lebensmittel – gemessen an Gewichtsanteilen. In der kurzen Spanne zwischen 1978 und 2002 stieg zum Beispiel der Verbrauch von Eiern um 800 Prozent.

Der neue gewaltige Appetit der Chinesen auf tierische Produkte ist nicht nur ein Problem der Volksrepublik, er hat weitreichende globale Konsequenzen. Denn der hohe Verbrauch von Fleisch, Milch und Eiern wird von immer höheren Einfuhren von Soja für die Futtertröge des schnell wachsenden Viehbestands begleitet. Die Zahlen lesen sich beinahe gespenstisch. 1990 lag der Import von Soja bei null. 2003 importierte China bereits 21 Millionen Tonnen Soja. 2018 waren es 90 Millionen Tonnen, das entspricht der dreifachen Menge des gesamten EU-Imports, 2020 werden es weit über

100 Millionen Tonnen sein.[69] Der größte Teil des Sojas kommt aus Lateinamerika, vor allem aus Brasilien, wo allein vier Millionen Hektar wertvolles Ackerland (Stand 2015) nur für Chinas Soja-Importe gebraucht werden. »Nahezu die gesamte Produktionssteigerung von Soja wird seit Jahrzehnten durch Rodung des Amazonaswalds erreicht«, schreibt das *Soja-Informationsportal EST*.[70]

Das Amazonasbecken ist mit rund sieben Millionen Quadratkilometern das größte Landschaftsgebiet der Erde und beherbergt den größten tropischen Regenwald. Die weltweit wachsenden Viehbestände, aber auch die Biospritproduktion haben die Entwaldung des Amazonasbeckens dramatisch beschleunigt. Zwischen 2006 und 2010 hat das Tempo der Rodungen ein wenig nachgelassen. Danach hat es wieder zugelegt. Jetzt hat der neue Präsident Brasiliens, Jair Bolsonaro, die Mission Kettensäge zu seinem Projekt gemacht. »Brasiliens rechtsextreme Regierung lässt den Regenwald abholzen und greift die letzten indigenen Völker an«, schreibt *DIE ZEIT*.[71] Die Abholzungsrate erreichte im Juli 2019 neue Rekordwerte mit einer Verdopplung gegenüber dem Vorjahr – für Fleischeslust und Biosprit. Dann sorgte im August 2019 die Menschheitskatastrophe der Amazonasbrände für weltweites Entsetzen. Während Bolsonaro die internationale Hilfe der G7-Staaten ablehnte, mussten Millionen Fernsehzuschauer Abend für Abend mit ansehen, wie hilflose Feuerwehrmänner mit großen Fliegenklatschen das Inferno bekämpften. Die deutschen Umwelt-NGOs fanden passende Worte: »Die Welt ist empört über die kriminelle Energie, mit der Brasiliens Präsident den Amazonasurwald abfackeln lässt. Hinter dem Wunschkandidaten der Märkte, wie die *Deutsche Bank* Bolsonaro zutreffend bezeichnete, steckt das Kalkül von Brasiliens Agrarindustriellen, die noch mehr Land für Soja-, Fleisch- oder Ethanolexporte wollen. Der Amazonaswald brennt, weil Brasiliens Agrarmafia das so will.«[72]

Bio

Das kleinere Übel

Samstagmorgen im großen Biomarkt von Kreuzberg. In den schmalen Einkaufsgassen zwischen Brandenburger Karotten, argentinischen Birnen und Eiern der Bruderhahn-Initiativen schieben die Berliner Kunden in Trippelschritten ihre Einkaufswagen und schreienden Kinder voran. Der Laden brummt, entsprechend eng ist es in einem der beliebtesten und größten Biosupermärkte der Hauptstadt. »Kolchose« nennen manche Einkäufer liebevoll das Bio-Unternehmen. Es firmiert selbstironisch unter der alten DDR-Abkürzung *LPG* für Landwirtschaftliche Produktionsgenossenschaft. »Bio-Paradies« werben die LPG-Verantwortlichen und verweisen auf mehr als 18 000 Artikel in ihrem Vollsortiment, das seinesgleichen in Europa suche. Auch der Autor zählt zu den regelmäßigen Kunden und schätzt die lockere Einkaufsatmosphäre und das breite Angebot.

Wer hier im Gewusel steht, der spürt auch ganz körperlich: Bio ist angekommen in der Mitte der Gesellschaft. Bio ist wichtig geworden und für Millionen Verbraucher in Deutschland die erste Einkaufsadresse. 28 Prozent der Deutschen, so die Zahlen des Öko-Barometers 2018, kaufen häufig oder ausschließlich Produkte aus dem Ökolandbau, 49 Prozent greifen gelegentlich zur Bioware. Der Deutsche gibt, so die Jahresbilanz der Branche[73], im Schnitt im Jahr 122 Euro für Biolebensmittel aus, das ist im europäischen Vergleich Platz sieben. Spitzenreiter ist die Schweiz (289 Euro) vor Dänemark (278 Euro) und Schweden (237 Euro). Betrachtet man die Marktanteile, dann hat Dänemark die Poleposition mit 13,3 Prozent Bio vor Schweden (9,1 Prozent) und der Schweiz (9,0 Prozent). Deutschland liegt auf Platz sechs mit 5,1 Prozent.

Die Motive der Kunden sind unterschiedlich. Gesündere Lebensmittel, besserer Geschmack, Unterstützung für eine freundlichere Landwirtschaft ohne Pestizide. Vor allem aber: gutes Fleisch von gesunden, artgerecht gehaltenen Tieren. Viele sehen in der Biolandwirtschaft den Gegenentwurf zum Moloch der industriellen Intensivlandwirtschaft mit ihren riesigen Ställen und den öden Agrarwüsten, auf denen keine Blume blüht und kein Hase hoppelt.

Einkaufen ist heute mehr denn je zu einer Frage von Moral und Ethik geworden, fast schon ein politisches Statement. Viele haben ein besseres Gewissen, wenn sie Bio kaufen. Konfrontiert mit immer neuen Schlagzeilen über Umweltfrevel und Tierquälereien der Agrarindustrie sehen sie sich auf der richtigen Seite der Barrikade. Und die wissenschaftliche Literatur bestärkt die Kunden: Biobetriebe haben eine größere Vielfalt an Flora und Fauna auf ihrem Acker, die Böden sind fruchtbarer und weniger erosionsanfällig, die Klimabilanz ist besser, Gewässer und andere Ökosysteme sind weniger belastet und vergiftet. Das Thünen-Institut bescheinigt der Bio-Branche in einer groß angelegten Literaturstudie, die 528 wissenschaftliche Arbeiten auswertete, vor allem bei Gewässerschutz, Bodenfruchtbarkeit, Artenvielfalt und Ressourceneffizienz ein »hohes Potenzial«.[74]

Der Idealismus und Kampfgeist der frühen Bio-Pioniere ist indes weitgehend verflogen. An seine Stelle ist der Erfolg der Bio-Bewegung getreten, die bei vielen Lebensmitteln relevante Marktanteile erobert hat. Die aktuellen Verkaufszahlen der Branche[75] belegen (nach Erlösen) einen Marktanteil bei Bio-Eiern von respektablen 21 Prozent. Auch bei Obst (15 Prozent Marktanteil) und Gemüse (9,8 Prozent) greifen die Kunden gern zu Bio, ebenso beim Wein (11,5 Prozent). Katastrophal ist die Bilanz dagegen beim Schweinefleisch, dem in Deutschland wichtigsten Fleischprodukt. Der Bio-Anteil an den Verkaufserlösen erreicht nur lausige 1,12 Prozent. Das heißt: 99 Prozent pfeifen auf Bio, wenn sie sich ihr Schnitzel braten. Rechnet man den Umsatz von *Neuland*-Fleisch dazu, sieht die Bilanz zwar etwas besser aus, aber *Neuland* ist kein Bioverband, obwohl die Richtlinien zur Tierhaltung teilweise vergleichbar sind. Auch beim Geflügel fallen die Zahlen mit einem Bio-Marktanteil von 2,3 Prozent ziemlich mager aus, Rindfleisch erzielt mit 5,3 Prozent eine etwas bessere Quote.

Insgesamt ist die Bio-Bilanz ausgerechnet beim Fleisch ausgesprochen dürftig. Man ist in der Nische sitzen geblieben. Dabei wird doch gerade die bessere und artgerechtere Tierhaltung als großer Trumpf des Bio-Sektors immer wieder herausgestellt. Sie ist für die Verbraucher der wichtigste Grund, Bio zu kaufen, wie das *Ökobarometer* ermittelt hat. Nicht wenigen Verbrauchern spuken romantische Bilder im Kopf herum, die eher an einen Streichelzoo als an kommerzielle Nutztierställe erinnern. Doch die Verkaufszahlen sind mau – trotz des positiven Images. Umfragen sind das eine, reales Kaufverhalten das andere.

Inzwischen ist die Zahl der Biohöfe in Deutschland auf 31 122 angestiegen (Stand 2018), das entspricht knapp 12 Prozent aller Landwirtschaftsbetriebe. Jeder neunte Bauer macht Bio. Die ökologisch bewirtschaftete Fläche hat 1 483 020 Hektar erreicht, und der Trend zeigt weiter nach oben. Die Bundesregierung hat als Zielvorgabe 20 Prozent Bio bis 2030 im Visier. Wie viele andere politische Zielvorgaben ist allerdings auch diese eher eine Alibiziffer, mit der man politische Unterstützung für ein dynamisches Wachstum der Bio-Branche vorgaukelt, die es in Wahrheit gar nicht gibt. Die Agrarpolitik im Bund steht seit jeher im harmonischen Gleichklang mit Bauernverband, Agrarindustrie und Lebensmittelkonzernen. Die Förderung des Ökolandbaus ist wenig ambitioniert und in vielen Jahren hinter anderen Ländern zurückgeblieben. Die grünschwarze Landesregierung Baden-Württemberg will 30 Prozent Bio bis 2025 erreichen.

Weil der politische Anschub im Bund nur halbherzig erfolgt, ist die Zahl der Bio-Höfe langsamer gewachsen als der Bio-Markt. Der hat kräftig zugelegt, Deutschland ist mit einem Umsatz von 10,91 Milliarden Euro, so die Zahlen des *Bunds Ökologische Lebensmittelwirtschaft* für 2018, der mit Abstand größte Markt für Biolebensmittel in Europa. Dieser Markt lässt sich längst nicht mehr mit heimischen Lebensmitteln ausreichend versorgen. Entsprechend dynamisch haben die Importe zugenommen. Bei Butter, Mais oder Möhren liegt der Importanteil nach Zahlen der *Agrarmarkt Informations-Gesellschaft*[76] zu den Jahren 2016/17 bei über 40 Prozent.

Bei der Biomilch kommt jeder dritte Liter aus dem Ausland, vor allem aus Österreich und Dänemark. Auch Weizen (34 Prozent) oder Äpfel (28 Prozent) in Bioqualität müssen in großen Mengen eingeführt werden. Die Importe verschlechtern mit ihren Foodmiles – dem transportbedingten ökologischen Fußabdruck – nicht nur die Klimabilanz; die internationalen Warenflüsse offenbaren auch immer wieder gravierende Kontrollprobleme, gefälschte Zertifikate oder mit Pestiziden belastete Ware. Der *Spiegel* fasst die prekäre Lage so zusammen:

»Um sich genügend Rohstoffe zu sichern, nehmen es Verbände und Unternehmen mit den eigenen Grundsätzen zuweilen nicht so genau. Nach außen wird zwar die Idee einer lokalen bäuerlichen Landwirtschaft am Leben gehalten, tatsächlich aber ist die Ökobranche inzwischen global vernetzt und setzt vielerorts auf Masse, Größe und Produktion unter Plastikplanen. Dieser Systemwechsel läuft nicht ohne Kollateralschäden ab: Immer wieder fliegt mit Pestiziden kontaminierte oder falsch etikettierte Bio-Ware auf. Besonders anfällig sind Bio-Futtermittel. Ökotierhalter stopfen ihre Versorgungslöcher gern mit Ware aus Osteuropa, wo mancherorts offenbar eine ganz eigene Auslegung von Bio-Anbau vorherrscht.«[77]

Auch der Branchendienst *Bio-Markt.info* notiert regelmäßig Unregelmäßigkeiten. Mal muss über ukrainische, mal über rumänische, mal über italienische oder kenianische Bio-Skandale berichtet werden. Immer wieder bescheinigen EU-Inspektoren den Bio-Kontrollstellen fatale Verstöße oder eine »Kultur der Nachsichtigkeit«. In der Ukraine werden offenbar selbst schwere Regelverstöße toleriert. Bei einem Mischbetrieb wurden mehrfach erhebliche Defizite bei Trennung und Kennzeichnung von biologischer und konventioneller Ware festgestellt, ohne dass die Kontrollstelle Konsequenzen gezogen hätte. Ein anderer Hof habe illegal gebeiztes Saatgut eingesetzt; erst beim dritten Verstoß sei ihm die Bio-Zulassung entzogen worden. Unvergessen ist der große italienische Bio-Skandal, der stark mafiösen Charakter hatte. Jahrelang verkaufte ein krimineller Fälscherring im großen Stil Biolebensmittel aus konventioneller Produktion. Es ging um 700 000 Tonnen im Wert von 220 Millionen

Euro. Sieben Personen wurden festgenommen und 2014 zu teilweise längeren Haftstrafen verurteilt. Besonders pikant: Die Kontrolleure gehörten mit zur Bio-Bande.

Erhebliche Missstände mit »grenzüberschreitenden Auffälligkeiten«, so der Branchendienst, wurden auch in Rumänien aufgedeckt. Ein rumänischer Händler verkaufte Biopflaumen aus Serbien und Moldawien ohne ausreichende Zertifikate nach Frankreich. Er verlor seine Zulassung, tauchte aber kurze Zeit später erneut als Bio-Händler auf. Ein anderer Zertifizierer hatte ihn begnadigt und rehabilitiert. Auch einer internationalen Kontrollstelle in Kenia werden gravierende Mängel bescheinigt. Sie habe klaglos »Rückstände unerlaubter Mittel akzeptiert«, berichtet *Bio-Markt.info*. Für Ausfuhren in die EU seien lediglich die Papiere gecheckt worden, die Kontrollstelle hatte keinen Überblick, ob ein Produzent mehr Bioware ausführt, als er überhaupt erzeugt hat.

Die heimische Branche ist immerhin selbstkritisch genug, um die Importe als Schwachstelle einzuräumen. Sie ist aber auf die meist preisgünstigen Warenzuflüsse angewiesen und nimmt deshalb Unregelmäßigkeiten in Kauf. Aber auch im eigenen Land gibt es genug Betrügereien: Mal sind es eng zusammengepferchte Puten, mal gefälschte Bio-Eier oder illegal eingesetzte Antibiotika. »Bio boomt, der Betrug boomt mit«, kommentiert der *Stern*. Selbst Vorzeigebetriebe wie die *Hermannsdorfer Landwerkstätten* leisteten sich einen handfesten Skandal mit Medikamentenmissbrauch, schlechter Haltung von Muttersauen und hoher Ferkelsterblichkeit.

Manchmal werden Verstöße beinahe zur Regel: Von 120 Online-Händlern mit Bioprodukten hatten 41 kein Zertifikat, recherchierte die Verbraucherzentrale Berlin-Brandenburg. In der Gastronomie werden unzählige Speisekarten mit dem Hinweis auf angebliche Bio-Produkte aufgewertet. Kontrollen finden in der Regel nicht statt. Bio ohne Bio-Bescheinigung, das gilt nach einem Bericht der *taz* für »rund die Hälfte der (gastronomischen) Betriebe«.[78]

Es ist müßig und aus Platzgründen auch gar nicht möglich, die vielen Betrügereien zu dokumentieren. Solange die Agrarindustrie mit ihren Monsterställen, dem Antibiotika- und Pestizidmissbrauch, mit verseuchtem Grundwasser und überdüngten Feldern, mit Bienen- und Insektentod immer noch etliche Zacken gravierender wirtschaftet, solange bleibt Bio für viele Verbraucher trotz allem Hoffnungsträger und Sehnsuchtsort. Das kleinere Übel allemal.

Aber eines haben die Bio-Skandale dann doch gezeigt. Sie haben die Schwachstellen eines Kontrollsystems aufgedeckt, dessen Macken grundsätzlicher Natur sind. Der Fisch stinkt vom Kopf her.

Das Problem: Biobetriebe können sich ihre Kontrollfirmen aussuchen und sie bezahlen auch deren Dienste. Das schafft Abhängigkeiten. Ist die Kontrollstelle allzu pingelig, wird sich der Biohof beim nächsten Mal vielleicht eine andere suchen. Umgekehrt gilt: Weil die Kontrollfirmen auf Folgeaufträge angewiesen sind, könnten sie eher mal ein Auge zudrücken. Matthias Wolfschmidt von *Foodwatch* spricht von einer »fatalen Abhängigkeit« der Kontrolleure von der Bio-Branche. »Sie haben ein wirtschaftliches Interesse, sich mit den Betrieben gut zu stellen, um Aufträge zu generieren.« Auch das Personalkarussell, wenn Angestellte von Bioverbänden zu Kontrollstellen wechseln und umgekehrt, sorgt für ungesunde Verquickungen.

Die Kontrollstellen wehren sich. Es gebe keine Alternative zu ihren Privatunternehmen, weil staatliche Behörden gar nicht in der Lage seien, Biobetriebe kompetent zu überprüfen, zudem fehle denen das Personal. Und weil jede Firma Hunderte oder sogar Tausende Betriebe kontrolliere, bestehe keine wirtschaftliche Abhängigkeit zu einzelnen Höfen. Dennoch: Man stelle sich vor, Spitzensportler würden ihre Dopingkontrolleure selbst aussuchen. Das Kontrollsystem der Bio-Branche muss reformiert werden. Es braucht auch mehr unangemeldete Kontrollen.

Hinzu kommt: Ausgerechnet die Tiergesundheit war für die Kontrolleure viel zu lange ein nachrangiges Thema. So haben die Verbände *Bioland*, *Demeter* und *Naturland* erst im Februar 2014 ein gemeinsames Kontrollverfahren für das Tierwohl installiert. Für die verschiedenen Tierarten wurde eine spezifische Checkliste entwickelt. Beispiele: Hat das Gefieder der Hühner einen schönen Glanz oder ist es stumpf? Sind die Euter der Kühe gesund oder zeigen sie Entzündungsmerkmale? Haben die Schweine genügend Spielmaterial im Stall? Eine nützliche und überfällige Initiative. Das heißt aber im Umkehrschluss, dass die Betriebsprüfer bisher ganz andere Dinge im Blick hatten als die Fitness von Huhn, Schwein und Kälbchen Peter. Warum brauchte die Bio-Szene 40 Jahre, um das Wohlbefinden der Tiere endlich zu einem herausgehobenen Kontrollthema zu machen?

Die oft kritische Tiergesundheit im Biostall ist eine der deprimierendsten und für viele Verbraucher überraschendsten Schwächen der Bio-Branche. Als Teilnehmer einer Wissenschaftstagung zum ökologischen Landbau hat es mich vor einigen Jahren kalt erwischt. Das Branchenmotto »Gutes Fleisch von gesunden, artgerecht gehaltenen Tieren« im Kopf, sorgten die Vorträge verschiedener Wissenschaftler zur schlechten Tiergesundheit für merkliche Beklommenheit. Auch andere Zuhörer blickten erschrocken auf die Referenten. Wie ist das möglich? Nutztierwissenschaftler wie Jan Brinkmann, Bernhard Hörning oder Albert Sundrum berichteten der Reihe nach über erhebliche Gesundheitsprobleme im Biostall. Ob Milchvieh, Schweine, Hühner oder Puten: Kranke überforderte Tiere gehören auch in der Bio-Branche zum Alltag und sind weitverbreitet.

Schon 2004 hatten Wissenschaftler der Universität Kassel im Rahmen des Bundesprogramms Ökologischer Landbau einen richtungsweisenden Statusbericht zur Tiergesundheit in der Ökologischen Landwirtschaft veröffentlicht.[79] Auf 103 Seiten wurden die wichtigsten Untersuchungsberichte zur Gesundheit der verschiedenen Nutztierarten ausgewertet – mit teilweise alarmierenden Befunden. Die Forscher bescheinigten den Biobetrieben »in einigen Bereichen deutliche Vorteile«, in anderen »scheinen die Krankheitsrisiken erhöht«. Als erfreulich wird bewertet, dass die Tiere durch mehr Bewegungsfreiheit, Auslauf und eingestreute Liegeflächen ihre arteigenen Verhaltensweisen besser ausüben können, was sich positiv auf die Abwehrkräfte gegen Krankheiten und damit auf die Tiergesundheit auswirke. Auf der Habenseite wurden außerdem viele Einzelmaßnahmen aufgelistet: So seien etwa bei den Kühen die Kraftfuttermengen nicht so hoch, dafür können die Tiere mehr natürliches Raufutter fressen. Bei den Hühnern verbessere der Auslauf unter anderem die Knochenstabilität. Bei den Schweinen könnten die Ferkel länger bei der Muttersau trinken und damit ein gutes Immunsystem aufbauen.

Doch mindestens ebenso lang war die Liste der Problemfelder – Krankheiten, Parasiten und Hygienemängel. Einige Schlaglichter aus der Studie:

- Kühe von Biobetrieben leiden offenbar im gleichen Ausmaß an Eutererkrankungen wie das Milchvieh von konventionellen Betrieben.
- Erkrankungen der Klauen und Gliedmaßen treten bei Bio-Kühen ebenfalls ähnlich häufig auf wie bei konventionell gehaltenen.
- Parasitenbefall gehört zu den Hauptproblemen der ökologischen Tierhaltung. Die Studie zitiert mehrere Untersuchungen, die den Biohöfen einen stärkeren Befall bescheinigten als konventionellen Betrieben.
- Gerade bei Bio-Schweinen sind Parasiten stark verbreitet, ebenso Durchfallerkrankungen der Ferkel.
- Bei Legehennen in Biobetrieben machen Federpicken, Kannibalismus, Fußballen-Abszesse und Salmonellenbefall den Betrieben Sorge.

Die Studie zeigt, dass einer der wichtigsten Vorzüge der Biohöfe schnell zum Problem werden kann, wenn die Tierhalter nicht wachsam sind: Durch die eigentlich erfreuliche Auslaufhaltung können verstärkt Keime und Parasiten eingeschleppt werden. Dies zu verhindern, verlangt einen erhöhten Aufwand, den nicht alle Betriebe leisten. Die Studie belegt auch, wie stark die Qualität der Tierhaltung von Betrieb zu Betrieb schwankt. Bio ist nicht per se immer gut, engagiert und tierfreundlich. Es gibt gute, mittlere und schlecht geführte Betriebe, die Streubreite ist immens. Und: Ein guter konventioneller Betrieb ist unter Umständen tierfreundlicher als ein schlecht gemanagter Biohof. Das Fazit des Statusberichts könnte kaum heftiger ausfallen: »Sollte sich der Gesundheitsstatus in der Ökologischen Tierhaltung mittel- bis langfristig nicht deutlich verbessern, besteht die Gefahr, dass das Vertrauen der Verbraucher [...] unterminiert wird.«

An der bedenklichen Tiergesundheit in vielen Bio-Ställen hat sich in den letzten Jahren wenig geändert. Auch die bereits zitierte, im Januar 2019 vorgelegte Thünen-Studie zu den Vorzügen des ökologischen Landbaus kommt in Sachen Tierwohl und Tiergesundheit zu einem ernüchternden Urteil: »Über alle Nutztierarten und Produktionsrichtungen hinweg ergaben die Ergebnisse kein klares Bild, ob ökologische im Vergleich zu konventionellen Betrieben höhere Tierwohlleistungen erbringen.« Und: »Bei der Tiergesundheit [der Milchkühe] wurden außer bei Klauen und Gliedmaßen keine grundlegenden Unterschiede festgestellt, das Management scheint diesbezüglich entscheidender zu sein als die Wirtschaftsweise.«

Das Urteil des Kasseler Nutztierwissenschaftlers Albert Sundrum zur Schweinehaltung bestätigt den Negativtrend. Sundrum untersucht seit vielen Jahren neben Milchviehbeständen auch Fitness und Wohlbefinden von Schweinen und stellt fest: Die Tiergesundheit im Bio-Schweinestall »unterscheidet sich nicht grundlegend von der Situation in der konventionellen Tierproduktion«. Während in konventioneller Stallhaltung jedes dritte Schwein an Lungen- und Atemwegserkrankungen leidet – mit Fieber, Husten und Benommenheit –, haben Bio-Schweine häufig Lebererkrankungen durch Parasitenbefall. Die Erkrankungshäufigkeiten ähneln sich.

Den aktuellen Gesundheitsstatus von Bio-Kühen dokumentiert eine Vier-Länder-Studie[80], die 2017 veröffentlicht wurde. 192 Bio-Milchviehbetriebe in Frankreich, Schweden, Spanien und Deutschland wurden untersucht. Im Durchschnitt zeigten 51,3 Prozent der Kühe »subklinische Symptome« einer Euterentzündung, 42 Prozent Anzeichen von Fruchtbarkeitsstörungen. 14,2 Prozent der

Bio-Kühe hatten Probleme mit Klauen und Beinen und entsprechende Lahmheitssymptome. Jedes zehnte Tier zeigte Anzeichen von Stoffwechselstörungen. Ein desillusionierender Befund.

Innerhalb der Bio-Branche werden die Gesundheitsprobleme indes kaum kommuniziert. Einige Artikel des Autors zu kranken Bio-Nutztieren in verschiedenen Publikumszeitungen lösten regelmäßig empörte Leserbriefe aus mit dem Vorwurf, hier werde eine Branche denunziert, die doch gerade Alternativen zur monströsen Massentierhaltung biete. Eine der rühmlichen Ausnahmen ist der *Kritische Agrarbericht*, der aus einer solidarischen Position heraus die Bio-Branche gelegentlich kritisch unter die Lupe nimmt. So monierte Ulrich Schumacher, Fachreferent für Tierhaltung, in einer ungeschminkten Zustandsanalyse die »schlechte Produktivität« der Öko-Tierhaltung, das »Festhalten an überkommenen Haltungsmethoden wie der Anbindehaltung« (von Kühen), »Schwachstellen bei der Tiergesundheit« und »Diskussionsbedarf bei Transport und Schlachtung«.[81]

Dabei war die Bio-Bewegung in den 1970er-Jahren doch gerade angetreten, damit es den Tieren besser geht. Mehr Platz, mehr Bewegungsfreiheit, natürliche Einstreu, Tageslicht, Auslauf und frische Luft sollten jede Form der Quälhaltung beenden. Dazu eine natürliche Nahrungsaufnahme mit reichlich Raufutter. Die Integrität der Tiere sollte endlich gewahrt sein. Sie sollten als respektierte Mitgeschöpfe ihr arteigenes Verhalten ausleben können, sie sollten bei einem sorgsamen Umgang gesund und ohne Pharmacocktails aufwachsen. Bis sie am Ende eines guten Lebens stressfrei abtransportiert und geschlachtet werden.

Viele Verbraucherinnen und Verbraucher haben genau diese Ansprüche an die ökologische Landwirtschaft im Kopf, wenn sie Bioprodukte kaufen. Und tatsächlich sind die Vorschriften für Biobetriebe strenger und ambitionierter. Wenn man sich die Richtlinien für Schweine, Rinder und Hühner der deutschen Bioverbände genauer ansieht und sie mit konventioneller Haltung vergleicht, erkennt man erhebliche Vorzüge:

- Die Tiere haben deutlich mehr Platz.
- Die Zahl der Tiere ist an die Ackerfläche gebunden.
- Die Tiere haben Auslauf auf Wiesen, Weiden und anderen Freiflächen.
- Vollspaltenböden sind verboten, Einstreu mit Stroh ist vorgeschrieben.
- Der Einsatz von Antibiotika und anderen Arzneimitteln ist strenger reglementiert.
- Der Futteranteil von Gras und Heu bei Rindern ist höher. Das tägliche Angebot von Raufutter ist auch bei Schweinen und Geflügel Pflicht.
- Ein großer Teil des Futters kommt vom eigenen Hof.
- Tiertransporte und die dabei zurückgelegten Entfernungen sind begrenzt.[82]

Daneben gibt es unzählige Einzelvorschriften für Stallgebäude, Baumaterialien, Bestandsgrößen, für Ruhe- und Fressplätze, Beleuchtung und Belüftung bis hin zu Regelungen für Reinigungsmittel. Sauen müssen eine Wühlmöglichkeit haben, bei Hühnern muss die Fensterfläche fünf Prozent der Stallgrundfläche ausmachen und die durch Kunstlicht geschaffene Tageslänge darf 16 Stunden, nicht überschreiten. Es sind oft Details, die das Leben für die Tiere angenehmer machen. So schreibt der Demeterverband seinen Legehennenhaltern vor, dass sie im Verhältnis 1 : 100 auch Hähne unter die Hennen mischen müssen, weil die männlichen Tiere nun mal zum Hühnerleben dazugehören und für friedlichere Verhältnisse im Hühnerstall sorgen.

Die Lebensbedingungen der Tiere auf den Biohöfen sind also tatsächlich artgerechter. Dies wird auch von den Nutztierwissenschaftlern ausdrücklich anerkannt. Nur: Woher kommen dann die Gesundheitsprobleme? Die Antwort fällt zwar von Tierart zu Tierart ein wenig unterschiedlich aus, aber es gibt auch gemeinsame Ursachen für die angegriffene Tiergesundheit von Schweinen, Rindern und Geflügel. Zunächst: Die Biobetriebe setzen größtenteils auf dieselben genetischen Zuchtlinien, die auch die konventionelle

Konkurrenz hält. In ihren Ställen stehen weitgehend identische Exemplare. Diese Hochleistungstiere wurden über Jahrzehnte einseitig auf Leistung selektioniert. Kühe, die 8000 oder 9000 Liter Milch im Jahr geben, Schweine, die in wenigen Monaten zur Schlachtreife heranwachsen, Muttersauen, die so viele Ferkel gebären, dass die Uterus-Kapazität dafür eigentlich nicht mehr ausreicht. Oder Hühner, die verrückt sind vor lauter Eierlegen. Die gewaltigen Produktionsleistungen machen die Tiere anfällig für »Produktionskrankheiten«, wie der Fachbegriff der Veterinärmediziner heißt. Auf Deutsch: Die Tiere sind einfach überfordert und werden deshalb häufig krank – vor allem, wenn die Nährstoffversorgung nicht den extremen Ansprüchen genügt, die ein Hochleistungskörper verlangt.

Die Sehnsucht nach robusteren, gesünderen Öko-Rassen wurde bisher nicht erfüllt, zumal lange Zeit überhaupt keine relevante Öko-Zucht existierte. Es gab und gibt zwar alte Rassen, die deutlich widerstandsfähiger sind. Sie können aber den wirtschaftlichen Anforderungen der Betriebe nicht genügen. Die Hühnerhaltung ist dafür ein gutes Beispiel. Die Zucht von Turbo-Legehennen, die inzwischen bis zu 330 Eier im Jahr legen, ist auf wenige Firmen weltweit konzentriert. Im Vergleich zu solchen Hochleistungshybriden legen gute Rassehühner wie Rhodeländer, Wyandotten oder New Hampshire mit 100 bis maximal 200 Eiern im Schnitt gerade mal halb so viel. Auch bei Schweinen gibt es genügsame alte Rassen. Doch deren Wachstumstempo ist langsamer, und ihre Fleischbeschaffenheit ist weit entfernt von den Erwartungen des Handels und der meisten Verbraucher mit ihrer oft hysterischen Ablehnung höherer Fettanteile. Deshalb bestimmen magere, hochbemuskelte, stress- und krankheitsanfällige, im Rekordtempo heranwachsende Schweinerassen den Markt.

Die Notwendigkeit eigener Öko-Zuchtlinien wurde zwar immer wieder betont, doch es blieb lange bei Lippenbekenntnissen. Erst 2014 gründeten *Bioland* und *Demeter* gemeinsam die »Ökologische Tierzucht g-Gmbh«. Sie konzentriert sich bisher weitgehend auf die Hühnerzucht und versucht, ein Zweinutzungshuhn zu etablieren:

die Hennen fürs Eierlegen, die Hähne für die Fleischmast. Die männlichen Tiere sollen also nicht mehr millionenfach gleich nach dem Schlüpfen getötet werden, wie dies auch für die meisten Bio-Küken bis heute üblich ist.

Das Elend im Schlachthof

Die manchmal gar nicht so heile Bio-Welt offenbart sich auch in den Schlachthöfen. Im Herbst 2018 häuften sich Meldungen über Tierschutzprobleme in mehreren Schlachtbetrieben, die auch Tiere von Biohöfen schlachten und eine entsprechende Zulassung haben. Ein niedersächsischer Schlachthof in Oldenburg und ein brandenburgischer in Ostprignitz-Ruppin wurden mit heimlich aufgenommenen Videoaufnahmen der Tierquälerei überführt. Die Bilder sind schwer erträglich. Aufnahmen von *Animal Rights Watch* vom Brandenburger Schlachthof der *Hakenberg Fleisch GmbH* dokumentierten, wie Rinder fehlerhaft betäubt und teilweise noch lebend und heftig zappelnd in immer neuen Versuchen abgestochen werden. Die Aufnahmen zeigten wenig fachgerechte Versuche, die Schlagader zu durchtrennen. Auch der wiederholte Einsatz von Elektrotreibern wurde dokumentiert. Statt der vom Eigentümer versprochenen stressfreien Schlachtung in »unserem kleinen EU-zugelassenen Betrieb« erlitten die Tiere einen qualvollen Tod.

Der Schlachthof in Oldenburg verlor seine Bio-Zulassung unmittelbar nach Bekanntwerden der Tierquälereien, der brandenburgische durfte sie zunächst behalten. Biobetriebe in der Nachbarschaft waren entsetzt, sie hofften aber zugleich, dass der Schlachthof nach den staatsanwaltlichen Ermittlungen weiter Tiere von Biohöfen schlachten darf, weil im Umfeld kein anderer Schlachtbetrieb existiert. Beide Fälle belegen, dass der Bio-Sektor auch beim Schlachten der Tiere auf konventionelle Strukturen des Systems Massentierhaltung angewiesen ist – mit den bekannten Problemen. In vielen Schlachthöfen arbeiten unterbezahlte und unwürdig beschäftigte, oft ausländische, auch migrantische Arbeiter, die im Akkord jeden Tag Hunderte Tiere töten und verarbeiten müssen. Billigfleisch hat seinen Preis.

Wie stark gerade die Genetik Entwicklung und Wohlbefinden unserer Nutztiere bestimmt, dafür sind die Puten ein eklatantes Beispiel. In der Putenmast werden mit der dominierenden Rasse »B. U. T. Big 6« Tiere eingesetzt, die die Kriterien der Qualzucht erfüllen. Mit ihrer genetischen Ausstattung sind sie programmiert auf rapide Gewichtszunahme, hohes Schlachtgewicht und überdimensionale Brustmuskeln. Deshalb, sagt Heidrun Betz vom Deutschen Tierschutzbund, »leiden sie unter Gleichgewichtsstörungen, schmerzhaften Fehlstellungen und Degenerationen der Beine«. Ohne mehrfache Antibiotikakuren sind viele Putenbestände nicht überlebensfähig. Die Ausfallquote ist entsprechend hoch. In schlecht geführten konventionellen Betrieben landet jede fünfte Pute im Laufe der Mastperiode in der Tierkörperbeseitigungsanstalt.

Der Bioverband *Demeter* hat die Gewichtszunahme in der Putenhaltung jetzt auf täglich 100 Gramm für männliche und 70 Gramm für weibliche Tiere begrenzt. Sie sollen mit eiweißärmerer Kost langsamer wachsen. Dennoch: Können solche Tiere noch Bio sein? Ist eine ethisch verantwortbare Haltung dieser Putenrasse überhaupt möglich? Eigentlich nicht, aber die Bioverbände sträuben sich gegen ein Verbot, weil Alternativrassen unwirtschaftlicher sind und mit ihren kleineren Brustfilets nicht dem Anforderungsprofil und Bezahlsystem des Handels entsprechen. Der *Demeter*verband will die Ergebnisse eines Forschungsprojekts zur Putenmast abwarten und dann entscheiden, ob die Haltung von Big 6 weiter möglich ist.

Ein weiterer Grund für die Gesundheitsprobleme ist die nicht *tier*gerechte Haltung. Experten wie der Kasseler Nutztierwissenschaftler Albert Sundrum unterscheiden genau zwischen *art*gerecht und *tier*gerecht. Tiergerecht ist die weitaus anspruchsvollere Herausforderung. Tiergerecht ist eine Haltung dann, wenn sie die Ansprüche des einzelnen Tiers in seiner individuellen Bedürftigkeit befriedigt. Beispiel: Eine hochleistende Milchkuh und eine junge Färse sind beides Rinder, die entsprechend ihrer Art gehalten werden sollten. Doch die hochleistende Kuh hat ganz andere Bedürfnisse als die Färse. Ein tiergerechter Umgang muss dieser Kuh die notwendige Ruhe geben und den in diesem Lebensabschnitt erhöhten spezifischen Bedarf an Nährstoffen decken, damit sie gesund bleibt und die Strapazen der Stoffwechselleistungen gut übersteht. Die Lebensbedingungen sollten sowohl der Art als auch den einzelnen Tierindividuen gerecht werden. Traurig, aber wahr: Eine nur auf Gras und Heu beruhende, also ausschließlich natürliche Fütterung wird den immensen Nährstoff-Anforderungen einer Hochleistungskuh zu bestimmten Zeiten nicht mehr gerecht.

Natürlich ist auch der Preisdruck eine wesentliche Ursache für kranke Tiere und ungesunde Höchstleistungen im Bio-Stall. Die Preisschere zwischen Biolebensmitteln und konventioneller Ware darf nicht zu weit auseinander klaffen, sonst bleiben Bio-Eier und Öko-Hähnchen als zu teuer im Regal liegen. Die Verbraucher bekennen sich zwar regelmäßig zu einer artgerechteren Tierhaltung, sie sind aber mehrheitlich nicht bereit und manchmal finanziell auch nicht in der Lage, hohe Preisaufschläge für Bio in Kauf zu nehmen.

Damit ist der Bio-Markt auf Gedeih und Verderb mit dem konventionellen Sektor verknüpft. Weil sich die konventionelle Agrarindustrie am Weltmarkt orientiert und deshalb versucht, mit immer größeren Tierzahlen noch effizienter zu wirtschaften und die Produktivität ihrer Hochleistungsnutztiere immer weiter zu steigern, sieht sich auch der Bio-Sektor unter zunehmendem Druck, seine Produktivität und Profitabilität zu verbessern. Ein gemeinsames Positionspapier verschiedener Spitzenakteure[83] der Branche für eine »moderne nachhaltige Biolandwirtschaft« (Bio 3.0) zeigt, wohin die Reise gehen soll. Darin wird eine umfassende Innovationskultur gefordert, mehr junge technikaffine Landwirte, vor allem aber eine höhere Produktivität: »Sowohl im Pflanzenbau als auch in der Tierhaltung ist der Ertragsunterschied zwischen ökologischer und konventioneller Produktion in den letzten 20 Jahren größer geworden.« Kritiker des Biolandbaus werden zitiert, die in der niedrigen Produktivität das wichtigste Hemmnis für eine weitere Ausdehnung des Bio-Sektors sehen.

Das Autorenteam des Diskussionspapiers übernimmt auch Forderungen nach einer »Neupositionierung auf dem Markt«, zudem sollten »große Verbrauchertrends« schneller erkannt werden. Besonders spannend ist die Kritik am bisherigen Kommunikationsstil der Branche. Die Distanz zwischen Bio-Erzeugern und Verbrauchern werde immer größer, die gegenseitigen Erwartungen stimmten nicht mehr überein, heißt es. Konkret geht es um jene grünen Oasen und Kuschelzoos, die der Verbraucher mit der Biolandwirtschaft verbindet. Die Autoren beklagen »fundamentale Missverständnisse darüber, was moderner Ökolandbau eigentlich ist.« Die Verbraucher hätten falsche Bilder im Kopf, zum Beispiel, »dass Ökobetriebe klein sind, die Vermarktung in erster Linie regional wäre oder die Kälber wochenlang bei den Müttern saugen«. Im Klartext: Bio ist kein Ponyhof. Auch Bio soll wirtschaftlichen Anforderungen genügen und sich an Preisen, Produktivität und Entwicklungen der gesamten Landwirtschaft orientieren.

Die Abhängigkeit der ökologischen Landwirtschaft von den Entwicklungen des übrigen Agrarsektors ist allerdings keine Einbahnstraße. Und das ist gut so. Auch die konventionelle Landwirtschaft steht unter dem gesellschaftlichen Druck, artgerechtere Haltungssysteme zu installieren und sich für einen umweltfreundlicheren Anbau zum Beispiel mit konsequenten Fruchtfolgen nach dem Vorbild der Bio-Branche zu öffnen und weniger Umweltgifte zu spritzen. Die verschiedenen Tierwohl-Initiativen der konventionellen Landwirtschaft sind nichts anderes als der (bisher untaugliche) Versuch, dem aus der Koalition von Bio-Bewegung und kritischen Verbrauchern kommenden Druck für bessere Haltungsbedingungen nachzugeben.

Würden die Haltungsvorschriften im konventionellen Sektor tatsächlich verschärft, könnte davon wiederum die Bio-Branche profitieren. Denn Verbesserungen in der Haltung und Aufzucht der Nutztiere – mehr Platz, Verzicht auf Vollspaltenböden, Einstreu – sind nicht zum Nulltarif zu haben. Sie kosten Geld, sie machen Arbeit und verteuern die Produktion. Damit schrumpft dann der

Preisabstand zur Bio-Konkurrenz, und die Bioware wird attraktiver.

Ideologisch unverkrampfte Beobachter wie Eckehard Niemann, einer der bestinformierten Agrarexperten, der mit seinem Newsletter *Agrar-Hinweise* die Landwirtschaft genau verfolgt, haben immer beide Branchen im Blick. Niemann ist überzeugt, dass sich beide Sektoren aufeinander zubewegen müssen. Um wirklich etwas zu bewegen in der Landwirtschaft, müsse nicht nur die Bio-Fläche ausgeweitet, sondern vor allem der konventionelle Sektor reformiert werden. Die Bioverbände müssten aufhören, sich auf Kosten der konventionellen Landwirtschaft zu profilieren und sie noch schlechter zu reden, als sie ohnehin schon sei, sagt Niemann. Er hat recht. Beide Branchen stehen angesichts des enormen Preisdrucks vor ähnlichen Problemen. Auch im Bio-Sektor ist die Industrialisierung weit vorangeschritten, auch dort gibt es Probleme mit der Tiergesundheit, der Nährstoffversorgung, mit dem schädlichen Kupfereinsatz im Pflanzenschutz oder mit Mikroplastik im Kompost. Der angeblich geschlossene Betriebskreislauf ist auf den meisten Höfen nur noch eine mühsam aufrechterhaltene Fiktion. Zudem machen die regelmäßigen Klagen der Biobauern über vom Wind verwehte Pestizide klar, dass ihre Äcker an vielen Standorten keine Oasen sind. Bestimmte, leicht flüchtige Pestizide werden von Luftbewegungen über weite Strecken transportiert und landen oft genug auch auf Bio-Äckern, wie *Bioland* in einer Presseinformation im Februar 2019 beklagt.

Ein wachsendes Problem des Bio-Sektors ist zudem das Vordringen von Bio-Großanlagen. Hier wiederholt sich die Entwicklung der konventionellen Landwirtschaft. Vor allem in der Bio-Geflügelhaltung haben sich die Konzerne zu Lasten bäuerlicher Strukturen ausgebreitet und wiederholt für handfeste Skandale durch überbelegte Ställe, Falschdeklarationen oder dubiose Futtermittelimporte gesorgt. Schon 2008 rekrutierte sich fast die Hälfte aller Bio-Eier aus Betrieben mit mehr als 30 000 Hennen, wie die *Unabhängige Bauernstimme* kritisierte.[84] Kann das noch Bio sein? Auch Spitzenfunktionäre des Deutschen Bauernverbands wie Heinrich Graf von

Bassewitz würden verstärkt bei Bio mitmischen, schreibt die *Bauernstimme.*

In den übergroßen Hühnerherden der Bio-Industriellen nehme der Orientierungsstress der Hühner zu mit Federpicken und Kannibalismus, erklärt Eckehard Niemann. Das Freiland-Angebot könne von den Hühnern oft gar nicht wahrgenommen werden, stattdessen würden sich die Tiere an bestimmten Stellen zusammenballen, wo sich dann Exkremente, Parasiten und Schadstoffe konzentrierten. Mobile Hühnerställe mit wechselnden Auslaufflächen haben bei solchen Größenordnungen keine Chance. Zur Abwehr einer Bio-Massentierhaltung wären Bestandsobergrenzen für *alle* Betriebe nötig. Bauernhöfe statt Agrarfabriken – diese Forderung gilt auch und immer dringlicher für den Bio-Sektor.

Mehr denn je kommt es also darauf an, die gesamte Landwirtschaft zu verändern und sich nicht als angeblich reingewaschener Bio-Saubermann einen schlanken Fuß zu machen. Im Positionspapier Bio 3.0 heißt es dazu: »Viele Bio-Akteure haben deutlich gemacht, dass die Bio-Bewegung angetreten ist und auch nur dann glaubwürdig bleiben kann, wenn sie die nachhaltige Veränderung der gesamten Land- und Lebensmittelwirtschaft anstrebt.« Im Weinbau kann man exemplarisch beobachten, wie die Biowinzer die gesamte Branche verändert haben. Die einst verspottete Begrünung der Rebflächen und der Verzicht auf Insektizide und Herbizide ist heute auch bei vielen konventionellen Qualitätswinzern Normalität.

Ob es dagegen die richtige Strategie ist, wenn Bioverbände ausgerechnet mit rufschädigenden Billigheimern wie *Aldi* und *Lidl* kooperieren, ist in der Branche eine heiß diskutierte Frage: Darf Bio lidln? Die Discounter sind maßgeblich dafür verantwortlich, dass Lebensmittel zu ruinösen Spottpreisen verkauft werden. Der Vorzeigeverband *Bioland* ist im Jahr 2018 mit *Lidl* eine enge Partnerschaft eingegangen, einem Discounter, der seine Mitarbeiter auf fiese Weise überwacht und kontrolliert hat und der in der Vergangenheit wiederholt mit pestizidbelasteten Waren aufgefallen war. Jetzt soll *Bioland* mit *Lidl* angeblich auf Augenhöhe verhandelt und dem Discounter faire Preise abgetrotzt haben. Für den Naturkosthandel, der Bio groß gemacht und stets mit dem Siegel von *Bioland* oder *Demeter* geworben hat, ist die Kooperation ein Genickschlag. Ihm bleibt als Exklusivstrategie jetzt nur noch die regionale Schiene mit kleinen feinen Bio-Zulieferern aus dem direkten Umfeld.

»Wir müssen größer denken«, verteidigen die Befürworter des *Lidl*-Deals die umstrittene Partnerschaft. Die Marke *Bioland* wird damit jedenfalls nicht glaubwürdiger, der Verband macht sich zum Hoflieferanten eines des übelsten Akteure im Lebensmitteleinzelhandel. Doch *Lidl* soll sich ja geläutert haben, heißt es.

Bioland ist nicht der einzige Verband, der mit Supermärkten und Discountern kooperiert. So stehen biodynamische *Demeter*-Erzeugnisse bei *Kaufland* in den Regalen. Und der Lebensmittelhändler *Edeka* will sogar flächendeckend eigene Bio-Filialen eröffnen. Der Konkurrenzdruck nimmt mit der Marktmacht der Billiganbieter spürbar zu. Der große Bio-Fachhändler *Alnatura* hat mit dauerhaften Preissenkungen für 32 Produkte auf die neue Konstellation reagiert. Marktbeobachter wittern einen aufziehenden Preiskampf in der Bio-Branche. Verlierer könnten am Ende die Produzenten sein, wenn die abrutschenden Preise sich von den realen Herstellungskosten entfernen, wie die Arbeitsgemeinschaft bäuerlicher Landwirtschaft warnt. »Die Preisspirale funktioniert in Deutschland wie in keinem anderen Land«, sagt Marktforscher Joachim Riedl, »der Handel hat die Kunden zu Schnäppchenjägern gemacht.«[85] Der weitere Verlauf der Kooperationen zwischen Discountern und Premium-Bio gehört zu den spannendsten Entwicklungen des Sektors.

Wildfang

Kein Fisch meer?

So was hatte es lange nicht gegeben. Ganz Hamburg war in Sektlaune. Politiker, Wissenschaftler, Umweltaktivisten, Gastronomen und Verbraucher diskutierten in der Hansestadt über europäische Fischerei – und alle blickten zuversichtlich Richtung Meer. Das war im Januar 2014. So viel Hoffnung war nie. Nach Jahrzehnten der Überfischung und des Niedergangs der europäischen Fischbestände war zum Jahreswechsel 2013/14 die EU-Fischereireform in Kraft getreten. Endlich wurden die Weichen Richtung Nachhaltigkeit gestellt – ein radikaler Kurswechsel. Die neuen Gesetze und Regeln zum Fischfang, da waren sich ausnahmsweise alle einig, könnten die Fischerei in Nord- und Ostsee, in Mittelmeer und Atlantik tatsächlich enkeltauglich machen. Die viel gescholtene Politik hatte den in Seenot geratenen Fischen einen späten Rettungsring ins Wasser geworfen.

Die EU-Kommissarin für Fischerei und maritime Angelegenheiten, die im November 2014 abgelöste Griechin Maria Damanaki, schritt im schicken Kostüm stolz durch die Reihen und nahm den Applaus für ihre Arbeit entgegen. Die Redner erinnerten an die jahrzehntelange Überfischung und die immer magerere Beute in den Netzen der Fischer. Doch jetzt habe Europa Kurs auf die Nachhaltigkeit genommen. An diesem Abend, dem Starttermin der Medienkampagne zur Fischereireform, wollte niemand schwarzmalen. Es war einer der seltenen Augenblicke der Versöhnung mit der Politik.

Drei taffe Frauen hatten gegen heftige Widerstände der Fischereilobby die Kurskorrektur durchgesetzt: die Schwedin Isabella Löwin im Fischereiausschuss, die Deutsche Ulrike Rodust als Verhandlungsführerin des EU-Parlaments und Maria Damanaki als verantwortliche Kommissarin. Damanaki, die Architektin des Reformwerks, hat in ihrem Leben schon mehrfach Rückgrat und

Kampfbereitschaft bewiesen. Während der griechischen Diktatur war sie eine wichtige Stimme des Aufstands; sie landete als Aufrührerin im Gefängnis und wurde gefoltert. Später zog sie mit 25 Jahren als jüngste Abgeordnete aller Zeiten ins griechische Parlament ein.

2010 war Damanaki EU-Fischereikommissarin geworden. Ihre Expertise: Sie isst gerne mal Fisch und sie stammt aus Kreta. Trotz aller Unkenntnis hat sie sich schnell schlaugemacht und in mehreren Interviews die Ausgangslage ungeschönt beschrieben. »Ich realisierte ziemlich schnell zwei Dinge. Erstens, dass sich die Fischbestände in einem desaströsen Zustand befinden, und zweitens, dass unsere Fischereipolitik die Ursache dafür war.«[86] Die Fischereipolitik, sagt sie an diesem Abend in Hamburg, sei viel zu lange eine »Nicht-Politik« gewesen, wie aus der Zeit gefallen. Deshalb musste ein Break kommen, eine neue Politik mit dem »Mut, sich eine bessere Welt vorzustellen«.

Politik kann Menschen mitreißen. Sie kann vernünftig, konsequent und vorausschauend sein, wie die Eckpfeiler dieser Fischereireform gezeigt haben. Die wichtigsten Punkte des Regelwerks:

- Alle Fischbestände dürfen nur bis zum »Höchstmöglichen Dauerertrag« (Maximum Sustainable Yield) befischt werden, und der bemisst sich an den Vorgaben und Zielgrößen der Wissenschaft. MSY ist die höchstmögliche Fangmenge, die ein Fischbestand dauerhaft liefern kann, ohne die Bestandsgröße zu gefährden. Auf gut Deutsch: Es darf nicht mehr gefischt werden als nachwächst.
- Der Fischereidruck muss so reduziert werden, dass sich die bereits überfischten Bestände in EU-Gewässern bis 2020 nachhaltig erholen können.
- Das irrsinnige Überbordwerfen der Beifänge – bis zu 60 Prozent des Fangs in manchen Fischereien – hat ein Ende. Mitgefangene Fische anderer Arten und auch zu kleine Fische, die nicht vermarktungsfähig sind, müssen angelandet und auf die Quote angerechnet werden.

- Außerhalb der EU gelten für europäische Industriefischer künftig dieselben Regeln. Wer vor der afrikanischen Küste fischt, darf auch dort die Bestände nicht gefährden.

Fünf Jahre später fällt die Bilanz gemischt und teilweise ernüchternd aus. Es hat sich manches gebessert, aber der positive Trend droht wieder zu kippen. Im Monitoring-Bericht 2018 des wissenschaftlichen Expertenpools STECF[87] heißt es: »Viele Bestände werden immer noch überfischt [...] die positive Entwicklung hat sich in den letzten Jahren verlangsamt.« Zwar seien die überfischten Bestände in der EU, so die STECF-Experten, in den vergangenen zehn Jahren von 70 auf 40 Prozent zurückgegangen, aber noch immer sei jeder dritte Fischbestand in europäischen Gewässern in kritischem Zustand. Besonders schlecht sieht es in den EU-Gebieten des Mittelmeers und im Schwarzen Meer aus. Dort sind 41 von 47 Fischbeständen, zu denen verlässliche Daten vorliegen, überfischt, so der STECF-Report.

Noch aussagekräftiger sind die Resultate der im April 2018 von Rainer Froese und Mitarbeitern veröffentlichten ersten Metaanalyse aller unter Beobachtung stehenden europäischen Fischbestände.[88] Froese arbeitet im Helmholtz-Zentrum für Ozeanforschung. Ergebnis seiner Studie: 69 Prozent von 397 untersuchten Beständen werden noch immer zu stark befischt, wobei das Ausmaß der Überfischung leicht zurückgegangen ist. 51 Prozent der Bestände befinden sich außerhalb sicherer biologischer Grenzen. Das heißt: Sie sind ernsthaft gefährdet.

Das bedeutet nicht, dass bestimmte Arten vom Aussterben bedroht wären, wie gelegentlich befürchtet wird. Selbst bei einem kompletten Zusammenbruch eines Bestands überlebt die betroffene Fischart. Ihre Verbreitung und Dichte kann dann aber so gering sein, dass die Fischerei weder biologisch verantwortbar noch wirtschaftlich wäre und deshalb gestoppt werden muss. Die Überfischung kann darüber hinaus weitreichende Auswirkungen auf das gesamte Ökosystem haben. Die dezimierte Fischart kann ihre Rolle als Räuber, Beutetier oder Konkurrent nicht mehr erfüllen, das Zusammenspiel von Fressen-und-gefressen-werden der verschiedenen Arten verändert sich – manchmal dauerhaft.

Die Froese-Studie konstatiert darüber hinaus ein auffälliges Nord-Süd-Gefälle. In der Barentssee und im Europäischen Nordmeer werden die Bestände deutlich nachhaltiger befischt als im Mittelmeer und im Schwarzen Meer, wo es bis heute keine festgelegten Fangquoten gibt. Dort werden die Fänge lediglich durch die Zahl der ausfahrenden Schiffe und die Dauer ihrer Fangreisen reglementiert. »Mittelmeer und Schwarzes Meer sind noch weit entfernt von den Zielen der Fischereireform, nur 2 von 176 Beständen entsprechen den Vorgaben [zur Nachhaltigkeit]«, bilanzieren die Wissenschaftler.

Dennoch: Alle befragten Experten bewerten die Fischereireform immer noch grundsätzlich positiv. Die Umsetzung verläuft allerdings schleppend. Vor allem die Beifangregelung wird weitgehend ignoriert, sie müsste dringend nachgebessert werden. Und es gibt einige grundsätzliche Fehlentwicklungen. Unakzeptabel und kontraproduktiv sind zum Beispiel die direkten Einmischungen der EU-Kommission in die wissenschaftliche Arbeit des Internationalen Rats für Meeresforschung ICES. Die ICES-Wissenschaftler schlagen jedes Jahr die Fangquoten für die verschiedenen Fischbestände vor; sie besetzen damit eine Schüsselposition. Ihre Empfehlungen sollten eigentlich eins zu eins umgesetzt werden, um die Erholung der Schwärme und ihren gesunden Fortbestand sicherzustellen. Doch mit seinen wissenschaftlichen Empfehlungen der Fangquoten ist der ICES nicht wirklich frei, sondern weisungsgebunden. In einer Vereinbarung[89], in der praktischerweise auch gleich die Bezahlung des ICES geregelt wird, beauftragt ihn die Kommission, bei bestimmten Fischbeständen nicht den harten Maßstab des maximal nachhaltigen Ertrags anzulegen, sondern lieber eine Nummer großzügiger zu rechnen. Für eine ganze Reihe von Fischbeständen, etwa für den Grönland-Heilbutt, die Rote Fleckbrasse, den norwegischen Hummer und andere, verlangt die Kommission den weniger strengen *Precautionary Advice*: eine *vor-*

sichtige Fangquotenempfehlung, so die wörtliche Übersetzung. Der Begriff »vorsichtig« täuscht allerdings, dahinter verbirgt sich eine Quote, die größere Fangmengen erlaubt und in ihren Anforderungen hinter dem maximal nachhaltigen Ansatz zurückbleibt.

Fischereiexperte Froese hält solche Weisungen für höchst bedenklich. Die Unabhängigkeit der Wissenschaft werde damit sabotiert. Froese: »Der Fokus der Nachhaltigkeit ist verloren gegangen; dieselben Leute, die vor der Reform die Überfischung verwaltet und durchgesetzt haben, sind jetzt wieder am Drücker. Noch vor zwei Jahren hätte ich mir solch eine Entwicklung nicht vorstellen können.«

Wie kann es sein, dass die so hoffnungsvoll begonnene Fischereireform ins Stocken geraten ist? Klar ist, dass die Fischer einige Jahre *weniger* fangen müssen, um langfristig und dauerhaft *mehr* zu fangen. Dieser zukünftige Profit trägt den Makel des Ungewissen, weil er sich erst in drei, vier oder fünf Jahren tatsächlich realisieren lässt. Das einfache Vorausdenken und Vertrauen auf die langfristige Bestandserholung bei gleichzeitigem Verzicht auf kurzfristige Einnahmen ist der europäischen Fischerei verloren gegangen. Natürlich bedeuten niedrigere Fangquoten auch für die vielen fischverarbeitenden Betriebe zunächst einmal erhebliche wirtschaftliche Einbußen. Dagegen wehren sich die Betriebe mit intensiver Lobbyarbeit. Die Politik will die Fischer und fischverarbeitende Industrie mit ihren Arbeitsplätzen schützen und macht entsprechenden Druck, um die Fangmengen hoch zu halten.

Hinzu kommt das Risiko, dass Kürzungen der Fangmengen leider nicht immer und sofort die erhoffte Erholung bringen. Natürliche Schwankungen der Bestände, mitunter unerklärlich schwache Nachwuchsjahrgänge sowie klima- und wetterbedingte Einflüsse sorgen für schwer kalkulierbare Aufs und Abs der Bestände. Sicher ist nur eines: Eine Fischerei ohne nachhaltige Beschränkungen wird auf jeden Fall früher oder später unprofitabel. Zu hohe Fangmengen gefährden die Bestände bis hin zu Zusammenbrüchen ganzer Fischereien. In den 1970er-Jahren war der Heringsbestand in der Nordsee so stark überfischt, dass ein totaler Fangstopp erlassen werden musste. Er dauerte volle vier Jahre. Das Fangverbot sorgte in dieser Zeit für eine nachhaltige und in ihren Ausmaßen spektakuläre Erholung der großen Heringsschwärme. Dagegen hat sich in Neufundland der einst riesige Kabeljaubestand nach seinem Kollaps in der 1990er-Jahren nie wieder erholen können. Das Ökosystem hatte sich grundlegend verändert, andere Arten übernahmen den Platz des Kabeljaus.

Womöglich gibt es noch einen tieferen Grund für die Kurzsichtigkeit im Fischereigeschäft. Die notwendigen niedrigeren Fangquoten kollidieren nämlich mit den Wachstumszwängen und Gewinnerwartungen unserer Industriegesellschaft. Sie kollidieren mit einer Zukunftsvorstellung, die tief in unserer Lebenswelt verankert ist und in der von allem immer genug und immer *mehr* da ist. Die mentale Schwerkraft dieser Steigerungslogik ist gewaltig, sie durchzieht unser gesamtes Wirtschaftsleben. Wir wollen nicht nur Wachstum, sondern bestenfalls auch noch ein Wachstum des Wachstums. Die Gier nach dem scheinbar naturgesetzlich verankerten Immer-mehr können unsere Meere und ihre Fischbestände nicht bedienen. Der globale Fischfang aus dem Meer hat schon Mitte der 1990er-Jahre seinen historischen Höhepunkt erreicht, seinen Peak, wie es heute heißt. Seitdem stagniert er auf einem Niveau von rund 80 Millionen Tonnen.

Ein Blick ins Branchenblatt *Fischmagazin* belegt, wie die Branche unbeirrt am Wachstumsdenken festhält, das jetzt vor allem der Aquakultur gilt. »Guatemala will Tilapia-Produktion vervielfachen«, »Schottland produziert 16,5 Prozent mehr Lachs«, »Russland erwartet beim Alaska-Pollack starke Saison«, »Irland-Seafood-Umsatz knackt die Marke von einer Milliarde Euro«. Und so weiter! Wie eine Provokation erscheint in diesem Konzert des ewigen Aufschwungs die Meldung, dass »Norwegen und Russland die Fangquote für Kabeljau *kürzen*« müssen.

Vielleicht hat sich in unserem Unterbewusstsein auch noch die alte Vorstellung von den unerschöpflichen Reichtümern der Meere eingenistet. Berühmt geworden sind die Aussagen der von Thomas Huxley geleiteten britischen Untersuchungskommission Ende des

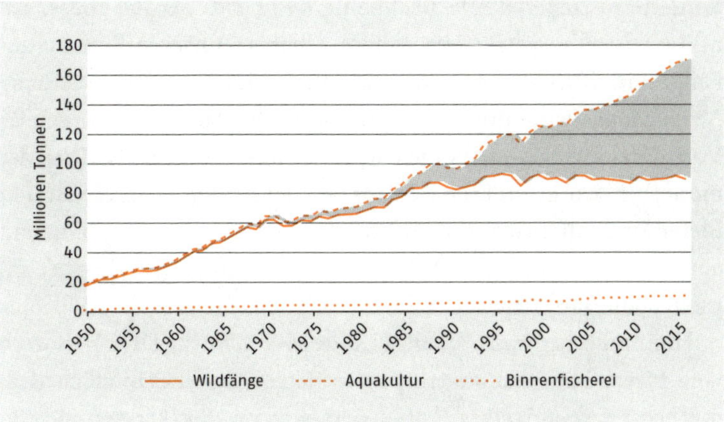

Die weltweite Fischproduktion aus Wildfang und Aquakultur.
Die Wildfänge (90,9 Millionen Tonnen) unterteilen sich in Meeresfänge (79,3) und Binnenfischerei (11,6) in Seen und Flüssen. Weil von den Wildfängen bis zu 15 Millionen Tonnen zu Fischmehl und Fischöl verarbeitet werden, essen wir inzwischen deutlich mehr Fisch aus Aquakultur als aus Meeren und Seen. Ein epochaler Wandel. Die Aquakultur lieferte zuletzt 80 Millionen Tonnen. Die Zahlen gelten für das Jahr 2016. Aktuellere Zahlen wird 2020 der neue Fischereireport der FAO liefern, der im Zwei-Jahres-Rhythmus erscheint.

19. Jahrhunderts. Als nach 1880 zunehmend mehr Dampfmaschinen die Segel der Schiffe ersetzten, begann eine neue Form der Industriefischerei. Weil Radius und Beute der Schiffe sich erheblich vergrößerten, wuchs die Sorge um die Fischbestände. So wurde eine Kommission eingesetzt, die zur Gefahr der Überfischung Stellung nehmen sollte. Sie erklärte im Jahr 1883: »Die Zahl der vorhandenen Fische ist so unvorstellbar groß, dass unsere Fangmengen relativ bedeutungslos sind.« Und: »Es kann zuverlässig bestätigt werden, dass eine Reihe der wichtigsten Fischbestände wie Kabeljau, Hering oder Makrele, bezogen auf unsere gegenwärtigen Fischereimethoden, unerschöpflich sind.«[90]

Heute wissen wir, dass der unerschöpfliche Reichtum der Meere vor den Plünderungen einer gigantischen, zu Teilen hoch subventionierten Fischereiflotte nachhaltig geschützt werden muss. 2,8 Millionen motorgetriebene Schiffe gehen in unseren Meeren auf Fang. Wie effizient und exzessiv ein großer Fischtrawler heute seine Beute fängt, verdeutlicht Meereswissenschaftler Froese in seinen Vorträgen mit diesem Vergleich: »Die *Annelies Ilena* ist einer der modernsten und größten Schleppnetzfänger der Welt. Sie ist 144 Meter lang mit 14000 PS, im Einsatz vor Westafrika. Sie fängt auf einer Reise so viel, wie 7000 traditionelle afrikanische Fischer im ganzen Jahr fangen.«

Die moderne Technik mit Tiefsee-Messgeräten, Drei-D-Karten vom Meeresboden und intelligenten Netzen macht es möglich, dass die Schiffe vom Netz aus gesteuert werden. Sie können sich in Regionen vorwagen, die früher tabu waren, weil Seeberge und Riffe die Netze beschädigten. Die Herstellerfirma *Piscatus* schreibt: »Wir haben ein umfassendes dreidimensionales Fischerei-Werkzeug entwickelt, das Ihnen genau zeigt, was passiert, während Sie fischen. Sehen Sie Ihr Schiff, den Meeresboden, die Fische, Ihre Ausrüstung und sogar den Raum zwischen den Scherbrettern in Echtzeit.« Umweltaktivist und Buchautor Charles Glover bilanziert: »Das ist eine Kreuzung aus Star Wars und Flugsimulator.«

Mit ihren Netzüberwachungsgeräten sehen die Besatzungen die in den Maschen zappelnde Beute noch im Wasser und können den Fang genau taxieren. Die größten Netze haben eine Öffnung von bis zu 35000 Quadratmetern. Ein halbes Dutzend Jumbojets könnte im Formationsflug gemeinsam durch die Öffnung düsen, schreibt Glover.[91] Die verfeinerte Echolot-, Radar- und Sonartechnik, GPS und schnelle Rechner finden jeden Schwarm. Der ewige Kampf zwischen Fisch und Mensch ist entschieden. Das Flossentier hat keine Chance. Selbst Hobbyangler verfügen heute über raffinierte Techniken. Sie können mit einer Unterwasserdrohne das Angelrevier auskundschaften und die Köder direkt vor das Maul der Fische transportieren.

Christopher Zimmermann ist Leiter des Thünen-Instituts für Ostseefischerei und er ist deutscher Vertreter im Fachbeirat des ICES. Er gilt als einer der besten Kenner der Fischereipolitik und ist dennoch meist gut gelaunt. Sein Urteil zur Fischereireform: »Der Aufwärtstrend ist klar erkennbar, aber das Ziel, bis 2020 eine nachhaltige Erholung aller Bestände zu erreichen, wird nur teilweise erreicht.« Zimmermanns Hauptkritikpunkt bezieht sich auf ein besonders düsteres Kapitel: die Beifänge und Rückwürfe. Mit der Fischereireform sollte das achtlose Überbordwerfen riesiger Mengen ungewollt mitgefangener Fische ein Ende haben. Doch gerade dieses Vorhaben ist, so Zimmermann, »komplett gescheitert, die Kontrollen funktionieren einfach nicht«.

Große Mengen Beifang, die aussortiert und dann tot oder halb tot zurück ins Meer geworfen werden, gehören schon lange zu den pathologischen Begleiterscheinungen der industriellen Fischerei. Wer jemals gesehen hat, wie viele Schildkröten, Seevögel, Haie, Delfine und vor allem wie viele Kleintiere und »falsche« Fische von einem großen Trawler mitgefangen und nach der Sortierung entsorgt werden, ist schockiert. Bei einzelnen Fischereien, etwa beim Garnelenfang, kann der Beifang bis zu 60 Prozent ausmachen. Industrielle Fischereimethoden, mit denen man ausschließlich den Zielfisch fängt, gibt es in den meisten Fischereien nicht. Die Schätzungen zum Ausmaß der über Bord gehenden Beifänge weichen stark voneinander ab. Die Welternährungsorganisation FAO hat in ihrer letzten Hochrechnung die Rückwürfe der weltweiten Fischerei auf 10,5 Millionen Tonnen im Jahr beziffert.[92] Damit ginge also etwa jeder achte gefangene Fisch tot über Bord. Eine frühere Berechnung der FAO hatte noch 27 Millionen Tonnen ermittelt, ein Drittel der Beute. Würde man die Beifänge der Gesamtbeute zuschlagen, dann stiege die Fangmenge des Fischs, den wir tatsächlich aus dem Meer holen, um 10 bis 30 Prozent.

In der EU müssen seit Januar 2019 alle Beifänge angelandet werden. Die stufenweise eingeführte Verpflichtung sollte für die Fischer einen Anreiz schaffen, Fangverhalten, Ausrüstung und Netzbeschaffenheit so zu optimieren, dass sie zu großen Anteilen nur den Zielfisch fangen, für den sie auch eine Quote haben. Bei modernen selektiven Netzen, die mit ihrer Maschengröße perfekt auf den Beutefisch abgestimmt werden können, schlüpfen andere Arten und

Jungfische zu großen Teilen durch die Maschen. Aber wie kann das Rückwurfverbot überwacht werden? Nach den ursprünglichen Plänen sollten Videokameras auf allen Schiffen die aus dem Meer gezogene Beute und das Sortieren des Fangs filmen und so die Beifänge kontrollieren. Daraus wurde nichts. Die Fischer und ihre Verbände haben das wirksamste aller Kontrollinstrumente mit ihrer Kampagne verhindert. Ihre Argumente: Die Videokontrolle kriminalisiere den Fischereiberuf, sie münde in eine totale Überwachung und der Aufwand sei viel zu hoch. Doch ohne elektronisches Monitoring wird höchstens ein Prozent der Fänge kontrolliert. Die Gefahr, beim Rückwurf erwischt zu werden, ist für die Fischer äußerst gering.

Zudem sind die wenigen Kontrollen ohne Videobeweis nicht gerichtsfest und damit weitgehend zahnlos. Wie funktionieren sie? Das ins Visier genommene Schiff muss in seinem Fanggebiet unter Aufsicht einen weiteren »Hol« einbringen, also noch mal das Netz ins Wasser lassen. Der Kontrollfang wird anschließend analysiert und mit der bisherigen Beute im Schiffsbauch verglichen. Wenn bei dem beaufsichtigten Hol 20 Prozent Beifang im Netz zappeln, im Schiffsbauch aber nur drei Prozent Beifang liegen, dann wird daraus geschlossen, dass 17 Prozent illegal über Bord gegangen sind. Wird der so überführte Kapitän mit seiner Crew anschließend in Handschellen abgeführt und im nächsten Hafen eingesperrt? Sicher nicht. Die Beweisführung durch Kontrollfänge habe vor Gericht keinen Bestand, wie Fischereiexpertin Nina Wolff, eine der profiliertesten Stimmen der NGOs, bedauert. Wolff: »Ohne Videokameras geht es nicht, und solange die Kontrollen nicht funktionieren, wird nur das angelandet, was den Fischern auch Geld bringt!« Der Rest geht wie gehabt als Fischmüll über Bord.

Zum Beifang gehören auch die kleinen Fische unterhalb des festgelegten Mindestmaßes. Diese Jung- oder Babyfische werden oft mitgefangen, bevor sie geschlechtsreif sind und sich fortpflanzen können, sie sind eine der wesentlichen Ursachen der Überfischung. Größe und Fortpflanzungserfolg hängen bei Fischen eng zusammen. Kabeljau-Experte Mark Kurlansky[93] schreibt: »Ein Kabeljauweibchen von einem Meter Länge kann bei einem einzigen Laichprozess drei Millionen Eier produzieren. Ein Fisch, der einen Viertelmeter länger ist, kann neun Millionen Eier ablegen.« Der heute gefangene Kabeljau ist in der Regel deutlich kleiner als einen Meter. In einer fünfjährigen Untersuchung für Nordsee-Kabeljau ermittelten ICES-Forscher in den Jahren 2000 bis 2004 einen Anteil an Baby-Kabeljau in den Netzen von 82 Prozent. Wenn die Babyfische durch entsprechende Netzgrößen verschont werden und die Geschlechtsreife erreichen, können sich angeschlagene Bestände relativ rasch erholen. Bei Dorsch, Scholle oder Hering bestenfalls schon nach drei oder vier Jahren.

Aktuell beträgt bei den angelandeten und dokumentierten Kabeljaufängen aus EU-Gewässern der Anteil der »untermaßigen« Kleinfische ganz offiziell 0,2 Prozent, wie die Deutsche Umwelthilfe unter Berufung auf Daten der Bundesregierung meldet. Diese Menge müssen sich die Fischer auf die Quote anrechnen lassen, obwohl sie sie nicht als Speisefisch verkaufen dürfen, ihre Fangmenge reduziert sich also um diesen Anteil. Bei Kontrollen auf See wird aber regelmäßig ein Anteil von bis zu 15 Prozent zu kleiner Fische ermittelt. 0,2 Prozent offiziell angelandet, in Wahrheit aber bis zu 15 Prozent beigefangen: Es ist offensichtlich, dass auch der größte Teil der Babyfische per Rückwurf tot im Meer landet.

Man mag es den Fischern nicht einmal verübeln. Sie sind es gewohnt aus jahrzehntelanger Praxis, und sie haben nichts zu befürchten, wenn sie gegen die Anlandepflicht verstoßen. Umgekehrt gilt: Bei einem vorschriftsmäßigen Verhalten müssen die ehrlichen Fischer wirtschaftliche Einbußen in Kauf nehmen, weil die Beifänge von der Quote abgezogen werden. Deshalb fühlen sie sich im Recht, wenn sie die Vorschriften missachten. Wäre ein eigener Markt für Kleinfische eine Lösung? »Es braucht jedenfalls positive Anreize für die Fischer«, sagt Christopher Zimmermann. »Warum sollen die alles mitbringen, was sie fangen, wenn sie es hinterher nicht vermarkten dürfen? Das ist doch weltfremd!«

Wechseln wir von der europäischen zur globalen Perspektive. Immerhin: Es gibt auch gute Nachrichten aus den Tiefen der Ozeane. Vor allem in Nordamerika und Australien sind die Fischbestände in einem guten Zustand mit teilweise vorbildlichen Managementplänen. In den meisten Weltmeeren bleibt die Lage indes angespannt, wobei die letzte Bestandsaufnahme der FAO der Realität drei Jahr hinterherhinkt. Die Fangmenge des zuletzt komplett dokumentierten Jahres bezieht sich auf 2016 und lag bei 79,3 Millionen Tonnen. Das entspricht einem Rückgang von fast zwei Millionen Tonnen aus Wildfängen im Meer. Dazu kommen 11,6 Millionen Tonnen aus der Binnenfischerei in Seen und Flüssen.[94]

Bei einer guten Erholung der Bestände und maximal nachhaltiger Befischung könnten weltweit in den Meeren bis zu 100 Millionen Tonnen gefangen werden, glaubt Gerd Kraus, Direktor des Thünen-Instituts für Seefischerei in Hamburg. Die FAO zitiert Abschätzungen, wonach die Meere im Bestzustand aller Bestände zusätzlich 16,5 Millionen Tonnen hergeben würden. Theoretisch wären also 100, vielleicht sogar 110 Millionen Tonnen Fisch die natürliche Obergrenze des Meeresfangs. Weil Ozeane nicht wachsen können, ist mehr wild gefangener Fisch selbst bei optimaler Nutzung nicht zu bekommen. Bei einer schnell zunehmenden Weltbevölkerung sinkt also der jedem Erdbewohner zustehende »wilde« Fischanteil von Jahr zu Jahr.

Die EU versucht, das Knappheitsproblem dadurch zu lösen, dass ihre Schiffe verstärkt in afrikanischen Gewässern plündern. Dazu werden entsprechende Verträge mit den jeweiligen Regierungen afrikanischer Küstenländer geschlossen, die sich die Raubzüge von der EU bezahlen lassen und dabei auf einheimische Fischer oft wenig Rücksicht nehmen. Aber auch ohne Abkommen wird immer wieder illegal gefischt. Die heimischen Fischer der betroffenen Länder sind die Opfer. Die *Süddeutsche Zeitung* schreibt über die Fischer Gambias: »Heute fahren viele gar nicht mehr raus, weil sie den Kampf nicht gewinnen können gegen die riesigen Fischfabriken auf dem Meer, die bis zu 30 Tonnen fangen an einem Tag. Viele Pirogen liegen umgedreht am Strand, unter ihnen liegen ein paar Fischer, die rauchen. Sie haben Deutschland-Flaggen an ihre Boote gemalt – der große Traum. Aus keinem anderen afrikanischen Land sind prozentual so viele Menschen nach Europa geflüchtet wie aus Gambia.«[95]

In dem alle zwei Jahre erscheinenden Weltfischereibericht der FAO wird zur Lage der weltweiten Fischbestände penibel Buch geführt. Das Pauschalurteil, dass *die* Meere leer gefischt sind, ist zwar weitverbreitet, deckt sich in dieser Rigorosität aber nicht mit dem wichtigsten Fischereireport. Nach Zahlen der Welternährungsorganisation sind 33,1 Prozent aller Bestände überfischt und 59,9 Prozent bis zum Limit ausgebeutet. Mehr geht nicht. 7,0 Prozent der Bestände sind »unterfischt«.[96] Nur dieses kleine Segment besitzt gegenwärtig noch Wachstumspotenzial. »Es ist unwahrscheinlich, dass die Weltfischerei die 33,1 Prozent überfischter Bestände in naher Zukunft wieder aufbauen kann«, heißt es wenig verheißungsvoll in dem FAO-Report: »Üblicherweise dauert der Aufbau zwei- bis dreimal so lange wie die Lebensspanne der jeweiligen Spezies.«

Wir Fischesser können uns im Nachrichtengewitter des Internets den regelmäßigen Berichten über Bestandskrisen und -erholungen, über drohende Fangverbote und von der Politik ignorierte Fangquoten kaum entziehen. Mal geht es dem Dorsch richtig schlecht, mal dem Hering, dann schwächelt wieder die Makrele. Und schon wieder hat ein EU-Trawler illegal vor der Küste Afrikas gefischt. Nachdenkliche Verbraucher, die bewusst einkaufen wollen, haben es schwer in solch dauerhaften Krisenzeiten. Manche orientieren sich an den Empfehlungen der Umweltverbände, die inzwischen auch Fisch-Apps fürs Smartphone anbieten mit rot-gelb-grünen Markierungen zur Lage der einzelnen Bestände. Und dann sind da noch die Ratschläge anderer Organisationen: Die Vereinigung *Slow Food* etwa rät, generell weniger Fisch zu essen, damit Fischgenuss und biologische Leistungsfähigkeit der Meere in einem gesunden Verhältnis zueinander stehen. Und damit mehr übrig bleibt für jene Länder, die auf den Fisch als Proteinquelle stark angewiesen sind. Die Forderung von *Greenpeace* ist noch strenger: am besten gar kein Fisch mehr auf dem Teller. Die Organisation *fair fish* empfiehlt: nur noch einmal im Monat eine Fischmahlzeit als zelebriertes Luxusessen. Der *WWF* verweist auf seine App, die allerdings regelmäßiger aktualisiert werden müsste. Das Auf und Ab der Fischbestände erfordert ständige Updates. Gestern hat die Scholle noch gekriselt, heute ist sie schon wieder in besserer Form – und umgekehrt. So sind Umweltverbände und achtsame Fischesser ständig gefordert und letztlich überfordert.

Dennoch wollen viele Verbraucher politisch und moralisch korrekt einkaufen. Es wurden auch schon Kunden mit Maßband im Fischgeschäft gesichtet, die durch ihre Messungen sicherstellen wollten, dass sie keine Schuld auf sich laden, in dem sie untermaßige Fische erwerben. Spaß und Appetit machen solche Einkäufe sicher nicht.

Als Rettungsanker beim schwierigen Fischeinkauf hatte sich lange das blaue Siegel des *Marine Stewardship Council* (MSC) profiliert. Der MSC war 1997 vom Lebensmittelkonzern *Unilever* und der Umweltorganisation *WWF* gegründet worden. Inzwischen ist er unabhängig und finanziert sich aus Spenden und aus den Lizenzgebühren für zertifizierte Fischereien. Sein blaues Umweltsiegel ziert den Fang aus überprüften Fischereien, deren Bestände angeblich in gutem Zustand sind und nachhaltig befischt werden. Doch die Kritik wächst. In einer Fernsehdokumentation des WDR[97] ließ das Recherchteam kein gutes Haar an der Organisation. Auch Greenpeace, fair fish oder der WWF monieren inzwischen immer öfter die viel zu großzügige Vergabe des Siegels für teilweise hoch umstrittene Fischereien. Es ist offensichtlich, dass der MSC an seinem Geschäftsmodell laboriert: Je mehr Fischereien er zertifiziert, desto höher sind seine Einnahmen. Mit dem MSC-Emblem konnten wir bisher zumindest halbwegs sicher sein, nachhaltig gefangenen Fisch zu identifizieren. Jetzt sind die Erwartungen deutlich heruntergeschraubt. Die neue Devise: Ohne MSC-Siegel ist auch keine Lösung. Viele Einkäufer achten deshalb aus Gewohnheit immer noch auf das blau-weiße Emblem, haben dabei aber ein zunehmend mulmiges Gefühl.

Gänzlich unbeeindruckt von solchen Problemen präsentieren sich die Empfehlungen der Deutschen Gesellschaft für Ernährung. Die in Bonn ansässigen Magenhüter und amtlichen Ernährungsexperten der Republik raten unverdrossen allen Deutschen, ein- bis zweimal die Woche möglichst fetten Fisch zu essen. Dass die Meere das nicht mehr hergeben, war für die DGE noch nie ein Thema. Ebenso wenig die Herkunft der Fische.

Aquakultur

Von Lachsen und Läusen

Das Angebot im Berliner Fischgeschäft *Barlu* im Stadtteil Tempelhof ist großartig. Appetitlich und akkurat ausgerichtet liegen Filets und ganze Fische in der Kühltheke auf Eis. Die Augen leuchten, die Kiemen senden rotfarbige Frischesignale. Jede Partie ist nicht nur mit einem Preisschild versehen, sondern auch mit einer Herkunftsangabe. Nordostatlantik und Mittelmeer, Nordsee und Ostsee. Bei den meisten Fischen heißt es allerdings: »In Aquakultur gewonnen«. Der einfache Hinweis »Aus Aquakultur« wäre verständlicher, aber beim Fischhändler *Barlu* wird der Fisch »gewonnen«. Lauter Hauptgewinne aus Becken und Netzkäfigen. Die Kunden nehmen die Herkunftsangaben eher selten zur Kenntnis. Hauptsache Fisch.

Während der nun schon Jahrzehnte andauernden Krise der globalen Fischerei hat die Aquakultur Jahr für Jahr an Bedeutung gewonnen, mit teilweise spektakulären Markterfolgen. Die weltweite Überfischung ist zu ihrem wichtigsten Motor geworden. Geräuschlos und fast unbemerkt hat sich dabei ein epochaler Wandel vollzogen. Die Menschheit isst – nach offiziellen Zahlen – inzwischen mehr Fisch aus Aquakultur als aus den Wildfängen im Meer und in den Binnengewässern (siehe Grafik im vorigen Kapitel). Nominal ist die Tonnage der Wildfänge in guten Jahren noch etwas höher, aber Millionen Tonnen Meeresfisch, ein beträchtlicher Teil der Beute, landen nicht auf unserem Teller, sondern werden zu Fischmehl und Fischöl verarbeitet für die Futterpellets der Aquakultur.

Unter Aquakultur oder Aquafarming versteht man das Züchten und Halten von Fischen und anderen Wasserlebewesen in Käfigen und Netzen, in Teichen und Becken oder auf überschwemmten Reisfeldern. Es gibt die unterschiedlichsten Betriebe: Selbstversorger mit einem kleinen Teich, aber auch Konzerne mit Milliardenumsatz und Millionen Fischen. Aquakultur gründet auf einer jahrtausendealten Tradition, zu einem wichtigen globalen Industriezweig hat sie sich allerdings erst in den vergangenen Jahrzehnten entwickelt.

Das explosionsartige Wachstum ist beeindruckend. In 194 Ländern weltweit werden heute Fische, Krebstiere, Muscheln, aber auch Algen und andere Wasserpflanzen – insgesamt rund 598 verschiedene Spezies – in entsprechenden Anlagen gehalten. Die Zahl der Fischarten ist, wie die Welternährungsorganisation FAO berichtet, auf 369 gestiegen.[98] In den letzten drei Jahrzehnten hat sich der Output der Aquakultur verzwölffacht. Damit gehört der Sektor zu den dynamischsten Wachstumsbranchen. Zwischen 2000 und 2016 wuchs die Branche im Schnitt jährlich um 5,8 Prozent, in den 1980er- und 1990er-Jahren waren es rund zehn Prozent.

In ihrer aktuellen statistischen Übersicht beziffert die FAO die weltweite Fischproduktion aus Aquakulturen für das Jahr 2016 auf 80,0 Millionen Tonnen mit einem Verkaufswert von 231,6 Milliarden Dollar. Zum Vergleich: Im Jahr 2000 hatten die Aquakulturen mit 32 Millionen Tonnen noch weniger als halb so viel geliefert.

Asien ist der größte Produzent. In China sowie in Süd- und Südostasien werden vor allem Süßwasserfische wie die Karpfenartigen und Tilapien (Buntbarsche) gehalten. Hier ist auch die alte Tradition der Fischzucht auf überfluteten Reisfeldern zu Hause. Der mit Abstand größte Produzent ist China. Das Land erzeugt laut FAO-Bilanz jährlich 49,2 Millionen Tonnen Fische in Aquakulturen. Chinas atemberaubende Produktionszahlen werden allerdings von einigen Fachleuten angezweifelt. Um der Zuwachs- und Tonnenideologie der Partei zu genügen, würden immer höhere Zahlen gemeldet, heißt es. Die ließen sich kaum überprüfen, zumal die Fische fast ausschließlich im eigenen Land vermarktet und verspeist werden. Auch beim Blick auf die verfügbaren Wasserflächen stellt sich die Frage, ob China tatsächlich so viel Fisch produzieren kann wie behauptet. Zu den Kritikern gehört unter anderem der wissenschaftliche Beirat der Bundesregierung zu globalen Umweltfragen (WBGU), der die Zuverlässigkeit der aus China gemeldeten Zahlen infrage stellt.[99] Doch selbst mit einigen Fragezeichen versehen bliebe China in jedem Fall die unangefochtene Nummer eins, die mehr Zuchtfisch produziert als alle anderen Länder zusammen. Außerhalb Chinas werden ebenfalls von Jahr zu Jahr mehr Fische und Meeresfrüchte in Aquakulturen erzeugt. Gerade in den kaum regulierten Küstengewässern von Entwicklungsländern findet, wie der WBGU schreibt, ein Großteil des Wachstums der marinen Aquakultur statt.

Gleichzeitig sieht sich die Branche nach wie vor heftiger Kritik ausgesetzt. Umwelt- und Tierschutzverbände, aber auch Verbraucherorganisationen monieren Arzneimitteleinsatz und Umweltbelastungen, die Entnahme von Jungfischen aus den Meeren und den hohen Fischverbrauch einer Branche, die ja eigentlich den Markt mit Fisch versorgen will. Im Zentrum der Kritik steht die marine Aquakultur, die überwiegend Raubfische züchtet und mästet. In Europa gelten die atlantischen Lachsfarmen als Prototyp der marinen Aquakultur. Unangefochtener Spitzenreiter ist Norwegen, wo die Lachsproduktion in Netzkäfigen von 151 000 Tonnen im Jahr 1990 auf aktuell 1,2 Millionen Tonnen hochkatapultiert wurde. Das Land produziert heute rund die Hälfte des weltweiten Farmlachses, des beliebtesten Speisefischs Europas.

Sehen wir uns den Lachs aus Aquakultur etwas genauer an. Die rasante Ausbreitung der Netzkäfige hat den einstigen Luxusfisch »demokratisiert« und zur Massenware gemacht. In den Netzen, die zwischen 25 und 50 Meter tief sind und 30 bis 50 Meter Durchmesser haben, wachsen die Lachse in zwei Jahren zur Schlachtreife heran. Die Internationale Vereinigung der Lachsproduzenten ISFA beziffert in ihrem Bericht 2018 die globale Produktion auf jährlich 2,5 Millionen Tonnen mit einem Wert von 15,4 Milliarden Dollar.[100]

Den meisten Genießern des appetitlich roten Fleischs sind die Probleme mit dem in Aquakultur gezüchteten Raubfisch kaum bekannt. Doch Liebling Lachs hat Läuse, er büxt regelmäßig aus, er verbraucht große Mengen Arzneimittel und Insektizide und frisst immer mehr Soja. Aber der Reihe nach. Zuchtlachs aus Aquakultur erlebte in den vergangenen Jahren eine der schwersten Krisen. In

Norwegen kämpften die Betriebe gegen einen massiven Befall mit Fischläusen, und Chile, der zweitgrößte Lachslieferant, wurde von einer Algenpest überrascht; dazu kamen noch schwere Sturmschäden. In Norwegen sind nach Angaben des staatlichen Veterinäramts allein 2016 mehr als 50 Millionen Lachse verendet. Für Chile meldete die Welternährungsorganisation FAO im gleichen Jahr 27 Millionen tote Fische, das entsprach 20 Prozent der Bestände. Die Exporte der beiden Länder gingen deutlich zurück, der Preis stieg in schmerzhafte Regionen. Auch im Folgejahr 2017 hatte sich die Branche noch nicht ganz erholt.

Dabei schien die Produktion zumindest in Norwegen in ruhigen Bahnen zu verlaufen. Gern verweisen die Lachsfarmer auf den Rückgang des Antibiotikaverbrauchs. 1987 hatte der Einsatz der antibakteriellen Arzneien in Norwegen mit 50 Tonnen seinen Höhepunkt erreicht. Dann kam die Wende. In den 1990er-Jahren ging der Verbrauch trotz schnell wachsender Lachsbestände stark zurück und fiel bald auf weniger als eine Tonne. Der Grund sind die Impfungen der fingergroßen Jungfische gegen mehrere Infektionskrankheiten. Man muss es gesehen haben, wie in rasender Geschwindigkeit ein Fischlein nach dem anderen maschinell und automatisiert per Spritze geimpft wird. Chile ist noch längst nicht so weit. 2017 wurde dort nach offiziellen Angaben die ungeheure Menge von 393,9 Tonnen Antibiotika eingesetzt, drei Jahre zuvor waren es sogar 563,2 Tonnen[101].

Die anderen Probleme der industriellen Lachszucht sind nicht weniger gravierend. Die Lachsfarmer führen einen zunehmend verzweifelten Kampf gegen Lachsläuse, weil die Parasiten gegen die eingesetzten Mittel teilweise resistent geworden sind. Eine weitere Kalamität ist die regelmäßige Flucht von Hunderttausenden, in Extremfällen sogar von Millionen Lachsen aus ihren Netzkäfigen. Vor allem bei Stürmen entkommen sie, wenn die Netzkäfige beschädigt werden. Ein großer Teil der Flüchtlinge geht zugrunde, etliche Lachse werden wieder eingefangen, die anderen Überlebenden mischen sich im Atlantik unter die Wildpopulation der Lachse, wobei sie mit ihrem degenerierten Erbgut deren Genpool gefährden.

Auch das Futter der Lachse steht nach wie vor in der Kritik. Um Lachse zu mästen, wird noch immer viel zu viel Fisch verfüttert – schließlich sind sie Raubfische. Seit einigen Jahren gibt es verstärkt Versuche, den Lachs zum Veganer zu erziehen. Sein Futter enthält heute neben Fischmehl und Fischöl große Mengen von Pflanzenöl, Soja, Getreide und Hülsenfrüchten.

Die aktuell größte Herausforderung aber ist die Fischlaus. Die zwischen 8 und 12 Millimeter großen Parasiten heften sich an die Haut der Lachse und fressen regelrechte Löcher in den Fischkörper. Durch die hohe Fischdichte in den Netzgehegen können die Läuse sich ideal vermehren. Zur Bekämpfung kommen mehrere Methoden infrage. Die sanfteste ist der Einsatz kleiner Putzerfische. Ein einziger Putzerfisch in Bestform soll bis zu 200 Läuse am Tag abfressen. Dies scheint bei massivem Befall aber nicht auszureichen. Zudem wurden Putzerfische zuletzt knapp, wie die Branche beklagte. Sie sollen künftig in größerer Menge gezüchtet werden.

Der Einsatz von Insektiziden ist in vielen Fischfarmen unvermeidlich. Als Fisch-Entlausungsmittel dienen unter anderem die aus dem Obstbau bekannte Chemikalie Emamectinbenzoat oder das in der Forstwirtschaft gegen Raupen und Stechmücken eingesetzte Diflubenzuron. Zur Behandlung werden die Fische in ein mit dem Insektizid versetztes Chemikalienbad auf Spezialschiffe gepumpt. Bei starkem Befall muss dieses Bad mehrmals im Jahr wiederholt werden. Auch das Bleich- und Desinfektionsmittel Wasserstoffperoxid soll die Läuse abtöten. Der Verbrauch von Wasserstoffperoxid ist in schottischen Lachsfarmen zwischen 2011 und 2015 um das 15-Fache gestiegen, berichtet ein BBC-Report.[102] Auf jede Tonne Lachs kämen inzwischen 42 Liter des Bleichmittels. In Chile, wo sich im November 2018 internationale Experten zu einer Krisenkonferenz zur Läuseplage trafen, kommt das von Haustieren bekannte Antiflohmittel *Imvixa* zum Einsatz, das über das Futter verabreicht wird. Das Insektizid ist in einigen Ländern streng reglementiert, in Deutschland ganz verboten.[103]

Auch schottische Lachsfarmer kämpfen gegen starken Läusebefall, hier ist jede zweite Farm betroffen. Mit den höheren Wassertemperaturen durch die Erdüberhitzung hat sich das Problem deutlich verschärft. Noch stärker erwärmtes Wasser über 30 Grad ist allerdings tödlich für die Läuse, weshalb den Lachsen auch gezielt Warmbäder verabreicht werden.

Dabei kam es in Loch Greshornish vor der schottischen Insel Skye zu einem Unfall, bei dem fast 100 000 Lachse regelrecht gekocht wurden, wie es in den Unfallberichten hieß. Bei der Läusebekämpfung im sogenannten *Thermolicer* werden die Lachse angesaugt und durch Rohre in ein Warmwasserbad gepumpt. 25 bis 30 Sekunden lang sollen sie in dem auf bis zu 34 Grad erhitzten Wasser bleiben und so von den Läusen befreit werden. Ist die Temperatur zu hoch oder die Verweildauer zu lang, ist das Bad nicht nur für die Läuse, sondern auch für die Lachse tödlich. Aber nicht nur die Warmbäder sind kritisch. Die norwegische Firma *Lerøy Seafood* hat im Sommer 2016 bei einer missglückten Läusebehandlung mit Wasserstoffperoxid mehr als 150 000 Lachse verloren.

Für die Fischfarmen sind die Läuse aus mehreren Gründen problematisch: Die Bekämpfung ist aufwendig und teuer, die Lachse wachsen langsamer, die Fischkörper verlieren ihre Makellosigkeit, und der Läusebefall sorgt für schlechte Publicity, zumal immer wieder Medikamente und Chemikalien eingesetzt werden müssen. Die Parasiten setzen sich vor allem an den Köpfen der Fische fest. Mit den offenen Wunden sind die geschwächten Lachse besonders anfällig für Infektionskrankheiten.

Verbraucher bekommen die Läuse nur auf Fotos im Internet zu sehen. Bei der Verarbeitung der Fische werden sie in der Regel komplett entfernt. Inzwischen müssen die norwegischen Farmen ihre Fische im wöchentlichen Rhythmus auf Läusebefall untersuchen und den Behörden regelmäßig Bericht erstatten. Übersteigt der Lausbefall eine festgesetzte Grenze, sind die Farmer verpflichtet, aktiv zu werden und die Parasiten zu bekämpfen.

Die Läuseepidemie gefährdet auch die Wildlachse, die sonst nur selten befallen werden. Mit der wachsenden Zahl von Aquakultur-

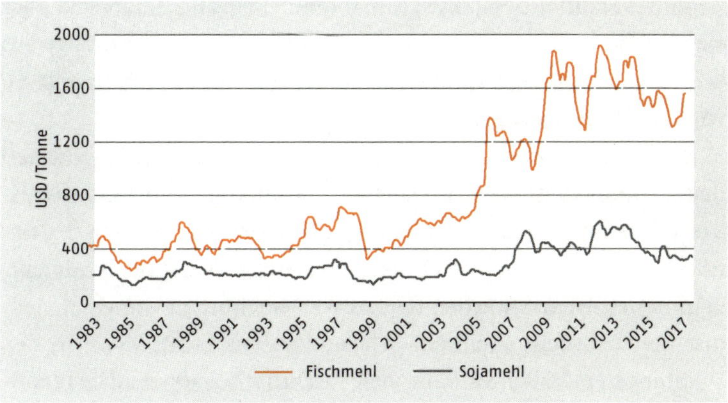

Die Preise für Fischmehl und Sojamehl in Mitteleuropa.
Die neuen Fütterungskonzepte für Raubfische in Aquakultur sind nicht nur eine Reaktion auf die Kritik an der Fischmehlfütterung. Sie sind auch den steigenden Preisen für Fischmehl geschuldet, das drei- bis viermal teurer ist als Sojamehl. Der norwegische Lachs frisst inzwischen sehr viel mehr Soja und andere vegane Kost als Fischmehl.

anlagen hat sich das geändert. Für die Ausbreitung der Läuse und anderer Krankheiten sorgen jene Hunderttausende Zuchtlachse, die jedes Jahr aus den Netzkäfigen entweichen. Am 21. April 2007 kam es zu einem der größten Ausbrüche in der Geschichte der Aquakultur. An dem Tag registrierten Seismografen ein Erdbeben der Stärke 6,2 vor der Küste Chiles. Auf den Aysén-Fjord im Süden des Landes, einem Zentrum der Lachsindustrie, rollte eine 14 Meter hohe Flutwelle zu. Zehn Menschen, die in der Bucht auf Booten unterwegs waren, starben. Aus den zerstörten Netzkäfigen entkamen mindestens 1,5 Millionen Fische.[104] Im Juli 2018 hat, ebenfalls in Chile, ein Unwetter 690 000 Lachsen zur Flucht in den Ozean verholfen. Viele von ihnen wurden tot an den Küstenstreifen angespült. Zum Verzehr waren sie allerdings nicht geeignet. Die Tiere, so die Warnung der Betreiber, seien kurz vor dem Ausbruch intensiv mit Arzneimitteln behandelt worden.

Auch ohne Flutwellen und Tsunamis entkommen Jahr für Jahr Hunderttausende Fische. Mal beschädigt ein unglücklich manövrierendes Schiff die Netzkäfige; mal reißt ein großer Raubfisch oder eine Robbe ein Loch hinein; mal zerrt die raue See eine Anlage aus der Verankerung. Die regelmäßigen Verluste sind durch eine Reihe von Forschungsberichten gut belegt.

Beim Marktführer Norwegen wurden während eines 14-jährigen Beobachtungszeitraums pro Jahr 450 000 entkommene Fische registriert. Das sind die offiziellen Zahlen. Norwegische Wissenschaftler rechnen mit einer hohen Dunkelziffer, denn längst nicht alle entkommenen Lachse werden den Aufsichtsbehörden gemeldet. Vertuschte Ausbrüche kommen gelegentlich ans Licht, wenn in den Wildfängen plötzlich auffällig viele Zuchtfische zappeln. Die Identifizierung ist einfach. Die sehr viel massigeren Zuchtfische unterscheiden sich deutlich in ihrem Aussehen von Wildlachsen, sie besitzen bestimmte genetische Marker, und auch die Impfung hinterlässt Spuren, die sie als Käfiginsassen ausweisen. 2015 war offenbar ein gutes Jahr für die Lachsfarmer, das *Fischmagazin* meldete nur 160 000 geflüchtete Lachse und Lachsforellen aus norwegischen Anlagen, 2014 waren es noch 287 000 gewesen.[105]

Betroffen sind auch die Angler: Oft hängen Zuchtlachse an ihren Haken, wenn die Tiere in der Laichsaison die Flüsse hinaufziehen. Norwegische Wissenschaftler haben 20 Flüsse entlang ihrer Küste systematisch nach entwichenen Farmlachsen untersucht. Fast alle Gewässer wiesen einen erheblichen Bestand auf. In den Flüssen Loneelva, Vosso und Opo war jeder dritte gefangene Fisch ein Flüchtling aus der Aquakultur.

So verändert das Einsickern entwichener Zuchtlachse in den europäischen Gewässern den Genpool der Wildlachse, der sich über Jahrhunderte an die lokalen Ökosysteme angepasst hat. Farmlachse sind ganz auf Wachstum getrimmt, sie sind aggressiver und größer, weniger fit, haben eine geringere Fruchtbarkeit und eine kürzere Lebenserwartung. Die Vermischung mit der vitaleren Wildpopulation wird durchweg negativ beurteilt. Da die Bestände der Wildlachse ohnehin zurückgehen, ist die Unterwanderung durch die weniger lebenstüchtigen Zuchtlachse ein ernstes Problem geworden.

Die aus Kreuzungen zwischen Farm- und Wildlachs entstehenden Fische haben ebenfalls eine reduzierte Lebenserwartung, sie sind schlechter an die Ökosysteme angepasst und unterscheiden sich in Form, Größe und Verhalten, in Stresstoleranz und Krankheitsanfälligkeit vom echten Wildlachs. Überlebensrate und Fortpflanzungserfolg entwichener Zuchtlachse und ihrer Nachkommen sind deutlich reduziert. Um die Vermischung von Zucht- und Wildlachsen zu verhindern, arbeiten isländische Wissenschaftler an »geschlechtslosen« Lachsen. Eine Gen-Stilllegung soll verhindern, dass die Lachse überhaupt geschlechtsreif werden. Zudem sind in mehreren Ländern landgestützte Anlagen mit Zuchtlachsen im Aufbau. Sie können mit Meerwasser gespeist werden, befinden sich aber nicht mehr in den Küstengewässern und haben auch keine direkte Verbindung zum offenen Meer. In Chile ist eine Vermischung von Zucht- und Wildlachsen nicht möglich, weil der in den Fischfarmen gemästete Atlantiklachs dort nicht zu den heimischen Arten gehört.

In den letzten zehn Jahren hat sich auch die Fütterung der Lachse dramatisch verändert. Ihr Futter bekommen Zuchtlachse in Form von Pellets, die Gase enthalten und besonders leicht sind. So haben die Fische Zeit zum Fressen, bevor die Pellets auf den Meeresgrund sinken und sich dort zwischen den Fäkalien ablagern. Dadurch halten sich die Futterverluste in Grenzen. Zudem können Sensoren der computergesteuerten Fütterungsanlagen die Menge der absinkenden Pellets erfassen; so kann die Futtermenge entsprechend korrigiert werden. Einige Firmen bieten inzwischen auch technische Einrichtungen an, um die Futterreste am Meeresboden abzusaugen.

Noch Anfang der 1990er-Jahre bestand das Lachsfutter überwiegend aus Fischmehl und Fischöl. Vor allem die großen Anchovisschwärme vor der Küste Perus liefern den Futtermittelfirmen riesige Mengen an Rohstoff für proteinreiches Fischmehl. In den letzten Jahren schwankte die Fischmehlproduktion zwischen 4,7 und 5,9 Millionen Tonnen. Eine Steigerung ist angesichts überfischter Weltmeere schwer möglich. Aus einem Kilogramm gefangenem

Futterfisch holt die Industrie 225 Gramm Fischmehl und, je nach Fettgehalt der Fische, 50 bis 100 Gramm Fischöl heraus.

Um den Verbrauch von Wildfischen für die schnell wachsende Aquakultur zu reduzieren, wird inzwischen fast ein Drittel des Fischmehls aus Fischabfällen gewonnen. Sie fallen bei der Fischverarbeitung an, etwa wenn Filets geschnitten werden. Innereien, Köpfe und Schwänze werden dann zu Fischmehl verarbeitet. Weil die Innereien auch die Entgiftungsorgane der Tiere enthalten, ist aus Abfällen gewonnenes Fischmehl stärker mit Schadstoffen belastet.

Zudem bekommen die Zuchtlachse zunehmend pflanzliche Rohstoffe zu fressen, auch um Kosten zu sparen. So wird der Raubfisch langsam zum Veganer. Das sogenannte Fi-Fo-Verhältnis (fish-in-fish-out-ratio) gibt an, wie viel Wildfisch im Futter nötig ist, um ein Kilo Zuchtfisch zu erzeugen. Beim norwegischen Zuchtlachs ist dieses Verhältnis von 7,2 im Jahr 1990 auf 1,7 im Jahr 2013 gesunken, wie eine 2015 erschienene Studie von Trine Ytrestøyl vorrechnet.[106] Danach werden 1,7 Kilogramm zu Fischmehl verarbeiteter Wildfang verbraucht, um ein Kilogramm Lachs zu produzieren. Beim Fischöl sank die Fi-Fo-Marke im selben Zeitraum von 4,4 auf 1,0. Somit wird in der Summe trotz aller Anstrengungen selbst in den norwegischen Vorzeigefarmen noch immer mehr Wildfisch verbraucht als Aquakulturfisch erzeugt. Die Umerziehung zum Veganer geht allerdings weiter, zumal Fischmehl ein kostspieliger Rohstoff geworden ist und zuletzt viermal so teuer war wie Soja.

Soja, überwiegend aus gentechnisch modifizierten Bohnen, die aus Südamerika importiert werden, ist heute in Norwegen der wichtigste Bestandteil des Lachsfutters. Der norwegische Regenwaldfonds hat den hohen Verbrauch von Sojabohnen im Fischfutter wiederholt kritisiert. Mit den verheerenden Bränden im Amazonasgebiet im Spätsommer 2019 ist das Sojathema auf dramatische Weise aktualisiert worden. Um ein Kilo Lachs zu produzieren, werde aktuell eine Menge von 0,55 Kilogramm Sojabohnen verbraucht, berichtet die *FAZ*.[107] Die Hülsenfrucht werde noch im Ursprungsland Brasilien bearbeitet und als Proteinkonzentrat in Pulverform importiert. Die oben zitierte Studie von Ytrestøyl beziffert den Sojaanteil im Lachsfutter norwegischer Betriebe auf 21,3 Prozent. Rapsöl macht 18,3 Prozent aus, dazu kommen kleinere Anteile Weizen, Sonnenblumen, Bohnen und Erbsen. Der Fischmehlanteil ist auf 19,5 Prozent gesunken, der Fischölanteil auf 11,2 Prozent.

Auch mit Maden und Insektenmehl als Fischfutter wird experimentiert. Die Proteingewinnung durch Insekten, die mit Lebensmittelabfällen gefüttert werden sollen, ist ein großes Thema der Food-Industrie geworden.

Die Futterzusammensetzung der Lachsfarmen belegt indes, dass der Lachs und auch andere Raubfische in Aquakultur Nahrungsmittelkonkurrenten des Menschen sind. Auf ihrem Speisezettel stehen zu großen Teilen dieselben Rohstoffe, die auch für die menschliche Ernährung gebraucht werden. Eine wirklich nachhaltige Fischzucht ist mit dem Lachs bisher nicht gelungen. Immerhin: Lachse und andere Fische in Aquakultur sind gute Futterverwerter, sie schneiden sehr viel besser ab als Schweine oder Rinder. Als wechselwarme Tiere, die ohne Anstrengungen im Wasser schwimmen und ihre Körpertemperatur an die Umgebungstemperatur anpassen, verbrauchen sie deutlich weniger Energie als unsere Nutztiere in den Ställen der Agrarindustrie.

Die neue Lachsdiät hat noch einen anderen Haken. Die jetzt verstärkt gefütterte Pflanzenkost wird von den Raubfischen naturgemäß schlecht vertragen, sie reagieren mit Durchfällen. Deshalb müssen die pflanzlichen Rohstoffe von Fasern und Kohlenhydraten befreit werden. Dazu werden die Proteine isoliert und mit Aminosäuren angereichert. Diese Low-Carb-Diät ist aufwendig und teuer. Selbst nach der fischgerechten Aufbereitung wird das Pflanzenfutter ungern gefressen. Ein Zusatz von aromatischen Miesmuscheln als Geschmacksträger kann die Akzeptanz entscheidend verbessern.

Ein unerwünschter Nebeneffekt der neuen Ernährung betrifft die begehrten Omega-3-Fettsäuren. Ernährungsberater rühmen fette Fische wie den Lachs gerade wegen seiner speziellen, besonders gesunden Fettsäuren. Doch mit der Veggiekost geht der Gehalt der Omega-3-Fettsäuren deutlich zurück. »Wenn wir den Fisch mit pflanzlicher Nahrung füttern, dann hat der Fisch auch eine Fettsäurezusammensetzung, die dem Pflanzenmaterial entspricht«, erklärt Ulfert Focken vom Thünen-Institut für Fischereiökologie.

Die Rotfärbung des Lachsfleisches ist dagegen kein Problem. Sie soll möglichst intensiv sein, das mögen die Verbraucher. Hier bleibt nichts dem Zufall überlassen. Die Farbintensität wird durch die Zugabe von Pigmenten im Futter so gesteuert, dass sie dem bei Verbrauchertests ermittelten Idealwert möglichst nahe kommt.

Die Betäubung und Tötung der fertig gemästeten, meist vier bis fünf Kilogramm schweren Lachse war lange Zeit besonders umstritten. Manfred Klinkhardt, einer der besten Kenner der Branche, beschreibt in seinem Lachsbuch[108], dass die Fische in den überfüllten, mit Kohlendioxid angereicherten Narkosebecken eher erstickt als betäubt wurden. Inzwischen ist diese Form der qualvollen Tötung in Europa abgeschafft worden. Heute werden die Lachse durch Rohrsysteme gepumpt und in spezielle Betäubungs- und Tötungsstraßen geleitet. In kleine Kanäle gedrückt, die der Körpergröße des Lachses entsprechen, erhalten sie einen vollautomatischen Hammerschlag auf den Kopf, bevor sie durch den Kehlstich getötet werden. Häufig beendet aber schon der Schlag auf den Kopf das Lachsleben.

Neben der marinen Aquakultur mit dem Raubfisch Lachs existieren viele andere Formen des Aquafarming. In Deutschland haben vor allem die Teichwirtschaften eine große Tradition. Oft noch von den Klöstern angelegt, sind sie seit Jahrhunderten ein verlässlicher Lieferant für Süßwasserfische aus vernünftiger nachhaltiger Produktion. Doch in den letzten Jahren haben sie dramatisch an Boden verloren. Immer mehr Teichwirtschaften werden aufgegeben. Die Besitzer finden keine Nachfolger, sie sind den Kampf gegen Kormorane und Fischotter und Streitigkeiten mit den Wasserbehörden leid und sie wollen nicht auf ewig an ihren Teich gebunden sein. Obendrein vermissen sie die Wertschätzung der Gesellschaft.

Dabei passen sich viele Teiche ideal in die Landschaft ein, sie bieten als Feuchtgebiete wertvolle ökologische Rückzugsräume, die

Fische finden hier oft einen relativ natürlichen Lebensraum, und sie kommen in extensiver Haltung manchmal ganz ohne Fütterung und ohne Fischmehl aus. Von allen Aquakultursystemen ist die gute alte Teichwirtschaft besonders fisch- und umweltfreundlich. Der Naturschutzbeitrag sei »zehnmal höher als der monetäre Ertrag aus der Fischproduktion«, bilanziert der bayerische Aquakulturexperte Bernhard Feneis.[109]

Während die Zahl der Teichwirtschaften zurückgeht, nehmen naturferne Intensivhaltungen in Becken und Tanks rasant zu. In einigen Bundesländern hat sich die Zahl dieser geschlossenen Kreislaufanlagen in den letzten zehn Jahren verdoppelt. Hohe publizistische Wellen schlugen die inzwischen von der Firma *FRESH* betriebenen großen Salzwasserpools in der von der Stahlindustrie geprägten Stadt Völklingen. Dort werden, 600 Kilometer vom Meeressaum entfernt, auf dem Gelände einer ehemaligen Kokerei in einer Art Schwimmbad Doraden, Kingfische und Wolfsbarsche produziert. Mit aufwendiger Technik, künstlichem Wellengang und viel öffentlichem Bohei.

In den vergleichsweise winzigen Wasserbecken vieler kleinerer Erzeuger ist dagegen der afrikanische Wels der neue Liebling. Der dicke Brummer ist so robust, dass ihn auch die schlecht ausgebildeten Fischhalter, die oft aus landwirtschaftlichen Betrieben kommen und eher an die Schweinehaltung gewöhnt sind, nicht so leicht umbringen können. Selbst jämmerliche Wasserqualitäten und absurd hohe Besatzdichten werden von den Tieren noch toleriert. In den vollgepackten Becken drängeln sich bis zu 300 Kilogramm Fisch je Kubikmeter Wasser. Da fühlt sich mancher Beobachter an die schlimmsten Zeiten der Hühnerbatterien erinnert.

Und die Verbraucher? Sie stehen oft ratlos und schlecht informiert vor der Fischtheke. Sollen sie Fische aus Aquakultur kaufen? Und warum kann ausgerechnet ein Fisch aus Netzkäfigen oder Beckenhaltung manchmal »Bio« sein im Gegensatz zu Fischen aus Wildfängen? Zugegeben: Es ist schwierig geworden, verantwortungsbewusst Fisch zu kaufen. Für Aquakulturen mit strenger ausgelegten Haltungsbedingungen, mit speziellen Fütterungsvorschriften und kleinerer Besatzdichte gibt es tatsächlich eine Bio-Zertifizierung. Doch der Anteil von Bio-Fischen ist verschwindend gering und erreicht kaum die Ein-Prozent-Marke. Fisch aus Wildfang kann natürlich *nicht* Bio sein, weil die Tiere zum Glück frei im Meer herumschwimmen, ohne Haltungsvorschriften und biozertifiziertes Futter.

Ob man Fische aus Aquakulturen essen mag, ist eine persönliche Entscheidung. Je mehr man darüber weiß, desto geringer ist der Appetit. Unbedingt zu empfehlen sind die Klassenbesten aus der Teichwirtschaft: die Karpfen. Sie sind pflegeleicht und fressen, was die Gewässer hergeben. In der Dämmerung durchwühlen sie den Grund der Teiche nach Würmern, Schnecken, Kleinkrebsen und Insektenlarven. Auch Pflanzen werden gefressen. Schwankungen der Temperatur und des pH-Werts stecken sie locker weg. Karpfenteiche sind zugleich ein wichtiger ökologischer Lebensraum, der nicht nur die Landschaft auflockert, sondern auch anderen Tieren und Pflanzen eine Heimat bieten. Damit ist der Karpfen eine Art Pate der Biodiversität.

Trotz aller Vorzüge meiden ihn viele Fischesser wegen des manchmal modrigen Geschmacks. Das muss allerdings nicht sein. Wenn der Fisch in sauberem Wasser knapp eine Woche gehältert wird, verschwindet der unangenehme Hautgout. Die Zeiten, in denen der lebend eingekaufte Fisch zu Hause die Badewanne besetzte, während die übrigen Hausbewohner Katzenwäsche praktizieren mussten, sind übrigens vorbei. Das Mitnehmen noch lebender Fische ist auch bei den Direktvermarktern streng verboten.

Dass der Lachs dem Karpfen vorgezogen wird, liegt nicht nur an seinem Geschmack, sondern auch an dem grätenfreien, in der Küche leicht zu behandelnden Fischfleisch. Doch Lachse und andere Raubfische aus marinen Aquakulturen bleiben eine problematische, nicht nachhaltige Kost und sind deshalb auch nicht zu empfehlen. Die meisten Fischesser stört das nicht. Lachs ist auch in Deutschland der beliebteste Fisch – allen Läusen, Fluchten und Sojaimporten zum Trotz.

Zucker

Die süße Mastkur

Eigentlich ist es ein lustiges Spielchen. Man stellt eine Coladose, einen Becher Fruchtjoghurt oder eine Flasche Ketchup auf den Tisch und lässt raten: Wie viele Zuckerwürfel sind da drin? Man legt ein Stück Würfelzucker dazu und informiert die Kandidaten darüber, dass er drei Gramm wiegt. Dann gehts los. Das Ergebnis ist nicht ganz so lustig, vor allem wenn das Rateteam aus Eltern besteht und fast immer falsch liegt. Wissenschaftler des Max-Planck-Instituts für Bildungsforschung in Berlin und der Universität Mannheim haben aus dem Spiel eine ernsthafte Studie gemacht.[110] Sie wollten wissen, wie ernährungskompetent Eltern sind, wenn es um den Zuckergehalt von Lebensmitteln geht, die von Kindern und Jugendlichen häufig gegessen und getrunken werden.

Das Ergebnis der Untersuchung ist einigermaßen erstaunlich. Obwohl der exzessive Zuckergehalt vieler Lebensmittel seit Jahren thematisiert und kritisiert wird, unterschätzten ihn die Befragten immer noch mit einer teilweise frappierenden Fehlerquote. Von 305 Eltern, die an dem Test teilnahmen, sind 224 durchgefallen, weil sie den Zuckergehalt meist viel zu niedrig taxierten. Bei einem Fruchtjoghurt, der allgemein als gesundes Lebensmittel angesehen wird, lagen 92,1 Prozent der Studienteilnehmer mit ihren Schätzungen unterhalb der tatsächlichen Zuckerfracht. Bei einer Flasche Orangensaft erwiesen sich 84,6 Prozent der Schätzungen als zu niedrig. Die Abweichungen waren gravierend. Im Schnitt wurden sowohl dem Joghurt als auch dem Orangensaft sieben Zuckerwürfel zu wenig zugewiesen. Auch bei Pizza und Cola hatten viele Eltern falsche Vorstellungen von der Süßedosis.

Und wie viel ist tatsächlich drin? Ein 250-Gramm-Becher Kirschjoghurt eines bekannten deutschen Erzeugers enthält umgerechnet elfeinhalb Stück Würfelzucker. Ein Liter »Orangensaftgetränk«

wird im Schnitt mit rund 80 Gramm Zucker gesüßt, das entspricht 27 Würfeln.

Ginge es um ein Ratespiel, wäre das Unwissen der Eltern verzeihbar, zumal Zuckergehalte auf Lebensmittelpackungen von den Herstellern oft bewusst verschleiert werden und nur mit der Lupe erkennbar sind. Bei einem Joghurt können zum Beispiel gleich fünf verschiedene Zuckerarten in der Zutatenliste für Verwirrung sorgen. Zucker kann sich unter 56 verschiedenen Bezeichnungen verbergen, etwa Agavensirup, Süßmolkenpulver oder Gerstenmalz. Die Angaben zum Zuckergehalt sind zudem in der Regel auf die kleine Portionsgröße von 100 Gramm bezogen. So werden aus 80 Gramm Zucker in der Literflasche schnell harmlose 8 Gramm im Kleingedruckten.

Doch die Studie offenbart noch ein anderes Ergebnis: Die Fehlleistungen der Eltern korrespondierten direkt mit dem Gewicht ihrer Kinder. Diejenigen Studienteilnehmer, die das Zuckerquantum der Lebensmittel besonders krass unterschätzten, hatten die dicksten Kinder. Je schlechter die Schätzungen, desto höher der Body-Mass-Index des Nachwuchses. Sicher kein Zufallsbefund.

Anlass dieser bisher einmaligen Studie sind die Gesundheitsgefahren durch stark zuckerhaltige Produkte. Der hohe Zuckerkonsum vor allem durch gesüßte Getränke gilt als zentraler Risikofaktor für die Entstehung von Übergewicht, Fettleibigkeit, Diabetes, Stoffwechselstörungen und anderen Krankheiten, von denen Karies noch die harmloseste ist. Vor allem Diabetes und Fettleibigkeit haben die Ausmaße einer weltweiten Pandemie angenommen.

Die globale Buchführung dieser Gesundheitskatastrophe liefert ständig neue Zahlen. Beim Diabetes werden die Kranken, die Toten und auch die Behandlungskosten zu immer neuen Horrorzahlen addiert. Danach hat sich die Zahl der Diabetesfälle seit 1980 weltweit vervierfacht auf 425 Millionen im Jahr 2017. Fast jeder zehnte Erwachsene der Weltbevölkerung ist erkrankt. Mit der Veränderung der Ernährung durch die »Western Diet« und die »Supermarktisierung« hat sich die Krankheit zuletzt auch auf dem afrikanischen Kontinent stark ausgebreitet, obwohl dort ein großer Teil der Diabetesfälle gar nicht diagnostiziert wird. Auch China liefert deprimierende Zahlen mit einem Sprung von einem Prozent Diabeteserkrankungen 1980 auf heute über elf Prozent. Im Jahr 2017 wurden 727 Milliarden Dollar für die Behandlung und Folgen von Diabetes ausgegeben.[111] Vier Millionen Menschen starben im selben Jahr weltweit an den Folgen der Krankheit, das entspricht der Einwohnerzahl ganz Berlins. Schon im vergangenen Jahrhundert sind mehr Menschen an den Folgen von Diabetes gestorben als in allen Kriegen zusammen.

Auch zu Übergewicht und Fettleibigkeit werden mit fast naturgesetzlicher Regelmäßigkeit von Gesundheitsbehörden und Mediziforschern immer neue Zahlen ermittelt. Im Kindergarten, bei der Einschulung, bei der Musterung und bei vielen Arztkontakten – überall muss der Mensch auf die Waage steigen. Den letzten Stand der Pandemie hat die Weltgesundheitsorganisation WHO im Jahr 2018 mit den »wichtigsten Fakten zu Übergewicht und Fettleibigkeit« in aktualisierter Version zusammengefasst.[112] Danach sind 1,9 Milliarden Erwachsene übergewichtig, das entspricht 39 Prozent der globalen Bevölkerung. Von den Übergewichtigen sind wiederum mehr als 650 Millionen fettleibig (adipös). Damit hat sich die Zahl fettleibiger Erwachsener seit 1975 fast verdreifacht.

Schon die erste Lebensperiode ist häufig von Gewichtsproblemen überschattet. Immer mehr Kleinkinder bis fünf Jahre sprengen die definierten Normalmaße. In der Altersgruppe fünf bis 19 Jahre ist fast jeder Fünfte übergewichtig oder fettleibig, gleichmäßig auf Jungen und Mädchen verteilt – eine Vervierfachung gegenüber 1975.

Wer schon im Jugendalter übergewichtig ist, hat beste Chancen, die Pfunde während seines ganzen Lebens mit sich herumzuschleppen. Das damit verbundene Leid der Betroffenen ist bedrückend. Ein mangelndes Selbstwertgefühl, Scham, Einsamkeit und Selbsthass sind bei adipösen Kindern und Jugendlichen weitverbreitet. Dazu kommen die Krankheitsrisiken. Je länger Übergewicht oder Fettleibigkeit bestehen, desto größer ist auch das Risiko, an Diabetes zu erkranken. Besonders dramatisch ist die Entwicklung bei den Neugeborenen. Viele kommen schon mit einem »Altersdiabetes« zur Welt, weil der Stoffwechsel der Mütter entgleist ist.

Auf der Suche nach den Ursachen für die Epidemie ist das weiße Gold des Zuckers in den letzten Jahren immer deutlicher ins Fadenkreuz gerückt. Inzwischen wird kein anderes Lebensmittel so kontrovers diskutiert. Klar ist aber auch: Ohne Zucker gibt es kein menschliches Leben, schon unser Hirn braucht täglich mehr als 100 Gramm Glukose. Sie ist der Treibstoff unseres Organismus. Den Bedarf kann unser Körper allerdings bequem durch die »normalen« stärkehaltigen Speisen decken, die uns ausreichend mit Glukose versorgen. Es braucht kein einziges zusätzlich aufgenommenes Gramm Zucker. Doch die Vorliebe für Zucker ist evolutionär verankert, wie uns der Historiker Gunther Hirschfelder erklärt. In der Entwicklungsgeschichte, die stark von Hunger geprägt war, versprach der Geschmack des Süßen auch das Hochkalorische. So seien »Überleben und Zucker jahrtausendelang verzahnt« gewesen. Zucker war vor allem in Früchten enthalten, sie lieferten Energie und Vitamine.

Längst ist der Zuckerkonsum explodiert, er hat horrende Ausmaße erreicht. Bei unseren österreichischen Nachbarn zum Beispiel hat der Zuckerkonsum seit Mitte des 19. Jahrhunderts um den Faktor 20 zugenommen. Wir Deutschen nehmen, nach unterschiedlichen Berechnungen von Agrarstatistikern und Ernährungswissenschaftlern, täglich zwischen 70 und 100 Gramm zusätzlichen (»freien«) Zucker auf – das entspricht 23 bis 33 Stück Würfelzucker täglich. Die Zuckerdröhnung ist hauptsächlich in Süß- und Backwaren, Limonaden, Softdrinks und anderen Süßgetränken enthalten, aber auch in gesüßtem Tee und Kaffee, in Bonbons und Energieriegeln. Jugendliche und junge Erwachsene konsumieren 100 bis 150 Gramm. Die Nummer eins unter den schädlichen Produkten sind die zuckerhaltigen Getränke. Davon konsumieren die Deutschen genauso viel, wie sie Mineralwasser trinken. Im Jahr 2018 waren es rund 155 Liter pro Person, davon 123 Liter sogenannte Erfrischungsgetränke und 32 Liter Saft.[113] Echte Junkies kommen leicht auf die doppelte und dreifache Menge. In der Verbrauchsstatistik für zuckerhaltige Getränke rangiert Deutschland im weltweiten Vergleich unter den Top Ten. Unausrottbar scheint dabei das Vorurteil, dass Fruchtsäfte gesund seien, weil sie uns mit wertvollen Vitaminen und Mikronährstoffen versorgen. In Wahrheit trinkt man meist ein industriell hergestelltes Fruchtsaftkonzentrat, das mit künstlichen Aromen, viel Wasser und ebensolchen Zuckerladungen zusammengerührt wird.

Kinder, Jugendliche und junge Erwachsene trinken deutlich mehr Zuckriges als Ältere. Nach aktuellen Zahlen der KIGGS-Studie zur Gesundheit von Kindern und Jugendlichen konsumieren 84 Prozent der Mädchen und 87 Prozent der Jungen mehr oder weniger regelmäßig Softdrinks oder Zuckerlimos.[114] Drei Prozent der Mädchen und fünf Prozent der Jungen trinken sie laut Selbstauskunft »viermal und häufiger am Tag«, sie decken damit fast ihren gesamten Flüssigkeitsbedarf. Die unmittelbaren Folgen: »Durch den Konsum steigt der Blutzuckerspiegel schnell an, und eine erhöhte Menge Insulin wird ausgeschüttet. Es kommt zu großen Schwankungen des Blutzuckerspiegels, was die insulinbildenden Zellen in der Bauchspeicheldrüse langfristig schädigen kann«, so die KIGGS-Studie.

Das besondere Übel der Süßgetränke ist nicht nur die Höchstgeschwindigkeit, mit der die Zuckerladung in die Blutbahn schießt, sondern auch das fehlende Sättigungsgefühl. Ohne Stoppsignale zu senden, nimmt der Körper große Mengen der Flüssigkeiten auf. Niemand schafft es, zehn Orangen zu essen, aber es ist kinderleicht, den Saft dieser zehn Orangen inklusive großer Mengen Zucker mit drei, vier Gläsern im Laufe des Tages in sich reinzuschütten. Wird Obst gegessen statt getrunken, ist der natürliche Zuckergehalt mit Ballaststoffen und anderen Nährstoffen verbunden und damit abgepuffert. Vor allem ist kein zusätzlicher Zucker enthalten. Aber es gibt auch etwas Licht im Dunkel: Inzwischen scheint der Süßgetränkeverbrauch in Deutschland leicht zurückzugehen beziehungsweise auf hohem Niveau zumindest zu stagnieren.

Nicht nur Cola, Orangensaft und Co. stecken voller Zucker. Auch das Müsli, für viele Eltern Inbegriff eines gesunden Frühstücks, enthält, wenn es als Fertigmischung gekauft wird, Zuckermengen in formidablen Ausmaßen. Wissenschaftlerinnen des Max-Rubner-Instituts in Karlsruhe haben mehr als 300 verschiedene Packungen Müsli und Frühstückscerealien untersucht.[115] Die Zuckerbeladung war bei beiden Produktgruppen hoch, obwohl die Hersteller bereits Reduzierungen vorgenommen hatten. Kinderprodukte waren stärker gesüßt. Ihr durchschnittlicher Zuckergehalt: 29,2 Prozent. Ein *Smacks*-Produkt enthielt mit 43 Prozent den höchsten Anteil des Süßmachers, es bestand fast zur Hälfte aus nichts anderem als Zucker. Das wurde noch getoppt von einem für Erwachsene konzipierten Schokomüsli mit 45 Prozent Zuckeranteil. Bei solchen Mengen versetzt schon die erste Mahlzeit am Tag dem Stoffwechsel und Insulinspiegel einen veritablen Klitschko-Haken. Gerade der Insulinhaushalt besetzt eine Schlüsselrolle bei der Entstehung von Fettleibigkeit und Diabetes.

Die Gewichtszunahme ist eine schleichende Entwicklung, die fast in Zeitlupe über viele Jahre den menschlichen Körper verformt. Hunderte von Diäten und Fitnessprogrammen, von Aufklärungskampagnen und Lightprodukten konnten die Epidemie bisher nicht stoppen. Im Gegenteil: Der Trend ist ungebrochen. Was läuft hier falsch? Warum gelingt es Millionen Menschen nicht, nachhaltig abzunehmen, obwohl sie teilweise mit eiserner Entschlossenheit gegen ihre Gewichtsprobleme ankämpfen? Dafür gibt es eine ganze Reihe von Gründen. Und längst nicht alle sind vom Einzelnen zu lösen. Ein zentraler Grund: Die Regulation des Körpergewichts wird im Detail noch immer nicht ganz verstanden. In der medizinischen Wissenschaft existieren dementsprechend unterschiedlichste Ansätze und Strategien im Kampf gegen Fettleibigkeit und Übergewicht, ganz zu schweigen von den tausend Diätprogrammen, die durch Medien und Internet vagabundieren. Und noch immer werden Politik und Medizin von den wirtschaftlichen Interessen der Zuckerindustrie und großer Nahrungsmittelkonzerne beeinflusst, die wirksame Strategien verhindern. Wir schauen uns das mal genauer an.

Die Weltgesundheitsorganisation WHO vertritt das weitverbreitete, eher schlichte Modell, wonach die Übergewichtigen zu viele Kalorien futtern und zu wenige verbrauchen. »Das Energie-Ungleichgewicht zwischen konsumierten und verbrauchten Kalorien« sei der »fundamentale Grund« des Übels. Weniger und vor allem weniger Fettiges essen und gleichzeitig mehr Sport und Bewegung – dies sei das beste Rezept gegen den Speckpanzer, sagt die WHO. Auch in den USA, dem Land mit extremen Gewichtsproblemen, heißt der offizielle Rat in den Ernährungsrichtlinien für Amerikaner: »Kontrolliere Deine Kalorienaufnahme!« Das National Institute of Health assistiert: »Kalorien reduzieren und die körperliche Aktivität erhöhen.«

Dass diese Gleichung so einfach nicht aufgeht, haben inzwischen eine ganze Reihe von Studien und Abermillionen diät- und sportwilliger Menschen bewiesen. Trotz aller Anstrengungen hat die große Mehrheit kaum Gewicht verloren und häufig sogar noch zugelegt. Sind diese Menschen alle charakterschwach, wie nicht selten suggeriert wird? Haben sie eben doch heimlich den Kühlschrank geplündert? Sind sie dem Jo-Jo-Effekt erlegen? Es ist erstaunlich, mit welcher Ignoranz die Anstrengungen von Millionen Übergewichtigen beiseitegeschoben werden. Gleichzeitig werden immer neue Studien angestrengt. Ärzte und Wissenschaftler begleiten die Kohorten der Übergewichtigen und Adipösen beim Sport, beim Kalorienzählen und beim regelmäßigen Canossagang auf die Waage. Die Ergebnisse sind zunächst ermutigend, doch wenn nach längeren Beobachtungszeiträumen noch einmal nachgewogen wird, ausgesprochen ernüchternd. Lauter Versager, lauter hemmungslose Vielfraße?

Noch immer wird aus dem gesellschaftlichen Problem des Übergewichts, das rund um den Globus auf allen Kontinenten und in allen Ländern zu beobachten ist, ein individuelles Problem gemacht. Du musst mehr joggen, du musst weniger essen, und alles wird gut. Disziplin, »ausgewogene« Ernährung – was ist das überhaupt? – und viel Bewegung werden als Universalrezept verkauft. »Wenn wir doch so genau wissen, wodurch Übergewicht verursacht wird und was wir dagegen tun müssen, und wenn wir Abermillionen für Erziehung und Aufklärungsprogramme ausgeben – warum werden wir dann trotzdem immer fetter?«, fragt der kanadische Arzt und Autor Jason Fung in seinem Bestseller *The Obesity Code*.[116] Auch der US-Kinderarzt und Stoffwechselspezialist Robert H. Lustig ist genervt: »Ein Viertel der US-amerikanischen Kinder ist heute adipös. [...] Aber Kinder entscheiden sich nicht dafür, adipös zu sein. Sie sind Opfer, nicht Täter.«[117] Das Konzept, den Übergewichtigen die persönliche Verantwortung und damit auch die *Schuld* zuzuschieben, ist in Lustigs Augen eine ignorante Verleugnung des Problems. Anstatt die an Kinder adressierte Süßigkeitenwerbung zu stoppen, anstatt Steuern auf Zuckerbomben zu erheben und klar erkennbare Warnhinweise auf Verpackungen einschlägiger Produkte anzubringen, werden weiter Kalorientabellen verteilt und Fettleibige mitleidig angestarrt. Das Problem sind aber nicht die angeblich undisziplinierten Dicken, das Problem ist die Nahrungsmittelindustrie mit ihren vielen hochprozessierten, mit Zucker vollgestopften Produkten.

Die ernährungsphysiologischen Zusammenhänge sind zudem sehr viel komplizierter, als es das simple Modell vom balancierten Kalorien-Input und -Output nahelegt. Besonders auffällig: Viele der Experten und Mediziner, die regelmäßig Ernährungsratschläge zum Fett- und Kaloriensparen geben, sind selbst übergewichtig. Sie müssten es eigentlich besser wissen. Und warum legen in Ratten- und Mäuseexperimenten diejenigen Tiere besonders viel an Gewicht zu, die bei gleicher Kalorienzahl lediglich mehr Zucker und andere leicht zu verstoffwechselnde Kohlenhydrate bekommen? Das Kalorienmodell kann dafür keine Erklärung liefern. Dass eine Kalorie eben nicht gleich eine Kalorie ist, zeigt schon der einfache Vergleich von Stärke und Zucker. Beides sind Kohlenhydrate, die je Gramm 4,1 kcal Energie liefern. Stärke besteht aus Glukose, die von allen Körperzellen als Treibstoff genutzt werden kann. Haushaltszucker besteht aus Glukose und Fruktose. Die Fruktose ist für Muskel- und andere Körperzellen aber kein leicht nutzbarer Energielieferant, sie wird zu großen Teilen zu Fett verstoffwechselt.

Inzwischen häufen sich Studien, in denen Erklärungsmuster jenseits des Kalorienmodells herangezogen werden. Im Mittelpunkt steht ein Hormon, das in der Regulation unseres Kohlenhydrat- und Fettstoffwechsels im Fokus steht: Insulin. Das Insulin kontrolliert unseren Blutzuckerspiegel, es gibt bestimmten Körperzellen den Impuls, ihre Zellwände durchlässiger zu machen und im Blut zirkulierende Glukose aus der Nahrung aufzunehmen. Zugleich hemmt ein hoher Insulinspiegel aber den Fettabbau. Umgekehrt führt ein dauerhaft niedriger Insulinspiegel zu verstärktem Fettverbrauch und sogar zur Auszehrung. Die Betroffenen können noch so viel essen und noch so viele Kalorien aufnehmen, sie bleiben ewig ein Hungerhaken.

Der Insulinspiegel wird vor allem durch Zucker und Weißmehlprodukte hochkatapultiert – das sind die vom Körper leicht und schnell zu verwertenden Kohlenhydrate. Vereinfacht gesagt: Wird durch häufigen Genuss von zuckerhaltigen Getränken oder Weißbrot, Nudeln oder süßen Snacks der Insulinspiegel hoch gehalten, wirkt das wie eine Mastkur: »Das Insulin«, so erklären es die deutschen Diabetes-Experten Kerstin Kempf und Stephan Martin, »signalisiert den Fettzellen, fest verschlossen zu bleiben, da ja genügend schnell verfügbare Energie in Form von Zucker vorhanden ist. Ein Fettabbau ist für den Körper somit nicht notwendig und selbst dann, wenn nur wenig gegessen wird, leider auch nicht möglich.«[118]

»Macht Insulin fett?«, fragt Jason Fung. Seine Antwort: »Ja.« Man könne den Effekt auch durch direkte Insulingaben gezielt auslösen. Sie würden das Körpergewicht selbst bei bisher gertenschlanken Personen nach oben treiben. Eine dauerhaft kohlenhydratreiche Ernährung mit einem Überkonsum von Zucker führt zur verstärkten Ausschüttung von Insulin und im schlimmsten Fall zur Insulinresistenz und Verfettung der Leber. Dann ist nicht nur die Blutzuckerregulation, sondern der gesamte Stoffwechsel gestört. Durch die mangelnde Insulinwirkung kann die Leber ihre Fettreserven nicht mehr »festhalten«. Sie wandern ins Blut und werden in der Bauchzone, aber auch an anderen Körperregionen eingelagert.

Besonders gefährlich für die Entgleisung des Insulinstoffwechsels ist die Fruktose, die seit den 1980er-Jahren vor allem in den USA in immer höheren Dosen in Süßgetränken und anderen Lebensmitteln auftauchte. Weil sie in Früchten vorkommt, galt sie lange als besonders natürlich und gesund. Die Lebensmittelindustrie setzt verstärkt Maissirup mit hohem Fruktoseanteil von 55 Prozent ein. Weil Mais in den USA hoch subventioniert ist, wurde der *High Fructose Corn Syrup HFCS* zum beliebten und billigen Süßmacher in Softdrinks, Müslis, Energieriegeln und Fertiggerichten. Jetzt warnt auch die Deutsche Gesellschaft für Ernährung: »Fruktosezufuhr fördert hepatische Insulinresistenz.«[119] Eine aktuelle Metaanalyse, so die DGE, habe die Ergebnisse aus Humanstudien und Tierversuchen bestätigt, »wonach der Verzehr von Fruktose mit einer Insulinresistenz in Verbindung gebracht wurde«. Fruktose wird im Gegensatz zu anderen Zuckern fast ausschließlich von der Leber verstoffwechselt, Hirn oder Muskeln können sie im Gegensatz zur Glukose nicht direkt als Energielieferanten nutzen.

Nicht weniger aufregend sind die im März 2019 veröffentlichten Befunde von Mäuseexperimenten.[120] Die dabei als Versuchstiere eingesetzten Mäuse sind aufgrund von Mutationen besonders anfällig für Darmkrebs. Obwohl sie nur eine geringe Dosis Maissirup mit hohem Fruktoseanteil erhielten, wuchsen vorhandene Darmpolypen deutlich schneller, und es entwickelten sich Vorstufen von Darmkrebs. Die Unterschiede zu der nur mit Wasser getränkten Vergleichsgruppe waren signifikant. Sind Süßgetränke mit hohem Fruktoseanteil auch ein Treibstoff für Darmtumore? Die im Mäuseexperiment verwendete niedrige Tagesdosis entspricht beim Menschen einem großen Glas Softdrink, der mit 20 Gramm Maissirup gesüßt ist. Die Forscher empfehlen, dass Patienten mit Darmkrebs und Menschen mit Darmpolypen Softdrinks und andere Süßgetränke auf jeden Fall meiden sollten. Der in Deutschland in der Regel verwendete Haushaltszucker in Form von Saccharose hat zwar nur einen Fruktoseanteil von 50 Prozent. Doch aus »ernährungsphysiologischer Sicht gibt es keine Unterschiede in der Bewertung von HFCS im Vergleich zu Saccharose«, kommentiert

Zuckerexperte Prof. Matthias Schulze vom Potsdamer Institut für Ernährungsforschung in einem Beitrag für die Wissenschaftsplattform *Science Media Center*.

Auch ohne den Krebsbefund bei Mäusen wäre schon aufgrund der Insulinproblematik eine der zentralen Botschaften zur Verhütung von Übergewicht, Adipositas und Diabetes, den Konsum von Insulin-Puschern, also den leicht verfügbaren Kohlenhydraten in Form von Zucker – vor allem Fruktose –, Weißbrot und Co. zu reduzieren. Beim Zucker ist das allerdings gar nicht so einfach. Er versteckt sich in allen möglichen, auch in unverdächtig erscheinenden Produkten wie Würsten, Schinken, Broten, Pizzen, Büchsenbohnen, Soßen, Salatdressings, sauren Gurken, sogar in Zigaretten. Inzwischen ist die süße Essenz in drei von vier Produkten der Nahrungsmittelindustrie enthalten. Zucker dominiert unser Leben, er ist allgegenwärtig. Wer nicht selber kocht und konsequent auf industrielle Fertigprodukte verzichtet, hat keine Chance, den täglichen Schub zu vermeiden. Milliarden Menschen haben einen zuckeraffinen Lebensstil entwickelt, dem sie nur schwer entkommen können.

Zugleich wird Zucker im täglichen Sprachgebrauch – Honey, Sweetheart, Süße/r, Zuckermäuschen – auf liebevolle Weise zum Sympathieträger gemacht. Bei der Alternative *Zuckerbrot und Peitsche* ist uns ersteres allemal lieber. Kindern schenkt man Süßigkeiten, um seine Liebe zu zeigen: Osterhasen, Weihnachtsmänner, Plätzchen und Geburtstagskuchen, Fruchtgummis und Eis – jede Menge Zucker. Das mag in der Nachkriegszeit noch nachvollziehbar gewesen sein, heute hat sich dieser Liebesdienst in sein Gegenteil verkehrt. Der Etat für die Bewerbung von Süßwaren ist übrigens exakt 100-mal höher als der kaum vorhandene für Obst und Gemüse. Der gesamte Werbeetat der Lebensmittelindustrie übersteigt in Deutschland drei Milliarden Euro. Die Bundeszentrale für gesundheitliche Aufklärung muss sich mit 30 Millionen begnügen.

Änderungen von Ernährungsgewohnheiten sind per se schwierig. Das Angebot an Nahrungsmitteln war noch nie so groß und verführerisch. Und unser Organismus neigt aufgrund archaischer

Hungererfahrungen dazu, sich Fettpolster für schlechte Zeiten anzufressen. Dazu kommen psychische Probleme, Frustessen, Suchtverhalten und die schlechte Lebensmittelversorgung in den Wohngebieten ärmerer Schichten. Noch schwieriger wird es, wenn suchtähnliches Verhalten dabei eine Rolle spielt und wenn die Industrie an den gesundheitsschädlichen Dickmachern glänzend verdient. Beides ist unübersehbar.

Die Suchtfrage wird zwar kontrovers diskutiert, aber niemand bestreitet, dass der Süßmacher das Belohnungssystem und die Emotionsregulation im Hirn anspricht. Ähnlich wie bei anderen Drogen werden auch beim Zucker Craving (Gier, extreme Gelüste) Kontrollverlust und Entzugssymptome beobachtet, was jeder Süßschnabel bestätigen kann, der selbst ein Süßigkeiten-Fasten durchgemacht hat. Dass Zuckriges als psychoaktive Substanz zur Stimmungsaufhellung und zur Bewältigung und Linderung von Stress, Müdigkeit, Menstruationsbeschwerden oder depressiven Schüben genutzt wird, ist ebenfalls unbestritten. Die wissenschaftlich enge Definition von Sucht ist allerdings an weitere Symptome gebunden, zu denen etwa neurobiologische Veränderungen im Hirn, Intoxikationen oder lang anhaltende zwanghafte Verhaltensmuster und soziale Auffälligkeiten gehören. Der von Süßigkeiten ausgelöste »Flash« ist außerdem milder und nicht vergleichbar mit der Wirkung harter Drogen. Deshalb wird die Frage, ob Zucker süchtig macht, von Teilen der Ernährungswissenschaft verneint. Sie reden von Gewöhnung statt von manifester Abhängigkeit.

Die Suchtthese ist schon seit Jahren Gegenstand heftiger Debatten, und die Befürworter »gewinnen an Boden«, wie es in einer französischen Übersichtsarbeit heißt.[121] Um das Suchtpotenzial des Zuckers zu untersuchen, werden häufig Tierversuche gemacht, vor allem mit Ratten. Die französischen Wissenschaftler zitieren einige Arbeiten, die zeigen, dass Laborratten durch Zucker intensivere Belohnungssignale erhalten als durch Kokain. Wenn die Tiere durch antrainierte Selbstversorgung die Wahl haben, bevorzugen sie Zucker gegenüber Kokain und auch gegenüber Nikotin. Kokainabhängige Ratten können wiederum durch Zuckerkonsum ihre

Sucht eindämmen und die Kokainaufnahme reduzieren. Hier wirkt die Zuckerlösung wie ein Methadonprogramm für Nager. An Zucker gewöhnte Ratten zeigen bei Entzug heftige Symptome wie Zähneklappern, Zittern, Unruhe.

Weniger umstritten als die Suchtthese ist die Rolle des Zuckers als Risikofaktor und Mitverursacher von Übergewicht und Fettleibigkeit. Auch dieser Zusammenhang wird allerdings von der Zuckerindustrie und Teilen der Politik sowie von Einzelstimmen aus der Wissenschaft bestritten. So schreibt der in den Medien beliebte Lebensmittelchemiker Udo Pollmer, der mit Vorliebe gegen den Mainstream anstänkert, es gebe bis heute »nicht einen einzigen soliden Beweis, dass Zucker dick oder krank macht«. Forderungen der Weltgesundheitsorganisation, den Zuckerkonsum zu reduzieren, verspottet Pollmer als »verkappte Marketingaktion für künstliche Süßstoffe«.[122] Für jeden Epidemiologen ist indessen klar: Die eine alles erklärende und beweisende Studie wird und kann es in der Forschung nie geben. Aber es liegt eine Vielzahl von Studien vor, die immer mehr Hinweise auf die gesundheitsschädigende Zuckerwirkung liefern. Matthias Schulze vom Deutschen Institut für Ernährungsforschung in Potsdam zitiert in einem Übersichtsartikel eine Reihe von methodisch sauberen Untersuchungen, die zuckergesüßte Getränke für Gewichtsanstieg, Fettleibigkeit, Diabetes, Herzkrankheiten und Schlaganfall verantwortlich machen.[123]

Inzwischen hat sich in der stets mit Emphase geführten Ernährungsdiskussion der Wind gedreht. Die Fetthysterie, die unsere Nahrungsfette über Jahrzehnte als potente Dickmacher verteufelt hat, verfliegt allmählich. Zucker und Kohlenhydrate sind stärker ins Visier der Experten geraten. Dabei hat in der Vergangenheit gerade die Schmähung des Fetts den Höhenflug des Zuckers maßgeblich munitioniert. Immer mehr Lebensmittel wurden fettreduziert und damit »gesünder« designed – mit einer höheren Zuckerdosis.

Die Dämonisierung des Fetts war Mitte des 20. Jahrhunderts in den USA entstanden. Mit steigender Lebenserwartung hatten sich auch in den USA die Herzkrankheiten gehäuft. Und es brauchte einen Übeltäter, den man dafür verantwortlich machen konnte.

Diese Rolle hatte man für die nächsten 50 Jahre für Fett und Cholesterin reserviert. Das simple Dogma hieß: Kalorien machen fett, und weil Fett viele Kalorien hat, macht uns das Fett sehr fett, außerdem macht es Arteriosklerose, hohen Blutdruck und Krebs. Entsprechende Diäten mit fettarmen Regimes wurden zur neuen Heilslehre der Ernährungswelt. Weniger Fett bedeutete aber zugleich mehr Kohlenhydrate. Die Lücke, die das verbannte Fett hinterließ, wurde langsam, aber konsequent durch mehr Kohlenhydrate, vor allem durch mehr Zucker aufgefüllt. Fettreduzierte Milchprodukte zum Beispiel hatten weniger Geschmack, Nährstoffe und Vitamine, dafür wurden sie mit süßem Fruchtkonzentrat gemixt und als besonders gesund beworben, weil sie ja weniger Fett enthielten.

Nicht alle Ärzte und Wissenschaftler folgten dem irrigen Schwenk. Inzwischen ist gut dokumentiert, wie die Lobbyarbeit der amerikanischen Zuckerindustrie und Softdrinkhersteller die Kritiker diskreditierte. In dem Film *Die große Zuckerlüge* – 355 000 Aufrufe bei *YouTube* – wird gezeigt, wie die Zuckerindustrie im Schulterschluss mit gefügigen Wissenschaftlern die Fetthypothese zementierte und den Zucker aus der Schusslinie nahm. Prominentester Kritiker des Zuckers war der britische Ernährungswissenschafter John Yudkin, dessen Buch *Pure, White and Deadly* 1974 auch auf Deutsch erschien (»Pur, weiß, tödlich: Warum der Zucker uns umbringt – und wie wir das verhindern können«) und 2012 in aktualisierter Fassung mit Co-Autor Robert Lustig neu aufgelegt wurde.

Der Freispruch fürs Fett kam spät und er kam stufenweise, als immer mehr Studien belegen konnten, dass eine fettarme Ernährung zwar die Cholesterinwerte senken kann, aber nicht die Häufigkeit der Herzkrankheiten. Zuerst wurden die ungesättigten, rein pflanzlichen Fette rehabilitiert, spätestens 2006 folgte auch in Deutschland die Generalabsolution, die auch für tierische Fette wie Sahne, Speck oder Schmalz galt. Die Ernährungswissenschaftlerin Ulrike Gonder, die seit Jahrzehnten Studien und Stimmung zum Thema Fett begutachtet, beschreibt das so[124]: »2006 veröffentlichte die Deutsche Gesellschaft für Ernährung ihre erste evidenzbasierte

Auswertung zum Thema Nahrungsfette und Zivilisationsleiden. Daraus geht hervor, dass *kein* nachweisbarer Zusammenhang zwischen erhöhtem Fettkonsum und Diabetes, Übergewicht, Krebs, hohem Blutdruck, koronaren Herzerkrankungen oder Schlaganfällen besteht. In der aktualisierten Leitlinie von 2015 sieht es nicht anders aus: Die Schuld an den sogenannten Zivilisationskrankheiten ist den natürlichen, nicht gehärteten Fetten nicht anzulasten.« Doch statt die frohe Botschaft unters Volk zu bringen, hätten die Bonner Ernährungsexperten lange gemauert. Erst Ende 2017 habe die Fachgesellschaft ihre »zehn Regeln« zur Ernährung geändert.

Im selben Jahr wurde im Fachblatt *Lancet* eine große epidemiologische Studie veröffentlicht, die sich über fünf Kontinente und 18 Länder erstreckte. Darin wurden Kohlenhydrat- und Fettaufnahme im Hinblick auf Krankheiten und Todesfälle abgeglichen. Das Ergebnis bestätigt eindrucksvoll den Freispruch fürs Fett.[125] Ein hoher Verzehr von Kohlenhydraten, zu denen auch Zucker gehört, war mit höherer Sterblichkeit assoziiert. Dagegen wurden keine krank machenden Effekte einer fettliberalen Ernährung auf Herz und Kreislauf entdeckt. Die fettreichere Ernährung war insgesamt mit einer geringeren Zahl von Todesfällen assoziiert.

An wirklich schädlichen Fetten sind nur die trans-Fettsäuren übrig geblieben, die in vielen Ländern inzwischen verboten sind. Sie entstehen bei der industriellen Fetthärtung, bei der durch Wasserentzug die Textur und Streichfähigkeit verändert werden. Transfette sind ideale Bausteine für die Nahrungsmittelindustrie, aber gefährlich für die Verbraucher, selbst in kleinen Mengen.

Mit der Rehabilitierung des Fetts hat sich der Blick auf die Kohlenhydrate und vor allem auf den Zucker verändert. Auch die Weltgesundheitsorganisation WHO rät in ihren aktuellen Ernährungsempfehlungen, den Zuckerkonsum zu reduzieren. Darin heißt es: »Ernährungsphysiologisch braucht der Mensch überhaupt keinen Zucker. WHO empfiehlt, die Zuckeraufnahme unter zehn Prozent der Gesamtenergiezufuhr zu halten; und sie auf fünf Prozent zu reduzieren, um weiteren gesundheitlichen Nutzen zu erzielen.«

Ein typisch verschwurbelter WHO-Satz: Eigentlich müsste man beim Zuckerkonsum auf fünf Prozent runtergehen, aber man traut sich angesichts der mächtigen Nahrungsmittelindustrie und der politischen Befindlichkeiten dann doch nicht so richtig und empfiehlt erst einmal nur zehn und erst im Nebensatz fünf Prozent. Das führt dann dazu, dass die Hälfte der Ernährungswissenschaftler unter Berufung auf die WHO eine Reduktion auf zehn Prozent fordert, die andere Hälfte verlangt mit gleichem Impetus fünf Prozent. Die tatsächliche Energieversorgung durch Zucker schwankt in Deutschland zwischen 13 Prozent bei älteren erwachsenen Männern und 18 Prozent bei jungen Frauen bis 24 Jahre. Bei Kindern ist sie deutlich höher, wie Wissenschaftlerinnen aus Bremen und Kopenhagen dokumentieren. »In allen europäischen Ländern außer Estland macht der Zuckerkonsum mehr als 20 Prozent und in Deutschland sogar 30 Prozent der Gesamtenergieaufnahme der Kinder aus.«[126]

Auf die WHO kann man im Zuckerstreit nicht wirklich bauen und schon gar nicht auf die deutsche Verbraucherschutzministerin Julia Klöckner (CDU), die sich keinesfalls mit der Zucker- und Lebensmittelindustrie anlegen will. Klöckner, von den NGOs zu Recht als fatale Fehlbesetzung kritisiert, setzt mit ihrer im Dezember 2018 vorgestellten »nationalen Reduktions- und Innovationsstrategie für weniger Zucker, Fette und Salz in Fertigprodukten« allein auf die freiwillige Selbstverpflichtung der Industrie – eine Methode, die in wissenschaftlichen Untersuchungen zur Wirksamkeit von Interventionsstrategien als besonders wirkungslos bewertet wird. Deutsche und britische Forscher haben auf bisher einzigartige Weise in einem Review 58 Studien ausgewertet, die verschiedene Maßnahmen gegen stark zuckerhaltige Getränke auf den Prüfstand stellten.[127] Erfolgreich waren dabei Preissignale oder klare Kennzeichnungen mit einem Ampelsystem oder mit Emoticons auf den Verpackungen. Als maximal erfolglos erwiesen sich dagegen freiwillige Vereinbarungen mit der Industrie. Doch selbst wenn sie ausnahmsweise erfolgreich wären, hätten sie keine durchschlagende Wirkung, denn die von Klöckner angepeilten Reduktionsziele sind so gering, dass sie niemandem wirklich wehtun.

Schwere Probleme

In Deutschland haben 12,3 Millionen Menschen eine Adipositas mit bereits ausgebildeten Folgekrankheiten. Obwohl sich die Fettleibigkeit damit zu einer Volkskrankheit entwickelt hat, wird sie in unserem Gesundheitswesen nicht als Krankheit anerkannt. Die schon 2006 verabschiedete Resolution des Europäischen Parlaments, Fettleibigkeit offiziell als chronische Krankheit in die Regelversorgung aufzunehmen, blieb ebenso folgenlos wie die Stellungnahme der Weltgesundheitsorganisation oder des Bundessozialgerichts. Es existiert keine andere chronische Krankheit diesen Ausmaßes, bei der die Betroffenen nicht nur stigmatisiert, sondern weitgehend auf sich selbst zurückgeworfen werden. Weniger essen, mehr bewegen, heißt der Ratschlag, der die Adipositas nach wie vor zum Lifestyle-Problem macht. Die Behandlung wird in die Verantwortung der Kranken abgeschoben, die sich nach dem Selbstverschuldungsprinzip auch selbst therapieren sollen – einer der größten Skandale unseres Gesundheitssystems.

Weil Adipositas stark schambesetzt ist, wird sie in vielen Fällen einfach ignoriert. Haus- und Fachärzte kümmern sich zwar um die direkten Folgen wie Diabetes, Bluthochdruck, Gelenkerkrankungen, Depressionen, Herz-Kreislauf-Probleme und vieles mehr, die Grunderkrankung bleibt aber tabu, sie wird allenfalls mit einem Stirnrunzeln – Sie sollten abnehmen! – gewürdigt. Weil sich auch die Patienten schämen und nicht auf ihre Fettsucht angesprochen werden wollen, passiert nichts.

Auch die Politik unternimmt wenig bis nichts, um eine Regelversorgung mit entsprechenden Angeboten als Kassenleistung durchzusetzen. Ebenso wenig wird für die Prävention getan, es fehlen wirksame Maßnahmen, um die Epidemie aufzuhalten. Ampelsystem, Zuckersteuer, Einschränkung von Werbung, Verbote von Süßgetränken in Kitas und Schulen sind in unserem Land bisher tabu. Die Politik überlässt das Ernährungssystem dem freien Spiel der Konzerne, die mit ihrem ultraverarbeiteten degenerierten Fast- und Fertig-Food Millionen Menschen ernähren. Die daraus folgende Epidemie der Übergewichtigen und Fetten bleibt das Problem der Betroffenen. Im medizinischen Reparaturbetrieb, an dem wiederum viele gut verdienen, werden nur die Folgekrankheiten behandelt.

Politik und Krankenkassen befürchten bei Einführung einer Regelversorgung eine Kostenlawine. Doch schon jetzt wird die Behandlung der Folgekosten in Deutschland auf 29,4 Milliarden Euro[128] im Jahr taxiert, und sie wird vermutlich noch teurer werden. Denn es gibt fast kein Organ, das nicht durch die Adipositas belastet wird. Die Adipösen selbst bezahlen mit Krankheit, Diskriminierung, Leid und verlorenen Lebensjahren. Bei einem Body-Mass-Index über 40 verkürzt sich die Lebenserwartung um acht bis zehn Jahre. Darüber hinaus ist die schulische, soziale, sexuelle und berufliche Entwicklung tangiert.

Was den Betroffenen angeboten werden muss – sofern sie selbst dies wünschen und davon Gebrauch machen! –, wäre eine multimodale Behandlung mit Ernährung, Sport, Medizin, Psychotherapie und auch die Möglichkeit eines chirurgischen Eingriffs. Die Anlegung eines Schlauchmagens hat sich dabei als häufigste Operationstechnik durchgesetzt. Die Möglichkeit eines chirurgischen Eingriffs ist zwar durch die Aktualisierung der entsprechenden Leitlinie erleichtert worden, die Chirurgie wird aber von den Krankenkassen immer noch als »allerletztes Mittel« betrachtet. Die Kassen widersprechen damit dem Expertenrat. Sie verweigern vielen Patienten, deren Body-Mass-Index und Krankheitsdruck noch nicht hoch genug sind, die Übernahme der Kosten. Während konservative Ernährungstherapien bei vielen Patienten nur marginale Gewichtsveränderungen erzielen, ist der Erfolg der Chirurgie mit dem Abbau von 12 bis 20 BMI-Punkten nach zwei Jahren erstaunlich. Auch die Folgeerkrankungen gehen dramatisch zurück, der Insulinstoffwechsel normalisiert sich oft in kürzester Zeit, die Lebensqualität verbessert sich spürbar. Gleichwohl brauchen die Operierten eine lebenslange Nachsorge.

Die Ministerin wirkt bei ihren Auftritten stets wie die Schutzpatronin der Industrie. Auch ihre Argumentationsmuster ähneln auffällig denen der süßen Branche: Es mache keinen Sinn, betont Klöckner, einen einzelnen Stoff zu diskreditieren, es komme auf die Gesamtheit der Kalorien an, auf Bewegung und Energiebilanz. Das übliche Gesums, um die Industrie zu schützen. Klöckner, das ist kaltschnäuziger Lobbyismus hinter freundlicher Maske. Im November 2018 gab die Ministerin zu Protokoll: »Den süßenden Zucker einfach wegzulassen, wird nicht automatisch den Verbrauchergeschmack treffen, aber auch nicht immer den Produktanforderungen gerecht werden.« Klöckner will »Zucker durch Zucker ersetzen«, sie subventioniert deshalb mit 1,6 Millionen Euro aus öffentlichen Steuergeldern die Entwicklung kalorienärmerer Zucker.[129] Ende September 2019 hat die Ministerin unter dem Druck einer Verbraucherumfrage angekündigt, nun doch die ampelfarbene Nährwertkennzeichnung *Nutri-Score* einführen zu wollen – allerdings auch dies nur auf industriefreundlicher freiwilliger Basis.

Wie die Lebensmittelindustrie im Zuckerstreit agiert, das haben die Wissenschaftlerinnen Katrin Schaller und Ute Mons eindrucksvoll beschrieben. »Sie unternimmt alles, um wirksame regulatorische Maßnahmen zu verhindern, wobei sie dieselben Taktiken anwendet wie die Tabakindustrie.« Die Strategie: Stimmung machen gegen Zwangsmaßnahmen und Steuern, stattdessen für Aufklärungskampagnen werben, für die Eigenverantwortung der Bürger und natürlich für den mündigen Verbraucher. Proklamiert werden eine ausgewogene Ernährung, eine ausgeglichene Energiebilanz, viel Bewegung und ausreichend Fluorid gegen den von Zucker verursachten Karies. Ungeachtet aller Studien wird eisern an der Behauptung festgehalten, dass zwischen Zuckerkonsum und Übergewicht keinerlei Zusammenhang bestehe. Die kalorischen Quellen der Ernährung spielten keine Rolle, solange nur die Gesamtenergierechnung stimme. Gezielt versuche die Branche, so die Analyse von Schaller und Mons, »widersprüchliche Forschungsergebnisse zu generieren« und »die Leitlinien der WHO zu beeinflussen«. Und die Zuckersteuer? Sie sei wirkungslos und bürokratisch, belaste vor allem arme Menschen, fördere Grenzkäufe und kriminellen Schmuggel (!), belaste die Wirtschaft und vernichte viele Arbeitsplätze.

Zur Strategie der Branche gehört auch das Sponsoring wissenschaftlicher Arbeit. Wenn *McDonalds* und *Coca Cola* – wie geschehen – einen Adipositas-Kongress mitfinanzieren, dann ist das so, als würden *Gauloise* und *Lucky Strike* freundlichst zum Lungenkrebssymposium einladen. Inzwischen ist penibel untersucht worden, wie sich die Einflussnahme der Industrie durch Sponsoring konkret auswirkt. Geprüft wurden 18 Arbeiten zum Thema Süßgetränke und Gewichtszunahme. Bei sechs Arbeiten lag ein Interessenkonflikt durch Sponsoring der Industrie vor, bei zwölf Arbeiten war dagegen *kein* Interessenkonflikt erkennbar. Von den zwölf unbeeinflussten Publikationen bejahten zehn den Zusammenhang. Von den sechs Publikationen mit freundlicher Unterstützung der Zuckerindustrie kamen fünf zu dem Urteil, dass *keine* ausreichende wissenschaftliche Evidenz vorliege, um einen Zusammenhang zwischen Süßgetränken und Übergewicht herzustellen.[130]

Steuern auf Zuckriges konnte die deutsche Industrie bisher erfolgreich abwehren. Aber auch eine klare Kennzeichnung der Lebensmittel mit einfachen Warnhinweisen auf hohe Zuckergehalte war mit Klöckner und den von ihr protegierten Unternehmen bisher nicht zu machen. Die Kennzeichnung wäre aber notwendig, damit der versteckte Zuckergehalt in vielen Lebensmitteln überhaupt erkannt werden kann. Werbeverbote oder -einschränkungen oder gestaffelte Mehrwertsteuersätze, die Obst und Gemüse verbilligen und Zuckerbomben verteuern – sie haben keine Chance. Doch die Botschaft ist nicht mehr aufzuhalten. »Je mehr Zucker ich zu mir nehme, desto dicker werde ich«, heißt die einfache Formel, die der Düsseldorfer Diabetologe und Chefarzt Stephan Martin seinen Patienten mit auf den Weg gibt. Das ist zwar stark verkürzt, dafür aber leicht zu merken.[131]

Wegen der anhaltenden Kritik an gezuckerten Speisen und Süßgetränken ist die Versuchung groß, auf Süßstoffe auszuweichen, zum Beispiel auf Diätlimonaden und -softdrinks, die mit kalorienfreien synthetisch hergestellten Süßstoffen wie Saccharin, Aspartam oder Sucralose auf den gewünschten Geschmack gebracht werden. Das wäre keine gute Idee, denn auch die Zuckeralternativen sind gefährlich, womöglich sogar noch schädlicher. »Mit Süßstoffen steigt das Diabetesrisiko«, warnte im November 2017 die *Ärztezei-*

tung mit Hinweis auf eine neue Studie von Richard Young von der Universität Adelaide. Die placebokontrollierte Doppelblindstudie zeigte, dass Süßstoffe bei den Versuchsteilnehmern die Kontrolle des Blutzuckers beeinträchtigten und die bakterielle Darmbesiedlung schädigten. Süßstoffe sind schon seit Jahrzehnten umstritten. Vor der Young-Studie hatte ein Team um den israelischen Forscher Jotham Suez Alarm geschlagen. Ergebnis seiner Studie: Der Konsum kalorienfreier Süßstoffe führe zu Störungen im Darm (Disbyose), zu Glukoseintoleranz und weiteren Stoffwechselanomalien. Fazit der *Ärztezeitung*: »Diabetes lässt sich nicht verhindern, indem man Zucker durch Süßstoffe ersetzt. Im Gegenteil.«[132]

Süßstoffe sind ganz nebenbei auch noch umweltschädlich. Nicht nur im menschlichen Körper, auch in anderen Organismen können sie nicht vollständig abgebaut werden, schreibt der Wiener Biowissenschaftler Robert Mach. So landen sie über die Kläranlagen im Vorfluter und letztendlich in der Umwelt mit »nicht absehbaren Auswirkungen«.[134]

Andere natürliche Zuckeralternativen, deren enorme Süßkraft wie die Pferdestärken von Formel-I-Boliden gehandelt werden, offenbaren wiederum andere Defizite. Stevia, ein aus dem Honigkraut *Stevia rebaudiana* gewonnener Süßstoff, soll zwar 200- bis 300-mal süßer als Zucker sein, doch sein bitterer, leicht metallischer und vor allem lakritzartiger Nachgeschmack kann nur schwer überdeckt werden. Deshalb wird der seit 2011 zugelassene Stoff meist mit normalem Zucker gemischt, er kann nur kleine Mengen des traditionellen Süßmachers ersetzen. Zucker ist aber nicht nur ein Süßstoff, sondern auch ein extrem billiger Füllstoff, der das Volumen streckt und damit auch die Gewinnmargen. Will die Industrie bei einem Joghurt oder einem Energieriegel das gleiche Volumen erzielen, muss sie den eingesparten Zucker durch andere Substanzen ersetzen. Aus Kostensicht ist ein Zuckerersatz für die Hersteller höchst unattraktiv. Einige Unternehmen versuchen, die Löcher an eingespartem Zucker mit Weizenkleie oder mit Gemüsefasern zu stopfen, die bei empfindlichen Essern aber Verdauungsstörungen auslösen können.

Als echter Alleskönner bietet Zucker der Industrie noch eine Reihe weiterer Vorzüge. So hat er konservierende Eigenschaften, wie die ewig haltbaren Marmeladen von Omi oder legendär alternde Süßweine beweisen. Zucker bremst das Wachstum schädlicher Mikroben. Er ist geruchlos und, von der Süße abgesehen, auch geschmacklos, er hat anders als Honig auch keinen Nachgeschmack. Zucker kann aber karamellisieren und beim Backen feine Aromen freisetzen. Er übersteht jahrelange Lagerung, er kann sehr gut transportiert und dann ohne weitere Behandlung sofort verarbeitet werden. Zucker verstärkt die Aromen anderer Zutaten, er ist ein potenter Geschmacksverstärker und er verbessert die Textur vieler Produkte. Er ist unendlich billig mit einem Preis an den Rohstoffbörsen von 21 Eurocent je Kilogramm – Stand September 2019. Merke: Je mehr Zucker ein Produkt enthält, desto billiger wird es in der Herstellung.

Inzwischen versucht die Industrie, das süße Geschmackserlebnis durch neue Aufbereitungstechniken des Zuckers so zu intensivieren, dass man mit reduzierter Menge den annähernd gleichen Effekt erzielen kann. Der Lebensmittelriese *Nestlé*, größter Nahrungsmittelhersteller der Welt mit einem Umsatz von zuletzt 91,4 Milliarden Schweizer Franken, hat ein Verfahren patentieren lassen, bei dem der Zucker eine »amorph-poröse Struktur« bekommt und der Süßeeindruck bei Zungenkontakt blitzartig und sehr viel nachhaltiger erzeugt wird. Der Zucker wird dabei in Flüssigkeit vorgelöst und dann »schwammartig aufgebaut«, wie die *FAZ* das Verfahren etwas wolkig beschreibt.[135] So will man ohne Geschmacksverlust mit weniger Zucker auskommen.

Auch mit sogenannten Coatingverfahren wird experimentiert. Dabei werden extrem kleine, wegen ihrer potenziellen Schädlichkeit umstrittene Nanopartikel aus Siliziumdioxid mit leicht löslichem Zuckerguss überzogen. Die Nanos binden länger an die Geschmacksrezeptoren im Mund und verstärken so den Süßeindruck. Es wird also alles getan, um das süß-infantile und gesundheitsschädliche Geschmacksbild zu erhalten. Die einfachste und vernünftigste Lösung, den Zuckergehalt und Süßgeschmack deutlich zu reduzieren, kommt nicht infrage. Um die Kundenakzeptanz zu erhalten, sollen sich »die neu formulierten Produkte«, so Jörg Bernard, Abteilungsleiter Forschung und Entwicklung beim *Südzucker*-Konzern, »sensorisch wenig von den Originalrezepturen unterscheiden«. Mit anderen Worten: Die auf süß dressierten Verbraucher dürfen nicht irritiert werden.

Nestlés neuer Wunderzucker und andere Experimente sind eine Reaktion auf den wachsenden gesellschaftlichen Druck gegenüber der Nahrungsmittelindustrie. Immer mehr Länder wie Großbritannien, Portugal, Mexiko, Belgien, Frankreich, Mauritius, Barbados, Ungarn, Finnland oder Chile gehen mit auffälligen Warnhinweisen, Steuern oder Varianten davon gegen die süße Flut vor. Teilweise mit guten Erfolgen. In den USA haben Berkeley und Philadelphia Softdrinks besteuert und damit den Verkauf um 21 Prozent gedrückt. Selbst Saudi-Arabien hat eine Sondersteuer auf Limonaden und andere Süßgetränke durchgesetzt. Im Vergleich dazu sei Deutschland immer noch »ein Entwicklungsland«, kritisiert Dietrich Garlichs von der Deutschen Diabetes-Gesellschaft. Um sich als gesundheitsbewusst zu profilieren, sind einige Discounter und Supermarktketten inzwischen mit eigenen Reduktionsplänen vorgeprescht. So hat *Rewe* angekündigt, bei 100 Eigenmarken zuckerreduzierte Rezepturen einzuführen.

Zum Schluss dieses Kapitels ein Blick auf das vielleicht verblüffendste Einsatzfeld des Zuckers: die Zigarettenindustrie. Auch die Tabakkonzerne konnten der süßen Versuchung nicht widerstehen. Gary Taubes beschreibt in seinem Buch *The Case against Sugar*[136] die tödliche Hochzeit von Tabak und Zucker. Es begann mit süß aufgepepptem Kautabak, der nicht nur verführerischer schmeckte, sondern auch noch billiger war. Das machte die Zigarettenindustrie neugierig. *Camel* soll 1913 als erste Marke damit angefangen haben, Tabak zu süßen. Bis 1929 stieg der jährliche Zuckereinsatz der US-Tabakindustrie auf mehr als 20000 Tonnen. Die Tabakfarmer hatten erkannt, wie saugfähig ihre getrockneten Tabakblätter waren. Also marinierten sie die Blätter in einer Spezialsoße, die neben Zucker auch Ahornsirup, Honig und einige Früchte zur Aromatisierung enthielt. Die Zuckermarinade hatte frappierende Folgen: Der Tabakrauch wurde milder und aromatischer. Der Zuckeranteil karamellisierte beim Abbrennen der Zigaretten und lieferte angenehme Geschmacksnuancen.

Vor allem aber konnte der Rauch dadurch leichter und sehr viel tiefer inhaliert werden. Die Lunge als Zielorgan erhielt deutlich mehr Nikotin, ohne dass der Nikotinanteil des Tabaks erhöht werden musste. Zigaretten aus dem Zuckerbad waren vor allem für Frauen attraktiver. Dass mit der tieferen Inhalation gleichzeitig mehr krebserzeugende Substanzen in die Lunge gelangten, war der zwangsläufige Kollateralschaden. Millionen Menschen haben den gezuckerten Tabak mit ihrem Leben bezahlt.

Superfood

Angriff der Vitaminbomber

Sie sind vollgepackt mit Nährstoffen und sie kämpfen einen heroischen Kampf gegen die freien Radikale in unserem Körper. Sie sollen gegen Erkältungen helfen, aber auch gegen Alzheimer, Krebs und Falten, sie sind gut fürs Herz, für den Darm, womöglich sogar für die Spermienqualität. Sie sollen auch Entzündungen beseitigen und uns mit Vitaminen und Mineralien versorgen, damit wir gesundheitlich einen Gang höher schalten können, so die Werbung. Die Rede ist von Superfoods, jenen meist exotischen Nahrungsmitteln, die in diesem Jahrzehnt eine steile Karriere hingelegt haben. Vom Medienhype angefeuert, werden sie von Konsumenten als Mittelding zwischen Nahrungs- und Arzneimittel betrachtet. Die Bekanntesten sind Avocados, Chiasamen und Quinoa, Moringablätter, Goji- und Acaibeeren, Weizen- und Gerstengras, Tulsi-Tee oder auch die besonders schön klingenden Kandidaten namens Guarana, Camu-Camu und Baobab, ein Pulver, hergestellt aus den Früchten des afrikanischen Affenbrotbaums.

Superfoods werden vor allem wegen ihrer außergewöhnlichen Inhaltsstoffe gerühmt, sie sind mit sagenhaften Heilsversprechen verbunden. Meist kommen sie aus Ländern, wo sie eine lange Tradition bei den Ureinwohnern vorweisen können, etwa das Inkakorn Quinoa in den Anden oder die Acaibeeren im Amazonasgebiet. Einige haben den Sprung ins feste Sortiment von Naturkostläden und Supermärkten geschafft. In unserer von Gammelfleisch und Analogkäse heimgesuchten Ernährungswelt hat die Sehnsucht nach authentischen, ursprünglichen Nahrungsmitteln ihren Boom beschleunigt, dazu kommt die Lust eines globalisierten Gaumens auf neue Nahrungsmittel.

Das Karlsruher Max-Rubner-Institut kommentiert den Hype mit feiner Polemik[137]: »Je exotischer desto besser, je rarer und teurer desto erstrebenswerter, je unbekannter desto cooler. Der Gesundheit schadet der Superfood-Trend in der Regel zum Glück nicht, eher dem Geldbeutel.« Es gibt bis heute keine klare Definition von Superfood, weder lebensmittelrechtlich noch wissenschaftlich. Der Begriff kommt aus dem Marketing und kann nach Belieben verwendet und erweitert werden. So tauchen ständig neue Früchte, Gemüse, Körner und Gräser mit dem Label Superfood auf. Die Liste der Lebensmittel mit eingebautem Gesundheitsfaktor wächst kontinuierlich. Aktuell liefert Google zum Begriff »Superfood« 326 Millionen Einträge.

Zu den Topsellern gehört seit Jahren die Avocado. Europa hat sich nach den USA zum zweitgrößten Markt weltweit entwickelt, und Deutschland ist ganz vorn dabei. 2003 begann der Aufstieg der mexikanischen Riesenbeere. Damals wurden in Europa 132 000 Tonnen verzehrt. 15 Jahre später ist der Verbrauch auf 650 000 Tonnen gestiegen, er hat sich bis 2018 verfünffacht. Die Welt-Avocado-Organisation spricht von einer »Explosion« beim Verbrauch ihrer Butterbirne. Peru, Chile, Südafrika und Spanien sind für Deutschland die wichtigsten Lieferanten. Auf den vegan-vegetarischen Speisekarten gehört die Avocado zum festen Inventar, selbst in der Naturheilkunde wird sie als besonders attraktive Frucht empfohlen – cremig, butterweich, sanft im Geschmack und vollgestopft mit wertvollen Nährstoffen. Der hohe Fettgehalt sorgt für ein angenehm schlonziges Mundgefühl. Dazu ist sie relativ preiswert und ganzjährig verfügbar. Damit ist sie einer der Lieblinge der lifestyle- und gesundheitsbewussten Konsumenten. In Amsterdam hat das Lokal *The Avocado Show* 2017 begonnen, ausschließlich Gerichte aus der Butterfrucht anzubieten. Danach wurden auch in Deutschland mehrere Avocado-Restaurants eröffnet.

Das Image der Importfrucht war zu dieser Zeit allerdings schon ziemlich angekratzt. Spätestens mit dem oft zitierten, 2016 in der *ZEIT* erschienenen Artikel über das »Märchen von der guten Avocado«[138] stand der Massenkonsum der beliebten Frucht am Pranger. Avocadoplantagen, das war die bittere Lektion, sind echte Wasser- und Landräuber. *ZEIT*-Autorin Elisabeth Raether schrieb: »Der Avocadoboom ist eine jener Moden, die nur in einer Gesellschaft möglich sind, die im Überfluss lebt. [So] bekommen Lebensmittel eine fast poetische Bedeutung. Sie werden wie Figuren in einem Roman wahrgenommen, haben einen guten oder einen schlechten Charakter. Das Schweinenackensteak hat in dieser Fiktion die Rolle des schmierigen Bösewichts übernommen. Die Avocado dagegen gibt die leichtfüßige Schönheit.«

Dann liefert Raether die harten Fakten, notiert auf einer Farm in Limpopo in Südafrika. Für ein Kilogramm Tomaten werde im Schnitt eine Wassermenge von 180 Litern benötigt, ein Kilogramm Avocados verbrauche 1000 Liter. 1000 Liter für drei Früchte in einer Region, wo die Rinder verdursten und Wasser äußerst knapp ist. Dazu die langen Transportwege: mit dem Laster 1000 Kilometer bis in den Hafen von Durban, dann 26 Tage auf dem Schiff in stromgekühlten Containern nach Rotterdam, von dort aus auf dem Laster zur Begasung in die Reifekammern und schließlich wieder auf der Straße zu den Supermärkten in ganz Europa. Ein verheerender Fußabdruck und die berechtigte Frage der Autorin: »Wann werden die Verbraucher in den westlichen Industrienationen merken, dass sie eine ökologisch höchst fragwürdige Frucht zum Symbol für bewusste Ernährung gemacht haben?« Die Antwort liegt für 1,59 Euro, aufgehäuft zu grünen Hügeln, in allen Supermarktregalen: Sie haben es bemerkt, aber es ist vielen Verbrauchern offenbar egal. Ein Ende der Avocado-Liebe ist jedenfalls nicht in Sicht.

Die Kritik hat auch die Bioverbände aufgeschreckt. Der Branchendienst *Bio-Markt.info* nahm sich des Themas an, konnte aber keine Entwarnung geben.[139] Er zitierte Zahlen der *Finca Jalhuca*, das ist ein großer spanischer Bio-Lieferant. Die Finca hat für zwei Standorte den Bewässerungsbedarf ermittelt und kommt auf 585 und – für ein regenreicheres Gebiet – auf 154 Liter je Kilogramm Avocado. Vor allem die 585 Liter für den Standort in Andalusien, wo der Grundwasserspiegel seit Jahren sinkt, sind bedenklich. »Bio-Avocados brauchen im Prinzip ebenso viel Wasser wie konventionell angebaute«, heißt es selbstkritisch, und sie haben »dieselben langen Transportwege«. Konsequenzen? Keine. Auch die Biomärkte wollen sich das Avocadogeschäft nicht entgehen lassen.

Avocados wachsen auf Bäumen, der Anbau ist nicht nur kapitalintensiv und äußerst mühsam, er braucht auch viel Platz. »Pro Jahr werden in Mexiko 1500 bis 4000 Hektar Wald gerodet, um Platz für Avocadofelder zu schaffen«, sagt Jaime Navia von der Umweltorganisation Gira.[140] Mexiko ist die Nummer eins unter den Avocadoproduzenten. Die Anbaufläche ist zwischen 2000 und 2010 um 40 Prozent auf 135 000 Hektar gewachsen. Einige illegal angelegte Felder sind zwar von der Staatsmacht wieder »stillgelegt« worden, doch die ist offenbar überfordert, zumal organisierte Banden für die Rodungen der Wälder verantwortlich sind. Der irische Sternekoch J. P. McMahon hat in einem Interview mit dem *Irish Independent* Avocados als die »Blutdiamanten Mexikos« bezeichnet und seine Kollegen aufgefordert, sie nicht mehr zu verwenden.

Ein ganz anderes Superfood ist Quinoa. Mit einem Import von 1100 Tonnen ist Quinoa in Deutschland der zweitbeliebteste unter den neuen Stars auf dem Einkaufszettel: proteinreich, glutenfrei, dazu reichlich Eisen, Zink, Magnesium und vieles mehr. Das Inkakorn aus der Familie der Fuchsschwanzgewächse wurde in den Anden schon vor 7000 Jahren angebaut. Seit Jahrhunderten gehört es dort zu den Grundnahrungsmitteln der heimischen Bevölkerung. Ende des 20. Jahrhunderts hat die Welt es für sich entdeckt. Bis 2015 stieg die Zahl der Anbauländer von acht (1980) auf 90. Der weltweite Nachfrageboom sorgte vor allem bei den beiden mit Abstand wichtigsten Produzenten, Bolivien und Peru, für heftige Turbulenzen.

Zunächst ließ der Boom die Preise davonfliegen, große Teile der Ernten wurden in den Export umgeleitet. In Peru, wo fast die Hälfte der weltweiten Produktion wächst, verdreifachte sich der Preis zwischen 2004 und 2012 landesweit von 2,86 auf 7,24 peruanische Sol je Kilogramm. In der Anbauhochburg der Punoregion stieg er von 1,55 auf 6,29 Sol (ein Nuevo Sol entspricht 27 Eurocent).[141] Die Quinoabauern profitierten von den höheren Preisen, aber die ärmeren Teile der Bevölkerung – in manchen Familien kommt Quinoa dreimal täglich auf den Tisch – konnten sich das Korn nicht mehr leisten und reduzierten ihre Mahlzeiten. Der heimische Verbrauch sank allerdings nicht gleichmäßig. In der Punoregion stieg der jährliche Pro-Kopf-Konsum sogar leicht an von 22 auf 24 Kilogramm.

Die hohen Preise waren wiederum verlockend für das Agrobusiness, der Einstieg der Großinvestoren begann. Der deutsche Journalist und Agrarwissenschaftler Wilfried Bommert kommentierte das so: »Viele Kleinbauern können den Exportbedarf nicht mehr bedienen und werden von Großbauern und Investoren verdrängt, die industriell produzieren und Preisschwankungen aushalten können.« Mit den Investoren kamen neues Saatgut, mehr Pestizide, höhere Erträge mit qualitativ schlechteren Varietäten, Masse statt Klasse. Die nächsten Preisausschläge folgten prompt, doch diesmal gingen sie in die andere Richtung. Der Exportpreis sank bis 2017 von 6000 auf 2500 Dollar je Tonne. Die Kleinbauern litten, viele mussten aufgeben.

Neben dieser unguten Entwicklung gibt es auch noch eine halbwegs erfreuliche. Die Welt hat Quinoa als wichtige Pflanze für die Zeiten der Erdüberhitzung durch die Klimaveränderung entdeckt. Quinoa gilt als äußerst widerstandsfähig. Das Inkakorn trotzt Trockenheit und Starkregen, wächst in Tief- und Hochlagen, bei fast allen Temperaturen und auf unterschiedlichsten, auch sehr kargen Böden. Die Pflanze kann Frost ertragen und salzigen Untergrund, sie kann sogar mit Meerwasser bewässert werden. Die Zahl der in Genbanken gespeicherten Varietäten geht in die Zehntausende. Inzwischen haben auch europäische Länder wie Dänemark, die Niederlande und Großbritannien eigene Quinoasorten gezüchtet. In Deutschland haben Kieler Wissenschaftler 350 Quinoasorten auf Blühverhalten und Wuchs untersucht.[142] Spätestens in fünf Jahren, so ihre Prognose, könne Quinoa in Nordeuropa großflächig angebaut werden und damit auch in deutschen Landen. Die Konsequenzen der weltweiten Expansion beim Anbau des Inkakorns für Hunderttausende Kleinbauern in den Anden lassen sich schwer vorhersagen. Womöglich wiederholt sich beim Quinoa aber die Geschichte anderer uralter Superfoods namens Kartoffel, Tomate oder Mais. Sie kamen ebenfalls als neue Nahrungsmittel aus Südamerika nach Europa und sind hier heimisch geworden.

Quinoa kostet in Bioqualität bei uns sieben bis zehn Euro je Kilogramm. Andere Superfoods sind noch teurer. So hat sich inzwischen ein blühender Plagiatehandel entwickelt. Weil bei manchen Exoten kaum jemand weiß, wie sie aussehen, kann der Lieferant bei Engpässen seine Ware mit anderen Pflanzen oder, wie die Heroindealer, mit Zusatzstoffen strecken. Er kann auch etwas ganz anderes verkaufen. Der Zellbiologe Peter Nick und sein Team am Karlsruher Institut für Technologie sind den Fälschern auf der Spur. In Nicks Archiv liegen typische DNA-Abschnitte von Original-Superfoods, die wie ein genetischer Barcode funktionieren. Bei Stichproben wird die Handelsware mit dem genetischen Fingerabdruck der Pflanze abgeglichen – mit teilweise erstaunlichen Resultaten. Mehrere Proben des heilsamen Zwergbambus-Tees enthielten null Gramm Bambus, dafür reichlich Nelken, die bei Schwangeren verfrühte Wehen auslösen können.[143]

Auch die beliebten Chiasamen sind nicht immer echt, stattdessen werden Basilikumsamen als Chia verkauft. Nick: »So viel *Salvia hispanica* (Original-Chia), wie in Deutschland im letzten Jahr importiert wurde, gibt es gar nicht.« Selbst die Händler, so die Erfahrung Nicks, wüssten nicht immer, was sie da verkaufen. Die normale Lebensmittelüberwachung sei ohnehin überfordert, weil sie viele Produkte noch nie gesehen hat.

Die Versuchung, zu fälschen, wächst mit den Preisen. Schlanke 100 Gramm Gerstengraspulver kosten bei einem Internethändler 11 Euro. Beim letzten Veggiekongress in Berlin wurde ein Probeschluck des grasgrünen Säftchens an neugierige Besucher verteilt. Lecker war das nicht, eher gallenbitter. Auf dem ebenfalls ausgegebenen Merkblatt sind dafür gleich zehn Gesundheitsvorteile gelistet. Gerstengras entgiftet, beruhigt, entspannt, stärkt das Immunsystem, reduziert Sodbrennen, fördert den Schlaf, steigert das Wohlbefinden, verbessert die Leistungsfähigkeit, hilft Magen und Darm. Auf der Homepage des Anbieters kommen weitere Gesundheitsversprechen dazu: Das grüne Wunder hilft offenbar auch gegen negative Gedanken, Übergewicht, Kopfschmerzen und gegen andere multiple Nekrosen. Gerstengrassaft gehöre damit »zu den gesündesten Lebensmitteln der Welt«, es besitze »die ausgewogenste Nährstoffkonzentration aller bisher untersuchten Pflanzen«. Geht es auch eine Nummer kleiner?

Wer glaubt so was? Und wer kauft so was? Deutlich mehr Frauen als Männer. Frauen kaufen ohnehin häufiger Lebensmittel ein und sie bereiten meist das Essen zu. Sie fühlen sich mehrheitlich als Beschützerinnen, die für das Wohlergehen ihrer Familien verantwortlich sind. Die Anbieter haben das erkannt und sich stark auf Frauen-, Gesundheits- und Fitnessmagazine konzentriert. Es ist ihnen gelungen, sich an den alternativen Ernährungsmarkt anzudocken. Bio, vegetarisch und vegan, gesund, natürlich und ursprünglich heißen die Erfolgsattribute. Dazu der Exotenbonus. Superfood-Angebote, schreibt die Kulturwissenschaftlerin Tina Sikka, bewegen sich im Umfeld bestimmter Medien und Blogs, die »auf Selbstoptimierung und Stärkung der Frauen durch Ernährung, Diäten, Kochen, Fitness und Mode« fokussieren.[144] Die Vitaminbomben, so Sikka, sollen nicht nur die Gesundheit fördern, sondern auch die Energie liefern, die Frauen für ihre anstrengende Multitasking-Beschützerinnenrolle brauchen. Typisch für die zielgruppenspezifische Ansprache sind die Vorschläge, die beworbenen Nahrungsmittel als Topping dem Salat oder Müsli zuzufügen – Speisen, die bei Frauen besonders beliebt sind.

Sikka und andere Kritiker holen die kultischen Nahrungsmittel des Superfood heraus aus der mystischen Verklärung. Schnell entpuppt sich der Hype auch als schlichter Konsumismus. Es ist schick und es macht optionssüchtigen Konsumenten Spaß, statt Kartoffeln und Sauerkraut exotische Dinge mit schillernden Namen einzukaufen. Wenn dann noch Heilsversprechen dazukommen, für die man als sterblicher Mensch offenbar empfänglich ist und die man schwer wieder aus dem Kopf kriegt, ist das schlechte Einkaufsgewissen schnell vergessen. »Unsere Marktwirtschaft und speziell die Werbebranche leben davon, ständig Neues anzubieten, um den Konsum anzukurbeln«, sagt die Tübinger Ärztin für Naturheilverfahren Susanne Bihlmaier.[145] Ein Klassiker der Werbepsychologie sei der Mix aus einem exotischen Namen kombiniert mit einer mystischen

Geschichte. Das Goldgräberische der Ernährungsbranche, schreibt *DIE ZEIT*, wäre undenkbar ohne die Flut einander widersprechender Empfehlungen zum Essen und ohne Wortschöpfungen wie Superfood, in die sich alles Mögliche hineininterpretieren lasse.

Die Auswahl der Lebensmittel dient aber auch der Distinktion: »Heute, im fortgeschrittenen Stadium der Globalisierung, geht es um Exotik, darum, zur Avantgarde zu gehören, die ihre Weltläufigkeit unter Beweis stellt, indem sie Gojibeeren aus Tibet in ihr Müsli mischt oder Muffins mit peruanischem Macapulver backt.«[146] Dinge, die wir kaufen, und Lebensmittel, die wir essen, porträtieren ihre Besitzer, sie verleihen ihnen Individualität und Aura.

Mit der wachsenden Kritik an den Superfoods hat eine spürbare Gegenbewegung eingesetzt. Zumal der Begriff Superfood unterstellt, dass gewöhnliche Nahrungsmittel – vom Apfel bis zur Zwiebel – weniger »super« sind. Sie werden damit zu zweitklassigen Lebensmitteln herabgestuft. Das ist geschicktes Marketing, provoziert aber jene Hersteller und Konsumenten, die Kartoffeln und Kohlköpfe verkaufen oder essen. Der Bundesverband der Verbraucherzentralen rügt den Superfood-Boom als Scharlatanerie.[147] Gesicherte Daten zu den Enzymgehalten oder zu den Mengen sekundärer Pflanzenstoffe würden in der Regel fehlen. Der Verband kontert mit einer langen Liste bekannter Lebensmittel, die ebenfalls besonders reich an sekundären Pflanzenstoffen sind, darunter Zwiebelgewächse, alle Kohlarten, Rettiche, Hülsen- und Zitrusfrüchte, aber auch Kartoffeln und Vollkorngetreide. Gibt es dann überhaupt noch Lebensmittel, die nicht super sind?

Andreas Michalsen, renommierter Chefarzt für Naturheilkunde am Immanuel-Krankenhaus in Berlin, hat in seinem Buch »Mit Ernährung heilen« seine eigene Liste von Superfoods zusammengestellt, eine Mischung aus vielen heimischen und einigen exotischen Lebensmitteln.[148] Sein Rat wird den meisten Leserinnen und Lesern bekannt vorkommen: Viel frisches Obst und Gemüse essen, möglichst aus Bio-Anbau und vor allem unverarbeitet, denn der häufige Verzehr von stark verarbeiteten Lebensmitteln ist, so eine von Michalsen zitierte Beobachtungsstudie von 2018, »mit einem höheren Krebsrisiko verbunden«. Darüber hinaus gilt: »Obst, Beeren oder Gemüsesorten, die eine kräftige Farbe aufweisen, sind reich an Antioxidantien. Rote Zwiebeln sind gesünder als weiße, Rotkohl ist gesünder als Weißkohl, blaue Trauben sind besser als grüne, tiefrote Äpfel besser als blasse.« Michalsen empfiehlt sehr unterschiedliche Lebensmittel: darunter Hafer und Vollkorngetreide, Knoblauch, Zwiebeln und Tomaten, Kurkuma, Chili und Ingwer, zu unserem Glück auch Schokolade mit mindestens 55 Prozent Kakaogehalt, natürlich diverse Nüsse, Hülsenfrüchte, Kaffee, Tee und: Wasser! Sein großer Favorit sind die gesundheitlich besonders wertvollen Beeren aller Art.

Angestachelt von der Debatte um die vielen Nahrungsmittel mit Wunderkräften, hat inzwischen auch der Spitzenverband der deutschen Lebensmittelwirtschaft eine Liste von »Superheroes« zusammengestellt, auf der neben Brokkoli und Blaubeeren das urdeutsche Sauerkraut steht. Der exotischen Avocado wird die Oldenburger Palme gegenübergestellt: Grünkohl! Der habe nur 31 Kalorien je 100 Gramm, die Avocado dagegen 130. Das ständige Vergleichen von Kalorien, Nährstoffen und Vitaminen zwischen unterschiedlichen Nahrungsmitteln, wie es die Anbieter von Superfood ausdauernd zelebrieren, ist im Wortsinn tatsächlich der Vergleich von Äpfeln mit Birnen. Jede Frucht, jedes Kraut, jedes Gemüse hat sein eigenes Nährstoffprofil, und es findet sich immer ein Vitamin oder ein Mineral, das bei einem höher ist als beim anderen.

Weizengras soll zum Beispiel 60-mal mehr Vitamin C enthalten als Orangen. Selbst wenn das stimmt: Es wird kaum jemand 100 Gramm Weizengrassaft trinken, auf die sich die Nährstoffangaben beziehen, weil er erstens fürchterlich schmeckt, zweitens sündteuer ist und drittens meist mit Wasser oder Saft verdünnt werden muss. Unser Portionsbeutel enthielt 28 Gramm. Von einer Orange kann man spielend 280 Gramm essen. Und wozu soll die hohe Vitamin-C-Dröhnung eigentlich gut sein? Deutschland ist alles andere als ein Vitaminmangelland, die Versorgung ist ausgezeichnet, wie Ernährungswissenschaftler immer wieder betonen. Lediglich Schwangeren, stillenden Müttern und chronisch Kranken wird gelegentlich eine Extradosis Folsäure oder Ähnliches empfohlen. Warum sollen wir unsere Nahrungsmittel nach Vitamingehalten auswählen statt nach Jahreszeit, Appetit und Preis sowie danach, ob sie zur Gesamtmahlzeit passen?

Das Max-Rubner-Institut hat die Nährwerte von Weizengras recherchiert. Die Angaben schwanken bei Eisen je nach Probe von 14 bis 133 Milligramm, bei Vitamin C von 35 bis 75 Milligramm. Damit liegt der reale Vitamin-C-Gehalt entgegen allen Marketingversprechen auf gleicher Höhe mit Orangen. Nährstoffgehalte sind keine absoluten Werte, sie sind abhängig von Erntezeitpunkt, Bodenformation, Verarbeitung, Lagerung, Transport und zuletzt natürlich auch von der Zubereitung in der Küche. Frisches Weizengras enthält deutlich mehr Nährstoffe als das häufig angebotene Weizengraspulver. Die schönen Vitamine gehen nämlich beim Trocknungsprozess schnell verloren. Viele Superfoods aus exotischen Regionen müssen für den Transport aufbereitet und verarbeitet, häufig auch getrocknet werden. Das gilt auch für Moringablätter. Moringa wächst als Strauch und kleiner Baum vor allem in Indien und Ostafrika. Er soll angeblich »die vitaminreichste Pflanze auf Erden« sein. Doch der in der Werbung herausgestellte hohe Vitamin-C-Gehalt war im getrockneten Moringapulver in den meisten Proben der Lebensmittelprüfer nicht nachweisbar, Vitamin C war schlicht nicht mehr vorhanden. Bei einer empfohlenen Verzehrmenge von fünf bis zehn Gramm reduzieren sich die für 100 Gramm angegebenen Nährstoffmengen ohnehin um den Faktor 10 bis 20.

Häufig wird in der Werbung für Superfoods ein besonders hoher »ORAC-Wert« auf der Habenseite verbucht. ORAC steht für *Oxygen Radical Absorbance Capacity*, damit wird die antioxidative Potenz eines Lebensmittels beziffert, die vor Zellschäden durch freie Radikale schützen soll. Die Bestimmung des ORAC-Werts erfolgt *in vitro*, also im Reagenzglas unter kontrollierten Laborbedingungen. Das hat mit der Wirklichkeit in Magen und Darm nichts zu tun. »Die bei der ORAC-Messung ablaufenden Reaktionen finden so im menschlichen Körper gar nicht statt«, sagt Susanne Bihlmaier. Im normalen Speiseplan machen die Superfoods und ihre

Wirkstoffe zudem nur einen kleinen Anteil aus. Und was lassen Verdauung und Stoffwechsel eigentlich davon übrig? »Es stellt sich die Frage«, schreiben schottische Wissenschaftler in einem Artikel zur Bioverfügbarkeit von sekundären Pflanzenstoffen, »ob biologisch wirksame Konzentrationen jemals im Blutstrom oder im Gewebe ankommen.«[149]

Auch die Zusammensetzung der Gesamtmahlzeit spielt eine große Rolle. Wir essen und trinken üblicherweise viele Lebensmittel gleichzeitig. Manche Pflanzenstoffe wie das Betacarotin in Paprikas, Möhren oder im Spinat verstärken sich gegenseitig, sie brauchen aber etwas Fett, zum Beispiel im Salatdressing, um besser aufgenommen zu werden. Die Betrachtung von isolierten Lebensmitteln entspricht einer Fußballübertragung, bei der die Kamera nur auf einen Spieler gerichtet ist. Ein Superhero wie Lionel Messi ist, um im Bild zu bleiben, zwar vollgestopft mit großartigen fußballerischen Potenzialen, er allein hat aber noch nie ein Match gewonnen. Im Übrigen gilt die Erkenntnis des Epidemiologieprofessors Tim Spector, dass es »überraschend wenig gute Belege für den gesundheitlichen Nutzen oder das schlechte Potenzial jedes beliebigen Nahrungsmittels gibt.«[150]

Kreieren wir an dieser Stelle doch einmal selbst ein Superfood. Nehmen wir dazu unsere heimischen Waldpilze, also Steinpilz, Pfifferling, Marone und Co. Aus diesen herbstlichen Waldbewohnern ein Superfood zu machen, ist relativ einfach. Zuerst der historische Kontext. Schon die Ureinwohner und alten Germanen durchstreiften die dunklen Wälder auf der Suche nach den herrlichen Pilzen. Sie wussten um ihre Heilkräfte und ihren vorzüglichen Geschmack, auch in alten Arzneibüchern tauchen sie immer wieder auf. Zweitens die Inhaltsstoffe: Pilze sind fettarm, sie haben wenig Kalorien, sind reich an Eiweiß, Mineralien und anderen Spurenelementen. Sie sind, um den üblichen Marketing-Sprech aufzunehmen, zum Bersten gefüllt mit Kalium, Kupfer und Selen, mit B-Vitaminen und Folsäure, dazu vielen essenziellen Aminosäuren. Jetzt kommen die sekundären Pflanzenstoffe: Pilze enthalten phenolische Verbindungen, Triterpene und Phytosterole. Das versteht jetzt zwar niemand, klingt aber eindrucksvoll. Der gesundheitliche Nutzen der Pilze hat viele Aspekte. Wir können sie zuerst als Schlankmacher feiern, wegen der geringen Kalorienzahl. Dann muss der Hinweis auf Selen als potentes Antioxidans folgen. Pilzen wird deshalb eine Risikominimierung bei Prostata- und Lungenkrebs nachgesagt. Um jetzt noch dem Wunsch nach Exotik Rechnung zu tragen, kommt der Affenkopfpilz ins Spiel, der gegen Gastritis helfen soll, während das Judasohr die Leber entgiftet. Bis hierhin haben wir die reine Wahrheit erzählt. Allerdings haben wir unterschlagen, dass Waldpilze gern potenziell toxische Spurenelemente anreichern, darunter auch das radioaktive Cäsium 137 aus der Reaktorkatastrophe von Tschernobyl. Schade, doch kein Superfood.

Aber wie sicher und wie sauber sind eigentlich die als Superfood verkauften Körner, Früchte und Tees? Die Untersuchungsämter für Lebensmittelüberwachung und Tiergesundheit in Baden-Württemberg haben mit großer Beharrlichkeit eine Reihe von Superfood-Produkten über mehrere Jahre auf Rückstände von Pestiziden und anderen Gefahrstoffen getestet und sich auch die Kennzeichnung angesehen. Die Ergebnisse kann man nur als verheerend bezeichnen.[151] 2016 wurden zum Beispiel die pulverisierten Blätter des Moringabaums untersucht. Der Baum ist aus der ayurvedischen Medizin bekannt. Er soll das Immunsystem stärken, den Stoffwechsel anregen und uns mit seinen Antioxidantien vor freien Radikalen und damit auch vor Krebserkrankungen schützen. Die Pflanze enthält 18 von 20 essenziellen Aminosäuren.

Leider enthält sie auch bedenkliche Mengen giftiger Pestizide. Von den elf auf Pestizide untersuchten Proben der Lebensmittelüberwacher »wiesen acht Proben eine oder mehrere Überschreitung(en) der gültigen Höchstmengen auf«. Eine Probe enthielt Nikotinrückstände mit einem als gesundheitsschädlich eingestuften Gehalt. Eine Probe war in bedenklichem Maß mit Salmonellen verunreinigt.

Die Untersuchungsämter warfen auch einen Blick auf die Etiketten. Ergebnis: 100-prozentige Fehlerquote: »Alle 14 Proben, bei denen die Kennzeichnung und Bewerbung geprüft wurde, waren zu beanstanden. Hauptsächliche Mängel waren irreführende nährwert- und gesundheitsbezogene Angaben.« Mal seien die Behauptungen zum Nährstoffgehalt stark übertrieben gewesen, so die Prüfer, dann wiederum hätten gesetzlich vorgeschriebene Mengenangaben zu den beworbenen Inhaltsstoffen gänzlich gefehlt. In ihrer abschließenden Bewertung senkten die Untersucher den Daumen: Der Moringabaum sei für die Ernährung in afrikanischen und asiatischen Ländern eine wertvolle Pflanze – hierzulande sei »ein besonderer ernährungsphysiologischer Nutzen nach derzeitigem wissenschaftlichen Kenntnisstand nicht zu erwarten«.

Im Folgejahr 2017 mussten auch andere Superfoods Federn lassen. Die Untersuchungsämter hatten diesmal 29 Proben analysiert. Elf Proben fielen mit überhöhten Pestizidrückständen auf, darunter sieben Proben Moringapulver, drei mit Weizengraspulver und eine Probe mit Gojibeeren. Zudem waren fünf verschiedene Superfoods, unter anderem Chiasamen und Gerstengras, mit der Umweltchemikalie Perchlorat belastet, die bei Desinfektionsmaßnahmen als Nebenprodukt entstehen kann. Bei der Gerstengrasprobe wurden auch E.-coli-Bakterien in gesundheitsschädlichen Mengen gefunden. Ersparen wir uns weitere Details. Was auch immer die Untersuchungsämter prüften – unzulässige radioaktive Bestrahlung, Rückstände von aromatischen Kohlenwasserstoffen oder lebertoxische Alkaloide –, sie wurden fündig.

Inzwischen hat sogar der Lachs, dank seiner Omega-3-Fettsäuren, den Superfood-Status erhalten. Fehlt eigentlich nur noch unser Bier, dann wären alle zufrieden. Mit dem Lachs wird ein Fisch als besonders wertvolles Nahrungsmittel empfohlen, der in Netzkäfigen mit viel Soja, Chemie- und Medikamenteneinsatz gemästet wird, wie im Kapitel »Aquakultur« nachzulesen ist. Hauptsache, ein gutes Fettsäuremuster? Das einseitige Starren auf abstrakte Nährwerte steht für eine Gesinnung, die im Englischen als *nutritionism* bezeichnet wird. Leider gibt es im Deutschen keine adäquate Übersetzung. »Nährstoffwahn« klingt ein wenig zu böse, »Nährstofffixierung« ein wenig zu soft. Gemeint sind jene Konsumenten, die argusäugig auf Vitamine und Radikalfänger achten und dabei Produktionsbedingungen, Haltung und Herkunft, den klimatischen Fußabdruck oder auch den Geschmack und Genuss weitgehend ignorieren. Unser Essen besteht aber nicht nur aus Nährstoffen, es hat einen sozialen, ökologischen und damit einen ethischen Hintergrund.

Warum muss man ein Containerschiff mit viel zu früh geernteten Früchten beladen, diese aufwendig verpacken und kühlen, einmal um die halbe Welt schicken, anschließend in Spezialkammern nachreifen lassen und nochmals Hunderte von Kilometern zum Kunden transportieren, wenn man um die Ecke ein taufrisches Produkt bekommt, das nicht nur halb so viel kostet, sondern womöglich auch bei den angeblich so wichtigen Nährstoffen gleichzieht oder sogar überlegen ist – und auch noch frischer und besser schmeckt? Die Gojibeere, der »rote Diamant«, die »Königin unter den Superfoods« ist ein gutes Beispiel für diesen Irrsinn. Gojibeeren werden überwiegend aus China importiert. Sie sind, wie Ernährungsberaterin Bihlmaier kritisiert, erstens sehr viel teurer als die im Nährstoffgehalt vergleichbaren schwarzen Johannisbeeren, zweitens überdurchschnittlich oft mit Pestiziden belastet, und drittens werden sie verarbeitet und getrocknet, was ihren Vitamingehalt reduziert. Viertens, könnte man hinzufügen, schadet der weite Transportweg nicht nur den Nährstoffen, sondern auch Klima und Umwelt. Ein anderes Beispiel ist Arganöl, Marokkos »weißes Gold der Gesundheit«. Es wird als Schönheits- und Gesundheitselixier teuer verkauft. Nach Aussagen der Deutschen Gesellschaft für Ernährung hat es gegenüber heimischen Nussölen, Leinölen oder im Vergleich mit Olivenöl keinerlei Vorzüge.

Zum Schluss dieses Kapitels darf eine persönliche Superfood-Empfehlung natürlich nicht fehlen. Das Produkt kommt vom Baum um die Ecke und ist ausgesprochen preiswert, frisch und schmackelig. Es soll hier zeitgemäß als Anglizismus und in seinem sprichwörtlichen Kontext vorgestellt werden mit der Gewissheit, dass dagegen nun wirklich nichts einzuwenden ist. Bitte schön: An apple a day keeps the doctor away! Aber bitte mit Schale essen wegen der dort konzentrierten sekundären Pflanzenstoffe. Two apples wären sogar noch etwas besser.

Wein

Liebe atmend und versöhnt

Zum Schluss ein beschwingtes Thema, ein Kapitel über das schönste irdische Getränk, über den Zaubersaft, das goldene Nass, die Gnadengabe der Götter. Oder etwas schlichter: über vergorenen Traubensaft. Wein ist tatsächlich etwas Wunderbares, dazu ein obsessives Thema mit unzähligen Facetten. Auch der Autor liebt dieses Getränk, er kann sich kaum etwas Schöneres vorstellen als ein gemeinsam zelebriertes Essen, begleitet, verfeinert und vollendet mit einigen Gläsern Wein. Zusammen kochen, sitzen, essen, reden, trinken, auch mal ein lustvolles Gelage feiern. Da gehört der Wein unbedingt dazu.

Und doch wird dieses magisch-herrliche Getränk immer wieder zum Ärgernis. Wein wird kommerziell ausgebeutet und zum Spekulationsobjekt gemacht. Er wird eingezwängt in modische Trends, missbraucht für verlogene Marketing-Blasen und abgedrehte Verkostungsnotizen. Er wird von der Klimakrise geschüttelt, von Hitzewellen und Dürren, von Fäulnis, Hagel und Sintfluten heimgesucht. Er macht uns betrunken und manchmal auch süchtig. Und er verunsichert viele Zeitgenossen, für die schon eine simple Weinbestellung im Restaurant zum Albtraum werden kann.

Wein ist ein alkoholisches Getränk. Bevor wir uns von ihm berauschen lassen, muss zu Beginn dieses Kapitels der pharmakologische Hauptwirkstoff, das »Zellgift Alkohol« etwas genauer betrachtet werden. Die medizinisch-wissenschaftliche Beurteilung des Weins und anderer Alkoholika hat sich in den vergangenen Jahren geändert. Vor allem in den 1980er- und 1990er-Jahren wurde offensiv für regelmäßigen Weingenuss geworben. Das »Französische Paradox« war in aller Munde, und es galt als ausgemacht, dass der Franzose vor allem deshalb ein geringeres Risiko für Herz-Kreislauf-Krankheiten hat, weil er zum Essen regelmäßig seinen Rotwein trinkt, als zentralen Bestandteil der mediterranen Ernährung. Der Wein mutierte wieder einmal zur Medizin, die das üppige Mahl der Franzosen erst verdaulich macht. Der deutsche Freiheitskämpfer und Schriftsteller Ernst Moritz Arndt liefert die passende Kurzform dazu: »Es macht der Saft der Purpurtraube des Menschen krankes Herz gesund.«

In seinem bekannten Buch *Täglich Wein* empfahl der Ernährungswissenschaftler Nicolai Worm seinen Lesern ganz offensiv, regelmäßig zum Essen ein Glas Wein zu trinken, um gesund zu bleiben.[152] Worm ging in seiner medizinischen Hymne auf den Wein sogar so weit, dass er den Verzicht auf Wein zu einem Risikofaktor für unsere Gesundheit erklärte. Wir lernten von ihm, dass Weißwein genauso gesund ist wie Rotwein und dass der zum Essen getrunkene Wein anderen alkoholischen Getränken wie Bier und Schnaps in seiner Wirkung auf die Gesundheit überlegen ist.

Als deutsches Standardwerk zum Thema Wein und Gesundheit machte das Buch von Prof. Klaus Jung Karriere: *Wein – Genuss und Gesundheit*[153]. Jung überfliegt zunächst die lange Kultur- und Medizingeschichte des Weins. Allein im Alten Testament, so die Recherchen des Ernährungswissenschaftlers, werde der Wein an mehr als 200 Stellen als heilende Substanz erwähnt, zum inneren Gebrauch ebenso wie in der Wundheilung. Auch der Talmud lobe den Wein als älteste Medizin überhaupt. Ob bei Griechen oder Römern, bei Schiller oder Goethe: Stets ist der Wein »Symbol des Heils und der Lebenskraft. Aus der Sonne geboren, ist er Ausdruck göttlicher Gnade und himmlischer Freuden. Nach seinem Genuss kommt es zum Überschwang der Gefühle«, bilanziert Jung.

Mit klinischer Präzision geht der Wissenschaftler die einzelnen Organsysteme durch und beschreibt die oft positiven Wirkungen des Weins auf Verdauung und Kreislauf, auf Hirn und Blutbildung, auf Respirationstrakt und Stoffwechsel, auf Gewicht, Muskeln, Haut und Hormone, auf Niere, Nerven- und Immunsystem. Aber vor allem auf das Herz! Die 300 Gramm schwere Pumpstation des Menschen und das angeschlossene Kreislaufsystem würden vom kultiviert-maßvollen Weingenuss und seinen »vielfältigen kardioprotektiven Effekten« ganz besonders profitieren. Zusammenfassend stellt Jung fest, dass bei mäßig-regelmäßigem Trinken »die Gesamtsterblichkeit wie die Sterblichkeit an Koronarereignissen am geringsten« sei im Vergleich zu Abstinenzlern und Vieltrinkern.

Die entscheidende Frage lautet am Ende: Wie groß darf die Weinmenge eigentlich sein, die noch den Anforderungen des moderaten Trinkens gehorcht? Wann hört der kultivierte Genuss auf und wann fängt die gesundheitsschädliche Wirkung an? Jung setzt die Grenze bei täglich 30 Gramm Alkohol. Das ist wenig im Vergleich zu einigen südlichen Weinbauländern, wo die Guidelines deutlich großzügiger bemessen sind. Die Jung'sche Grenze entspricht bei den heute produzierten Weinen von durchschnittlich 12 Volumenprozent Alkohol ziemlich genau einem Viertelliter als Maximum. Wer fette Spanier, Südfranzosen oder Italiener bevorzugt, die nicht selten mit 14 Umdrehungen auf die Flasche kommen, muss sich mit höchstens 0,2 Litern zufriedengeben. Genau hier liegt der Hund begraben.

Ein wirklich disziplinierter, moderater Weingenuss ist nämlich eher die Ausnahme. In meinem eigenen Umfeld gibt es unter den begeisterten Weintrinkern nur wenige, die selbst bei großzügiger Auslegung noch als moderate Konsumenten einzustufen wären. Obwohl die meisten sich selbstredend für solche halten. Aber die eigentlich schlechte Nachricht kommt noch: Die Deutsche Hauptstelle für Suchtfragen setzt die Grenze für risikoarmes Trinken schon auf täglich 24 Gramm Alkohol für Männer, das entspricht exakt 0,2 Liter Wein mit 12 Prozent Alkohol. Frauen sollen sich mit maximal 12 Gramm Alkohol begnügen, sie dürfen nach dieser Rechnung maximal ein »Achtele« trinken.[154] Selbst diese ziemlich streng erscheinenden Obergrenzen sind noch großzügig im Vergleich zu jenen, die in einer aktuellen im medizinischen Fachblatt *Lancet* veröffentlichten Untersuchung ermittelt wurden.[155]

In der im April 2018 erschienenen viel zitierten Studie hatten Wissenschaftler die Trinkgewohnheiten von 599 000 Menschen in 19 Ländern untersucht. Eine beeindruckende Bestandsaufnahme. Danach steigt die Gesamtsterblichkeit bereits bei einem Genuss von mehr als 100 Gramm Alkohol in der Woche. 100 Gramm als Maximum – das entspräche bei regelmäßigem Genuss einer Tagesdosis von etwa 0,1 Liter Wein. Das wäre dann das Aus für den täglichen Schoppen, von ausschweifenden Gelagen ganz zu schweigen. Nun wird man mit solcher Arithmetik den Individuen und ihren höchst unterschiedlichen Alkoholverträglichkeiten sicher nicht gerecht, auch nicht dem Umstand einer immer verrückteren Gesellschaft, die ohne entspannende Fluchthilfen nicht zu ertragen ist. Dennoch bleibt festzuhalten: Egal an welchen Grenzwerten wir uns orientieren, wir sollten alle *weniger* trinken. Und auch bei einem moderaten Weingenuss sollten zwei alkoholfreie Tage in der Woche eingehalten werden, wie sie die Hauptstelle für Suchtfragen dringend empfiehlt.

Die gute Nachricht: Nach gelegentlichen »freien« Tagen ist die Freude am Wein umso größer. Erst recht, weil der Wein in deutschen Landen seit Ende der 1980er-Jahre einen erstaunlichen Qualitätssprung hingelegt hat. Dazu haben eine bessere Ausbildung der Winzer und erhebliche Fortschritte in der Weinbereitung beigetragen. Der wichtigste Grund aber ist die rasante Veränderung unseres Klimas. Die deutschen Anbaugebiete gehören bisher – noch – zu den großen Gewinnern der Erdüberhitzung. Temperatur und Zahl der Sonnenstunden haben sich deutlich erhöht, das Klima ist bei einer immer noch relativ guten Wasserversorgung »mediterraner« geworden.

Bis Mitte der 1980er-Jahre mussten die Winzer in schlechten Jahren tief in den Zuckersack greifen, um überhaupt trinkbare Weine auf die Flasche zu ziehen. In den Zeitraum zwischen 1955 und 1985 fallen eine ganze Reihe grausam schlechter Jahrgänge. Vor allem der Riesling, die spät reifende, große Traditionstraube, hing immer wieder über dem Abgrund. 1984 lag schon im Oktober Schnee auf den Reben, als zur Notlese geblasen wurde. Die Trauben waren weit von der Reife entfernt, die Moste waren dünn, wässrig und sauer. Dass daraus überhaupt trinkbare Weine entstanden sind, war ein kleines Wunder.

Heute haben die Winzer ganz andere Sorgen: Neue Schädlinge wie die Kirschessigfliege oder die wärmeliebende Glasflügelzikade machen sich mausig. Starkregenphasen zur Erntezeit mit rasanter Fäulnis häufen sich. Zu niedrige Säurewerte in heißen Jahren sind ebenfalls ein neues Thema. Der pH-Wert ist dann zu hoch, die Moste werden instabil. Und der Wein schmeckt breitlatschig plump. Gleichzeitig sind die Mostgewichte oft schon im August und Anfang September so hoch, dass früher gelesen werden muss, um fette, stark alkoholische Tropfen zu vermeiden. Auch über Techniken zur Absenkung des Alkoholgehalts wird an deutschen Weinbauschulen intensiv geforscht bis hin zur »Zerlegung« des Weins und einer technisch-maschinellen Alkoholabsenkung.

2018 registrierten viele Betriebe die früheste Weinlese seit Jahrhunderten. Beim schwäbischen Top-Weingut Aldinger in Fellbach reicht die Chronik zurück bis 1827. In diesen fast 200 Jahren waren die Trauben noch nie in der zweiten Augustwoche geerntet worden. Auf der Suche nach einer vergleichbaren Augustlese fand Gert Aldinger im Stadtarchiv einen Jahrgang um 1400, der ähnlich frühreif gewesen sein soll. Der extrem heiße und trockene Sommer 2018 – der zweitwärmste seit 1881, dem Beginn der Temperaturaufzeichnungen – hatte bundesweit für eine historisch frühe Lese im Muscleshirt mit kurzen Hosen gesorgt. Offiziell war sie am 6. August eröffnet worden. Mit der jetzt häufigen Verschiebung der Weinlese in den August und Anfang September stellen sich den Winzern ungewohnte Herausforderungen. In diesen Spätsommermonaten sind die Temperaturen noch so hoch, dass die Trauben nicht selten in den frühen Morgenstunden oder sogar nachts geholt und anschließend gekühlt werden müssen, um ihren fruchtigen Charme zu erhalten.

Trockenstress heißt eine andere neue Erfahrung. Die Durststrecken im Sommer werden länger, die Niederschläge in den Weinbaugebieten knapper und unkalkulierbarer. Auch der Jahrgang 2019 war von einer ungewöhnlichen Sommerhitze geprägt mit reihenweise neuen Temperaturrekorden bis über 40 Grad und anhaltender Trockenheit. Selbst im nördlichen Anbaugebiet der Mosel haben einige Winzer schon im Juli ausgedörrte Anlagen im Wochenrhythmus künstlich bewässert. Trockenheit und Bewässerung sind in vielen Regionen ein großes Thema geworden, selbst über das Auffangen der Niederschläge in Rückhaltebecken wird diskutiert. In den Hitzejahren 2003, 2018 und 2019 machten vor allem die Junganlagen schlapp. Um sie vor dem Austrocknen zu bewahren, musste der badische Spitzenwinzer Joachim Heger im Sommer 2018 »Millionen Liter Wasser fahren«. Heger erwartet mit weiteren Erwärmungsschüben neue Hitzejahrgänge und denkt ernsthaft darüber nach, in seinen heißen Lagen am Ihringer Winklerberg eine Anlage zur Tröpfchenbewässerung zu installieren. Die teure Investition könnte sich lohnen. Auch eine dichtere Bepflanzung mit engerem Stockabstand zahle sich aus, sagt Heger, damit sich die Reben gegenseitig besser beschatten können.

Generell wird ein kluges und variables Laub-Management immer wichtiger, also das Entfernen und Dosieren der Laubmasse des Rebstocks. In wärmeren Jahren müssen die Laubwände niedriger gehalten werden, um Energie aus dem Weinberg rauszunehmen, wie es Rheinhessenwinzer Kai Schätzel formuliert. Weniger Laub, das verringert die Photosynthese. Auch Schattenspiele im Weinberg durch längeres Abdecken der Traubenregion im unteren Teil des Rebstocks oder das gezielte Zuwachsen der Sonnenseite gelten als Erfolgsrezept gegen Dauerhitze, während man früher durch gezieltes Entblättern die spärliche Sonne vor allem bei Rotweinreben möglichst lange direkt auf die Trauben scheinen ließ. Früher wurde alles getan, um die Reife zu puschen, heute muss die Reife gezügelt werden. Früher wurde öfter mal entsäuert, heute muss die Säure in den Trauben unbedingt geschützt werden. »Es ist ganz anders, als mein Opa oder Vater das noch gemacht haben«, sagt Ahr-Winzer Paul-Michael Schäfer vom Weingut Burggarten.[156]

Der ebenfalls in Hitzejahren auftretende Sonnenbrand auf den Traubenhäuten kann durch kluges Spiel mit der Blattmasse nicht immer vermieden werden. 2019 waren die Schäden besonders heftig. Die in Franken häufig angebaute Bacchus-Traube verbrannte im

Juni und Juli fast im gesamten fränkischen Anbaugebiet. Sonne satt, Gluthitze und kein Tropfen Regen. Das Weingut *Bürgerspital* in Würzburg verzeichnete beim Bacchus 50 Prozent Verluste. Bei Müller-Thurgau und Riesling verloren die Frankenwinzer durch Sonnenbrand 10 bis 20 Prozent ihrer Ernte. Auch Weinfehler wie der sogenannte untypische Alterungston UTA häufen sich. Untersuchungen haben gezeigt, dass bei Weinen aus trockenen Jahren der fehlerhafte Alterston häufiger und schneller auftritt. Die Weine riechen dann nach Mottenkugeln oder Bohnerwachs. Der wichtigsten deutschen Traube, dem Riesling, ist es an manchen Standorten schon zu warm geworden. Er leidet in besonders heißen Jahren öfter an einem nach Benzin duftenden Fehlaroma. Was man bei gealterten Rieslingen noch als interessante fein-zarte Petrolnote interpretieren mag, kann heute bei jungen Weinen zum penetranten Tankstellenmief werden. Schon wird in aufwendigen Forschungsprojekten nach Abhilfe gesucht, um den Benzingeruch zu vertreiben. Eine längere Beschattung der Trauben vor der Ernte, der Einsatz bestimmter Gärhefen und kühlere Lagertemperaturen sollen helfen.[157]

In den nach Süden exponierten Steillagen Württembergs oder der Pfalz pflanzen viele Winzer inzwischen aber lieber Rotweintrauben oder Chardonnay an. Über Jahrzehnte war die südliche Steillage das Paradepferd des deutschen Rieslings, jetzt wird sie langsam zum Problem. Die Sonnenstrahlen fallen hier beinahe im 90-Grad-Winkel ein, und bei den häufigeren Starkregen rauscht das Wasser schnell bergab. Begrünte Hänge können die Talfahrt zwar bremsen, die Begrünung verbraucht aber selbst Wasser und konkurriert mit dem Weinstock. In besonders heißen Jahren leiden gerade die Steillagen stärker unter Trockenstress, ihre Vorzüge geraten zum Nachteil. Weinbauprofessor Hans Schulz rechnet es vor: Bei einem Steilhang mit 30 Prozent Neigung ist die Verdunstung um 25 Prozent höher als in der Flachlage.[158]

Weinstöcke sind keine Kakteen. Der gern verbreitete Mythos, der Weinstock müsse leiden, damit er besonders tief wurzelt, um konzentrierten Saft mit stark mineralischem Geschmack zu liefern, gilt so pauschal sicher nicht für deutsche Weißweine. Ebenso abwegig ist die Parole: je mehr Sonne, desto besser. Geht es nach dem Herzenswunsch der Winzer, dann sollte immer mal wieder ein leichter Landregen niedergehen. Deutscher Riesling bringt bei bedecktem Himmel und 21 Grad die maximale Photosynthese-Leistung.

Die überall spürbare Veränderung unseres Klimas hat den Winzern nicht nur neue Plagen beschert. Sie hat auch dafür gesorgt, dass die deutschen Weine auf breiter Front muskulöser und cremiger, ausdrucksstärker und süffiger geworden sind, auch säureärmer. Vor allem die Weißweine, das bestätigen internationale Vergleichsproben, haben ein prächtiges Niveau erreicht. Besonders eindrucksvoll ist der Qualitätssprung bei den Burgundersorten ausgefallen. Weiß- und Grauburgunder, Chardonnay und Auxerrois liefern Jahr für Jahr eine Fülle schöner Weine, die attraktive Essensbegleiter sind. Ihr Flächenanteil wächst kontinuierlich. Auch der gute alte Silvaner hat sein mausgraues Image längst abgestreift; er eskortiert mit frischem Selbstbewusstsein und teilweise großartigen Qualitäten die aufblühende vegetarische Küche. Die Aromasorten Sauvignon Blanc, Gewürztraminer, Muskateller und Scheurebe komplettieren den heimischen Weißweingipfel, wobei gerade die »Scheu« immer interessanter wird.

Die Rotweine, die jetzt ein Drittel der deutschen Weinbergfläche ausmachen, haben erst durch den Erwärmungsschub echten Rotweincharakter entwickelt. Sie sind farbintensiver und aromatischer geworden, besitzen mehr Struktur und ein intensiveres Gerbstoffgerüst. Der Anbau des pummeligen Dornfelders geht zum Glück deutlich zurück. Der feinduftige, in der Spitze höchst finessenreiche Spätburgunder behauptet mit fast 12 000 Hektar Anbaufläche souverän die Poleposition. In Südeuropa ist es dieser Traube zu heiß. An Rhein, Main und Neckar bringt sie Jahr für Jahr immer bessere Weine hervor, die schönsten Exemplare stehen auf Augenhöhe mit weit teureren Prestigeweinen des Burgunds.

Leider wird Spätburgunder häufig zu warm ausgeschenkt, er verliert so seine kühle Finesse. Die alte Regel, Rotwein zimmerwarm zu servieren, stammt aus längst vergangenen Zeiten ohne Zentralheizung und ist komplett unsinnig. Lassen Sie sich von blasierten Gastwirten, die Investitionen in Weinkühlschränke scheuen, nicht irritieren. Gerade im Sommer ist ein ungekühlter Rotwein untrinkbar. Für Spätburgunder empfiehlt der bekannte Stuttgarter Sommelier und Weinexperte Bernd Kreis eine Temperatur von 14 bis 16 Grad, einen gerbstoffarmen geschmeidigen Trollinger schenkt man mit 11 bis 13 Grad aus. Leider sind gute Spätburgunder auch in deutschen Weinbauregionen inzwischen teuer geworden. Für einige Spitzenweine werden inzwischen sogar dreistellige Kurse aufgerufen. Das ist vermessen, aber gleichzeitig gibt es hochfeine Tropfen für 10 bis 15 Euro.

Dem Qualitätssprung des deutschen Weins haben sich am Ende auch sture Betonköpfe gebeugt. Die *Süddeutsche Zeitung* klang noch vor einigen Jahren ziemlich verzweifelt: »Die Vorurteile der Deutschen, die im Ausland önologisch sozialisiert worden sind, haben sich zu einem kaum überwindbaren Hindernis aufgetürmt. Selbst Leute, die noch nie einen Tropfen deutschen Weins getrunken haben, können bezeugen, dass das Zeug grauenhaft süß und parfümiert schmeckt und schon beim Herunterschlucken brüllende Kopfschmerzen verursacht.«[159] Vorbei! Heute jauchzen selbst eingefleischte Italotrinker über einen erfrischenden Schluck vom heimischen Rebhügel. Auch die Gastronomie hat, zwar mit zeitlicher Verzögerung, dann aber umso entschlossener, auf den Qualitätsschub reagiert. In vielen Lokalen stehen sogar ausschließlich Weine aus den 13 deutschen Anbaugebieten auf der Weinkarte.

Orangewein und nasse Socken

Mit dem Naturwein und Orangewein haben zwei neue Weintypen den Markt erobert. Als Naturweine werden Weine bezeichnet, die in der Regel nicht nur aus Bio-Bewirtschaftung stammen, sondern auch ohne weitere Zusätze, insbesondere mit geringer oder gar keiner Schwefelung auskommen und ohne aufwendige Kellertechnik hergestellt werden, vor allem ohne Schönung und Filtration. Es gibt keine weinrechtliche Definition, der Begriff Naturwein ist ebenso frei wie umstritten. Orangeweine werden ähnlich wie Rotweine produziert. Der abgepresste Traubensaft aus weißen Rebsorten hat längere Zeit Kontakt mit den Beerenhäuten, wodurch Gerbstoffe und eine dunklere orange Farbe extrahiert werden. Manche Orangeweine sind zugleich Naturweine und umgekehrt. Zusätzlich vergären manche Winzer die Weine in tönernen Amphoren (Kvevri), die nach georgischem Vorbild monatelang in kühler Erde vergraben werden. Wer solche Weine das erste Mal probiert, wird von leichten Schockwellen geschüttelt. Inzwischen gibt es eine beachtliche Anhängerschar.

Die heftige Polarisierung in Sachen Natur- und Orangewein weicht langsam einer friedlichen Koexistenz. Auch die Gegner dieses Weintypus haben verstanden, dass diese spannende Experimentierphase die Winzer voranbringen kann.

Als sich im Frühjahr 2018 in Nierstein 20 Weinjournalisten über ein Verkostungspanel von Orange- und Naturweinen hermachten, hörte man zwar immer noch die üblichen Tiraden – »nasse Socken«, »Sauerkraut«, »Gammelwein« –, aber am Ende war der Respekt vor dem neuen Terrain, das die Winzer seit einigen Jahren ausloten, doch größer als die Lust auf Hohn und Spott. Die Akzeptanz für maischevergorene Weißweine und weitgehend ungeschwefelte Naturweine steigt bei Kunden und Journalisten. Bei den Sommeliers sind sie sowieso die Lieblingskinder, weil sie schöne Geschichten zu erzählen haben.

Die Lust am Ausprobieren war in der Weinbranche immer wieder Ausgangspunkt für interessante Entwicklungen. Als Anfang der 1980er-Jahre in Deutschland die ersten Weine ins kleine, frisch gezimmerte Eichenfass (Barrique) gelegt wurden, war das Gegrummel ähnlich heftig. Die als »Holzsäfte« verschrienen Weine mit ihren »Schreinereiaromen« wurden von der Weinprüfung abgestraft und mussten als Tafelwein verkauft werden. Heute sind sie unverzichtbarer Bestandteil der Weinpalette.

Zumindest beim Orangewein erhalten immer mehr Gewächse bei der Weinprüfung eine AP-Nummer, sie werden damit als Qualitätswein anerkannt. Fast ein Jahrzehnt nachdem in Deutschland die ersten orangefarbenen Weißweine auf die Bühne traten, hat ein Prozess der Normalisierung eingesetzt. So gehören zumindest kurze Maischestandzeiten bei Weißweinen heute bei immer mehr Winzern zum normalen önologischen Besteck. Die Moste müssen ja nicht gleich monatelang auf der Maische liegen. Schon ein paar Stunden reichen aus, um zusätzliche Aromen aus den

Schalen zu kitzeln. Auch die Säure kann durch Maischekontakt und die damit intensivierte Kaliumextraktion gepuffert werden.

Die Bezeichnung Orangewein oder Naturwein darf aber keine Ausrede sein für Weinfehler, sagt Michael Zänglein, Chefönologe an der Bayerischen Landesanstalt für Weinbau in Veitshöchheim. Dumpfe und muffige Töne, Uhu- und Lacknasen, Überoxidation oder ein Mäuseln seien keineswegs typisch für maischevergorene Weine, sondern das Ergebnis unsauberer Arbeit. Auch starke Bitternoten sind kein Muss. Die hohe Dosis bitterer Phenole – das sind pflanzliche Inhaltsstoffe, die während der Maischezeit aus Schalen und Kernen in den Most wandern – können durchaus gebändigt werden.

Bei manchen Naturweinen hat man indes den Eindruck, dass »der Weg das Ziel ist«. Weinfehler werden in Kauf genommen, Hauptsache, der Wein wird nicht von Schwefel und anderen Eingriffen gequält. Schwefel stabilisiert den Wein, er verändert aber auch Aussehen und Geschmack.

Inzwischen haben die deutschen Winzer Orangeweine auch als Verschnittpartner entdeckt. Warum nicht dem »normal« ausgebauten Silvaner, Chardonnay oder Weißburgunder eine kleine Dosis aus der Amphore mit auf die Reise geben? Im besten Fall bekommt der Wein mehr Komplexität und Individualität, mehr Struktur und eine längere Haltbarkeit. Bleibt die zugesetzte Verschnittmenge klein, probiert sich der Wein gewohnt geschmeidig, wird sie erhöht, erhält der Tropfen mehr Grip und ein paar Ecken und Kanten. Der Weinmacher kann damit spielen.

Orangeweine sollten nicht zu kalt serviert werden. Zehn Grad sind besser als die kühlschranktypischen sieben Grad, sonst treten die Gerbstoffe aggressiv hervor. Auch das Dekantieren wird empfohlen. Ein großes Rotweinglas bringt die Aromen besser zur Geltung als ein Weißweinglas. Wer die Flasche nicht gleich austrinkt, wird erstaunt sein, wie lange sich viele Orangeweine frisch halten. Nach einigen Tagen im Anbruch probieren sie sich oft noch interessanter.

Die Weinjournalisten in Nierstein schnüffelten an den Orangenen deutlich länger herum als an allen anderen Weinen. Das eine oder andere »Sensationell-wie-der-hier-duftet« war unüberhörbar. Auch wenn man nicht immer wusste, ob es Begeisterung oder schieres Entsetzen war.

Mit der Veränderung des Klimas und der nun selbstverständlichen Reife hat sich auch die Philosophie der Winzer geändert. Das ewige Schielen auf die Oechslegrade ist Geschichte. Der Zuckergehalt der Trauben, der früher das entscheidende Kriterium für die Prädikate Kabinett, Spätlese, Auslese etc. war und damit den Verkaufspreis und die Qualitätsstufe bestimmte, ist endlich kein Gradmesser mehr für die Güte der Weine. Im Gegenteil: Zu hohe Mostgewichte bringen undelikate plumpe Weine hervor. Der Abschied von der Oechsle-Diktatur ist einem Qualitätsdenken gewichen, das sich auch auf dem Etikett widerspiegelt. Die Weinberge und der Boden kommen nun stärker zu ihrem Recht. Der Wein wurde, wie Moselwinzer Reinhard Heymann-Löwenstein in seinem großartigen Buch *Terroir* über Weinkultur und Weingenuss schreibt, »vom Kopf auf die Beine gestellt, vom Zucker auf den Weinberg«.[160]

Die meisten Qualitätserzeuger verzichten schon seit etlichen Jahren auf Prädikate wie Spätlese oder Kabinett und konzentrieren sich lieber auf ihre Lagen und Bodenformationen. Sie orientieren sich am Vorbild des Burgunds und dessen vierstufiger Klassifikation: einfache Gutsweine, ambitionierte Ortsweine und schließlich die Spitzenweine mit Erster Lage und Großem Gewächs. Bei der Einstufung der Großen Gewächse wurde allerdings mit der Gießkanne gearbeitet, damit möglichst viele Winzer eine Toplage ihr Eigen nennen dürfen. Im Burgund sind 39 Grand-Cru-Lagen ausgewiesen, in Deutschland aktuell 413. Der *Vinum-Weinguide* kommentiert das so: »Die Klassifikation der wirklich Großen Lage im Sinne eines Elitebegriffs wurde zugunsten demokratisch befriedender Gleichbehandlung aufgegeben.«[161] Ergo: Viele Große Gewächse sind eher kleine.

Ein Teil der Winzer hält aber noch immer stur an den alten Prädikaten fest. So ist ein Durcheinander entstanden, das den normalen Weintrinker überfordert. Die undurchsichtige Etikettenstrategie ist nicht untypisch für das schon seit Jahren übliche Bezeichnungswirrwarr beim deutschen Wein. Dazu kommen noch diverse Medaillen und Plaketten sowie Spezialbezeichnungen wie Charta-Wein, Hochgewächs, Reserve, Selektion, Classic, halbtrocken, feinherb, mild und vieles mehr. Der mit einem gesunden Halbwissen gerüstete Weintrinker steht oft ratlos vor dem Regal.

Die Auswahl ist groß, kein anderes Weinland kennt eine solche Vielfalt an Rebsorten und Qualitätsstufen. Im Burgund sind sechs Rebsorten zugelassen, in Deutschland 140 von Acolon bis Zweigelt. Das bietet die Chance, unterschiedlichste Rebsorten und Weinstile kennenzulernen, es verstärkt aber noch das Durcheinander. Um das Chaos zu vollenden, schreiben manche Winzer ausländische Synonyme auf die Etiketten. Der Lemberger wird zum Blaufränkischen, der Spätburgunder zum Pinot Noir, der Schwarzriesling kommt plötzlich als Pinot Meunier um die Ecke. Sekt wird zuweilen als Crémant angeboten, und der Perlwein heißt Secco. Anstatt selbstbewusst einen eigenen Stil mit eigener Terminologie zu pflegen, läuft man fremden Erfolgen und Weinbezeichnungen mit teilweise kuriosen Kopierversuchen hinterher. Der Weinbauverband toleriert die Konfusion mit stoischem Laissez faire. Bloß niemandem auf die Füße treten, bloß keine klare Linie fahren.

Bei den Weißweinen behauptet der Riesling unverändert seine Spitzenposition mit 23 700 Hektar Anbaufläche vor dem Müller-Thurgau (12 600 Hektar). Deutsche Rieslinge sind bekannt für ihre Eleganz und Rasse, sie können Herkunft und Boden gut widerspiegeln. An Saar, Mosel und an der Nahe gibt es immer noch federleichte filigrane Rieslinge, teilweise mit weniger als zehn Volumenprozent Alkohol. Eine einmalige Spezialität, die bestens in die Zeit passt. Der mit natürlicher Restsüße ausgebaute Riesling, der über Jahrzehnte reifen kann, hat dagegen an Reputation verloren. Zu Unrecht. Diese Weine können Süße und Säure in einem einmaligen Duett verbinden, sie besitzen beachtliches Alterungspotenzial und sind nach wie vor Juwelen unserer Weinkultur. Mit den Jahren tritt die Süße immer stärker in den Hintergrund, und die Mineralität dominiert. Sie durchbricht die Süßedominanz und zaubert einen neuen Wein hervor. Nur ein wirklich »plumper süßer Schwiegermutterwein wird immer plump und süß bleiben«, schreibt Moselwinzer Heymann-Löwenstein.

Verkehrte Welt: Jahrzehntelang mussten Weinfreunde für trockene Weine kämpfen. Bis Mitte der 1980er-Jahre waren sie in Deutschland fast ein Nischenprodukt. Heute gewinnt man den Eindruck, die restsüßen Weine beschützen zu müssen. Selbst Weine mit leichter Fruchtsüße werden zuweilen als Zuckerbrühe stigmatisiert. Die kategorische Ablehnung durch manche Zeitgenossen wirkt wie ein Verdikt der Geschmackspolizei. Als wäre nicht ein leichter Riesling mit zarter Fruchtsüße ein idealer Erfrischungstrunk. Zudem können ein paar Gramm Restzucker die manchmal aggressive Säure dieser Rebsorte bestens balancieren.

Die natürliche Fruchtsüße der Rieslinge verbessert ihr Alterungspotenzial. Aber auch gute trockene Weine verschiedener Rebsorten können über Jahre reifen. Beim Wein ist die Alterung ein fest mit dem Produkt verbundener Mythos. Mit den Jahren der Reife im Keller verändern sich Farbe, Duft und Aromen des Weins – ein faszinierendes Spiel mit immer neuen Geschmackserlebnissen. Ein alter, über Jahre gereifter Wein, der womöglich noch mit Spinnweben und Staub behaftet aus der Schatzkammer hervorgeholt wird, gilt als Inbegriff der Weinkultur. Connaisseure rollen dann mit den Augen und berichten von sagenhaften Jahrgängen. Nur: Wer lässt tatsächlich noch seine Flaschen im Weinkeller über Jahre und manchmal Jahrzehnte reifen? Fast niemand! Der Mythos des alten Weins wird zwar auf Weinproben gern beschworen und ideell immer mitgetrunken, leider hat er aber weitgehend illusorischen Charakter. Die übergroße Masse der Verbraucher trinkt junge Weine, die mit ihren Primäraromen auf schnellen frühzeitigen Verbrauch getrimmt sind. Wird die Weinkultur allmählich zum Fast Food?

Jung getrunkene Weine können von kräftigem Luftkontakt profitieren. Durch das Karaffieren, also das Umfüllen in eine Karaffe oder in einen schlichten Krug, wird eine Art Schnellreifeprozess ausgelöst, die Aromen entfalten sich nach der Belüftung besser. Leider hat eine erkleckliche Anzahl der jungen einfachen Weine heute einen leicht brausigen Eisbonbon-Touch. Und manche Flaschen leiden schon nach wenigen Jahren unter dem nach Mottenkugeln riechenden, untypischen Alterungston.

Auch im kultigen Bordeaux, das für besonders langlebige Tropfen berühmt war, werden die Weine heute überwiegend für den schnelleren Verbrauch zurechtgemacht. Imageträchtige sündteure Gewächse lassen manchmal schon nach zehn Jahren die Flügel hängen, wirken müde und ausgezehrt. Die legendären Langläufer sind die Ausnahme geworden. Große edelsüße Rieslinge gehören dazu, manche können 50 Jahre und älter werden. Viele brauchen die Zeit der Reife, um sich zu harmonisieren. Das Alterungspotenzial ist stets auch ein Gradmesser für die Qualität eines Weins. Gereifte Weine sorgen für die schönsten und überraschendsten Weinabenteuer – und für gelegentlich herbe Enttäuschungen. Man braucht übrigens weder einen dunklen, gleichmäßig temperierten, garantiert erschütterungsfreien Keller noch einen Luftbefeuchter. Für ein paar Jahre Reifung reicht ein Platz unterm Bett im kühlen Schlafzimmer. Die meisten Weine profitieren von einer zumindest kurzen Lagerung von ein, zwei Jahren. Bei längerer Ruhezeit empfiehlt es sich, zwischendurch eine Flasche zu öffnen.

Zu den auffälligen Entwicklungen der deutschen Weinkultur gehörte in den vergangenen Jahren auch der boomende Anbau internationaler Sorten. Er hatte in den 1990er-Jahren den Charakter eines Befreiungsschlags. Endlich durften auch in den heimischen Anbaugebieten jenseits des Rieslings die großen Rebsorten des Weinplaneten angebaut werden. Und sie wurden sogar richtig reif. Selbst spanischer Tempranillo oder italienischer Nebbiolo streckten nun ihre Blätter in die Pfälzer Sonne. Nach gut zwei Jahrzehnten Erfahrung hat der Trend zu den internationalen Sorten seinen Höhepunkt überschritten, die deutschen Winzer sind nach der anfänglich großen Begeisterung für die sonnenhungrigen Exoten zurückhaltender geworden. Sie haben erkannt, dass sie mit ihren Cabernets, Merlots und Syrahs im großen globalen Weintopf landen und mit der gesamten Weinwelt konkurrieren. Dennoch gehören die Einwanderer aus dem Süden in der Pfalz, in Rheinhessen,

Baden und Württemberg inzwischen fast selbstverständlich zum Rebsortenspiegel – mit bescheidenen Rebflächen, aber teilweise beeindruckenden Weinen. Bei weiter steigenden Temperaturen könnte ihr Anbau womöglich einen neuen Schub bekommen. Deutsche Spitzenweine aus Cabernet Sauvignon und Merlot müssen sich übrigens vor den Weinen gleicher Rebsorten aus dem berühmten Anbaugebiet Bordeaux keinesfalls verstecken.

Ein Bordeaux ist für die Deutschen neben Champagner immer noch *der* Prestigetropfen, ein ganz besonderer Wein. Wie das schon klingt. Und wie das aussieht, wenn die im klassischen Design gehaltenen Flaschen, von Seidenpapier umhüllt, in der Holzkiste mit aufgeprägtem Chateau-Namen liegen wie die Prinzessin im Himmelbett. Wenn dem Chefarzt für die gelungene Operation zu danken ist, wenn der gute Freund den runden Geburtstag feiert, wenn eine ganz exklusive Flasche verschenkt werden soll, dann darf es gern ein Bordeaux sein. Bordeaux ist der ideale Wein für Ahnungslose, die sich hinter einem klingenden Namen verstecken wollen. Bordeaux ist für viele Weinkenner das unsympathischste Anbaugebiet auf dem Planeten Wein. In keiner anderen Region ist die Habgier ausgeprägter. Die Preise der berühmten Chateaus haben schon in den 1990er-Jahren das Fliegen gelernt und sind nie wieder zu Fairness und Anstand zurückgekehrt. Für Spitzenweine von Mouton, Lafite, Petrus und Co. werden schon in der Subskription je nach Jahrgang 500, 800 oder 1000 Euro und mehr bezahlt. Nicht für die Kiste, sondern für eine einzige Flasche Wein.

Natürlich ist kein Wein 1000 Euro wert. An Käufern herrscht dennoch kein Mangel. Ihnen geht es auch nicht primär um den Wein, sondern um den Namen. Wein wird zum Prestige- und Spekulationsobjekt. Der Porsche in der Garage, die Rolex am Handgelenk und eine Kiste Lafite im Keller.

Mit jedem neuen Jahrgang startet eine neue Wallfahrt ins berühmteste Anbaugebiet der Welt. Dort raufen sich zunehmend auch Chinesen, Russen und Inder um die Jahrgangsbeute. Wie Börsenkurse flimmern die Angebote der Négociants über die Bildschirme. Dann wird der große Jahrgang ausgerufen, Weinjournalisten geraten in Ekstase, Fachblätter vergeben Traumnoten, und die Preise explodieren. Mit Weingenuss hat das alles nichts zu tun. Längst sind asiatische Investoren, Versicherungskonzerne und Großbanken am Drücker. Normale Besucher werden an den Eingangspforten der Chateaus wie Hausierer behandelt.

Weinfreunde, denen es um Geschmack und Trinkspaß geht, haben sich von diesem Rummel schon lange verabschiedet. Wenn überhaupt, dann trinken sie Bordeaux aus den Randlagen, die, abseits des Big Business, gut trinkbare Weine zu normalen Preisen produzieren. Auch unter den Weinhändlern wächst die Kritik. Martin Kössler, streitbarer Weinmaniac vom Nürnberger Weinhaus *Kössler & Ulbricht*, wettert schon seit Jahren gegen die ungehemmte Preistreiberei im Bordelais. Die vernünftigen Leute, sagt er, seien ausgestiegen. Was Kössler besonders fuchst: Gerade ein Bordeaux könnte eigentlich ein preiswertes Gewächs sein. Anders als an der Mosel oder im portugiesischen Duero-Tal, wo sich die Winzer mit viel Handarbeit in den Steillagen den Buckel krumm schuften, ist das Gebiet zwischen Gironde, Garonne und Atlantik platt wie die norddeutsche Tiefebene und mit Maschinen leicht zu bewirtschaften. Kein Weinberg, nirgends. Der Selbstkostenpreis eines ambitioniert gemachten Top-Bordeaux dürfte die 20-Euro-Marke selten übersteigen. Selbst wenn man das Doppelte veranschlagt, bleiben in der Spitze noch 1000 oder 2000 Prozent Gewinn. Margen wie im Heroinhandel.

Natürlich zählt beim Wein nicht nur der schnöde Warenwert. Ein Wein besteht zu 80 Prozent aus Illusion und zu 20 Prozent aus Geschmack. Große Weine haben eine fast künstlerische Aura. Sie sind heiß begehrte, knapp zugeteilte Luxusprodukte, die Nachfrage übersteigt das Angebot. Sie gelten als weinkulturelle Edelsteine. Dennoch muss es erlaubt sein, einmal den materiellen Gegenwert zu berechnen.

Bordeaux hat noch eine andere Schattenseite, die erst kürzlich durch eine Reportage der Berliner Journalistin Katja Trippel im *SZ-Magazin* ausgeleuchtet wurde.[162] Im Bordelais wird offenbar besonders intensiv Gift versprüht, der Pestizideinsatz soll ungewöhnlich hoch sein. Trippel berichtet von windvertriebenen Giftwolken auf Schulhöfen, von spuckenden, kollabierten Kindern und einer irritierenden Krebshäufigkeit in bestimmten Gebieten, die dicht an den berühmten Weinflächen liegen. Verschiedene Tests auf Giftrückstände in Bordeaux-Abfüllungen brachten alarmierende Ergebnisse zutage: »Würden die Weine wie Trinkwasser kontrolliert, dürfte fast keiner auf den Tisch. 100- bis 3000-fach überschreiten die meisten [der kontrollierten Weine] die Grenzwerte für Trinkwasser«, bilanziert Trippel. Auch in den Haaren von Weinbergarbeitern, auf Schulhöfen und in Wohnzimmerteppichen fanden die Labore Pestizidrückstände aus den jährlich bis zu 18 Spritzungen. Französische Epidemiologen, schreibt Trippel, hätten einen Zusammenhang zwischen den toxischen Pestizidlasten und den Parkinson- und Non-Hodgkin-Erkrankungen in der Region nachgewiesen.

Die Bordeaux-Winzer – die Vereinigung CIVB – haben inzwischen auf den *SZ*-Artikel reagiert. Sie schreiben in ihrer Erwiderung, dass sich der Verbrauch der »als krebserregend, erbgutverändernd und fortpflanzungsschädigend eingestuften Pestizide« in den vergangenen zehn Jahren »um mehr als zwei Drittel verringert« habe.[163] Das berühmteste Weinanbaugebiet der Welt liegt dicht am Atlantik. Das Wetter ist dort häufig feuchtwarm – ideal für echten und falschen Mehltau und andere Rebkrankheiten. Deshalb muss hier womöglich öfter als anderswo zur chemischen Keule gegriffen werden.

Trotz solcher Enthüllungen und teilweise astronomischer Preise: Noch hält sich der Mythos Bordeaux. Die Weinzeitungen befeuern ihn jedes Jahr neu, angetrieben von teuer bezahlten Anzeigen und sogenannten Kooperationsgeschäften. Hinten stehen die Anzeigen der Chateaus, vorne die ausgeflippten Degustationsnotizen. Einen Verriss oder auch nur eine einzige herbe Kritik an einem hoch gehandelten Bordeaux habe ich in den großen Weinzeitungen bisher nicht gelesen.

Auch jenseits von Bordeaux ist die Weinsprache lobessatt. Ihren sachdienlichen Charakter hat sie spätestens in den 1990er-Jahren abgelegt. Damals begann die an Obstsalat erinnernde Aufzählungsarie fruchtiger Geschmackseindrücke, kombiniert mit allerlei Blüten- und Kräuterdüften, die von den Verkosternasen identifiziert wurden. Dazu Zigarrenkiste, Leder, Tabak. Heu, Speck, Rauch und andere Analogien, inklusive nasser Hund, Katzenpipi und Pferdesattel. Da wurden Weine auch schon mal als »vollbusig« bezeichnet mit »minutenlangem Abgang«. Inzwischen sind die letzten Schranken gefallen. Verschiedene Weinversender preisen selbst einfachste Tropfen mit einem Vokabular an, als hätte ihnen ein himmlischer Bote auf die Zunge gepinkelt. Weinmacher werden regelmäßig als »genial« beschrieben, ihre Weine sind »zum Niederknien«, sie sind kristallklar, knackig, saftig, sinnensatt, betörend, verführerisch, bestechend, grandios, edel sowieso, gern auch geil und anbetungswürdig.

Alles Marketinggeschnatter. Schon die schlichte Angabe des Alkoholgehalts, der Säure- und Zuckerwerte und des Extrakts würde sehr viel mehr Informationen bieten, um einen Wein seriös zu beurteilen. Dazu die ungefähre Ertragsmenge und die Ausbautechnik im Holz, Beton oder Edelstahl, vielleicht noch eine Angabe zum Alterungspotenzial. Doch so genau will man es dem Weintrinker dann doch nicht sagen.

Da wird lieber von Geschmacksexplosionen rhabarbert, von Wonne- und Meditationsweinen, tänzerischer Leichtigkeit und reichlich Sex-Appeal. Ein einfacher Grenache-Rosé für sechs Euro – meist ein Abfallprodukt der Rotweinproduktion – wird von einem großen Berliner Weinhändler mit »draller Frucht und viel Sanftmut« annonciert, um ihn dann als »kraftvoll, impulsiv und doch allen zugewandt und voller Charme« zu bejubeln. Wie bitte schmeckt ein impulsiver Wein mit viel Sanftmut? Und wem, außer dem Trinkenden, wendet der Dralle sich sonst noch zu? Ein anderer Tropfen eines Hamburger Anbieters ist am Meeresufer aufgewachsen, »mit unzähligen Muschelschalen im Boden, an denen die Wurzeln der Rebstöcke förmlich saugen«. Das Ergebnis ist »ein Wein wie ein Tag am Strand, sonnige gelbe Früchte kitzeln die Nase, eine leichte Brise weht mit pikanter Würze, und der Wein rollt wie eine

Welle über den Gaumen.« Obacht, man könnte sich beim Trinken den Sonnenbrand holen. Im Vergleich zu solchen Wortschmieden liest sich Goethe wie ein Comicautor.

Gegen die Übermacht tumber Weinprosa kann sich der Verbraucher kaum wehren. Zumal der Wein für viele Konsumenten ohnehin ein schwieriges Terrain ist. Man fühlt sich geschmacksunsicher, will aber gern mitreden, weil Wein und gutes Essen den gesellschaftlichen Status mitdefinieren. Wenn dann noch der Sommelier zu langen Vorträgen ausholt, inklusive der Blutgruppe des Winzers, dann sitzt der Gast eingeschüchtert vor dem leeren Glas. »Nehmen wir doch den Grauburgunder, Elfriede«, sagt er dann vielleicht, »der ist irgendwie runder.« Es ist wie früher im Schwimmbad, wenn man den Mädchen imponieren wollte und Angst hatte, die falsche Eissorte in der Tüte zu haben.

Warum gehorchen Millionen von Weintrinkern nicht einfach ihren eigenen Vorlieben? Warum haben sie ständig Angst, sich zu blamieren? Warum rennen sie auf ewig Preismünzen und zweifelhaften Parker-Punkten hinterher und den Geheimtipps von Sommeliers, Journalisten, Händlern und Schnäppchenverkäufern, die in der Regel einen ganz anderen Geschmack haben? Warum bringen sie sich um Genuss und Freude, weil sie mit ihrer Weinauswahl partout imponieren wollen?

Aber wie findet man überhaupt zum eigenen Geschmack? Wichtig ist der Vergleich. Wer 20 Jahre lang immer nur »Trollinger mit Lemberger« trinkt, wird nie herausfinden, dass ihm ein Spätburgunder eigentlich besser schmeckt. Viele Weinhändler laden zu Verkostungen, es gibt Weinmessen und Weinstuben. Auch in vielen Restaurants kann man probieren. Es fehlt sicher nicht an Gelegenheiten, es fehlt an selbstbewusstem Standing. Machen Sie sich bitte klar, dass Sie weder über den Wein reden noch connaisseurhaft angelernte Schnöselphrasen in den Raum werfen müssen. Schmeckt mir, schmeckt mir nicht! Das reicht eigentlich.

Blindproben im Freundeskreis sind übrigens eine großartige Sache. Jeder bringt seinen Lieblingswein mit. Sagen wir mal Chianti bis 12 Euro. In neutrale Flaschen ohne Etikett umfüllen und auf dem Flaschenboden eine Nummer draufkleben. Dann wird gegessen und getrunken. Die meisten werden ihren Lieblingswein nicht erkennen, das ist schon mal sehr schön. Plötzlich entdeckt man die Unterschiede und weiß am Ende, welcher Tropfen einem wirklich behagt. Fahren Sie mit der U-Bahn nach Hause und freuen Sie sich über solch amüsant-lehrreiche Gratisseminare.

Und noch ein Hinweis: Meiden Sie Schnäppchen. Auf letztere fallen die Leute reihenweise herein. Ein erfolgreicher Weinversender, der mit riesigen Anzeigen in deutschen Zeitungen wirbt, beherrscht nicht nur perfekt den schwurbeligen Weinsprech; seine Weine werden auch stets als Schnäppchen zu extrem abgesenkten Preisen angeboten. Dabei ist der durchgestrichene Normalpreis, der dann um 30 oder 40 Prozent generös reduziert wird, oft nur Fiktion. Der Schnäppchentarif ist nicht selten der von Beginn an kalkulierte Normalpreis. Die Weine selbst sind eher einfache bis durchschnittliche Qualitäten, die mit viel Rhetorik zu Vulkanausbrüchen aufgemotzt werden.

Selbstverständlich sind alle Weine von *mineralischen Adern* durchzogen, das neue Zauberwort. Ihro Mineralität hat die Bühne betreten und die Hauptrolle besetzt. Der Begriff *Terroir* hat dagegen abgewirtschaftet, er wurde im Weinvokabular zu oft benutzt, um die Käufer noch zu beeindrucken. Ohnehin wussten die wenigsten, was darunter genau zu verstehen war. Nachdem irgendwann auch der letzte saure Seelentröster aus dem Fünfliterpack sein Terroir ins Glas gezaubert hatte, war es höchste Zeit, neue Begrifflichkeiten zu finden. Auch unter Mineralität versteht jeder etwas anderes. Der derzeit angesagte karg-mineralische Weintyp mit weniger Frucht ist ohnehin ein eher intellektuelles Vergnügen, das an vielen normalen Weintrinkern vorbeigehen dürfte.

Schließen wir dieses Buch aber nicht mit den Missetaten des Weinmarketings. Und auch nicht mit dem Hinweis, dass der deutsche Konsument im Schnitt nur knausrige 3,09 Euro[164] für einen Liter Wein ausgibt. Dann doch lieber noch einmal Heymann-

Löwenstein, der mit Rückgriff auf die *Ode an den Wein* des chilenischen Poeten Pablo Neruda schreibt: »Aufgelöst, Liebe atmend, meerisch. [...] Was für ein Gefühl, im Freundeskreis, bei gutem Essen und einer guten Flasche Wein versöhnt zu sein und eins mit der Welt.«

Bevölkerungswachstum, Hunger und brennende Regenwälder

»Fleisch hat einen ranzigen Beigeschmack«

Es gibt Wichtigeres als den Bohei um die kulinarischen Befindlichkeiten in den reichen Ländern des Nordens. Die einen suchen in ständiger Selbstoptimierung nach dem ultimativen Superfood, die anderen, in den armen Ländern des Südens, sehnen sich nach einer Schale Reis. Deshalb muss zu diesem Buch auch ein Blick auf Hunger und Mangelernährung gehören. Einer der klügsten Köpfe in Sachen Welternährung und globaler Agrarentwicklung ist der NGO-Aktivist Benedikt Härlin. Der Autor hat ihn befragt.

Herr Härlin, zur Jahrhundertmitte sind wir vermutlich neun oder zehn Milliarden Menschen auf der Erde. Wie schaffen wir es, dass alle satt werden?

Benedikt Härlin: Ihre Frage würde ich gern umdrehen: Wie können sich die neun Milliarden Menschen selbst gut und ausreichend ernähren? Steigen wir doch hinab von der virtuellen Kommandobrücke, von der aus wir auf das darbende Volk runterblicken wie einst Kaiser Nero. 40 Prozent der Weltbevölkerung leben von und in der Landwirtschaft und Ernährungswirtschaft. Die entscheidende Frage heißt: Bekommen sie genug Lohn und ausreichend faire Preise, um ihre Familien zu ernähren? Können sie auf ihrem kleinen Stück Land zuverlässig genügend Ertrag erzielen, um damit übers Jahr zu kommen?

Sie weisen den neun Milliarden eine aktive Rolle zu; sie werden nicht ernährt, sie ernähren sich selbst.

Genau, und in diesen Perspektivwechsel sollten wir uns auch selbst mit einbeziehen und uns fragen: Wie ernähre ich mich jetzt und wie will ich mich in Zukunft ernähren? Ist mein persönlicher

Speiseplan zukunftstauglich, für die eigene Gesundheit und für die des Planeten? Wir wissen, dass ein Deutscher so viele Ressourcen verbraucht wie drei Inder. Wir sind also, was die Welternährung angeht, keine Unbeteiligten, die als Zuschauer neutral und mitleidig auf die armen Hungernden herunterblicken.

Die Bevölkerung wird vor allem in Asien und noch stärker in Afrika wachsen. In Ländern, in denen schon jetzt Armut, Hunger und Mangelernährung weitverbreitet sind.

Vieles spricht dafür, dass sich dort die Krisen zuspitzen. Aber weniger aufgrund der zwei Milliarden zusätzlicher Esser, sondern wegen der Erdüberhitzung durch den Klimawandel und wegen des Raubbaus, den wir an unseren Ernährungsgrundlagen betreiben. Dieser Raubbau gefährdet die Bodenfruchtbarkeit, die Wasserressourcen und den Artenreichtum, um die drei vielleicht wichtigsten Parameter zu nennen. Wenn wir ihn nicht stoppen, werden nicht einmal die sieben Milliarden satt, die heute auf der Erde leben. Das ist die große Herausforderung: Wir müssen die Erde als unsere Ernährerin in einem nachhaltig fruchtbaren Zustand erhalten. Das schaffen wir nur mit einer Landwirtschaft und Ernährungsweise, die verträglich ist mit dem Zwei-Grad-Ziel des Pariser Klimaabkommens.

Wobei wir uns gegenwärtig eher auf vier als auf zwei Grad zubewegen. Das Zwei-Grad-Ziel erscheint zunehmend als eine politische Alibiziffer, die suggeriert, dass die Welt noch alles zum Guten wenden kann, während das Versagen der Klimapolitik immer katastrophalere Folgen zeitigt, gerade für die Ernährungssicherheit.

Auf welche Erwärmungsgrade wir tatsächlich zusteuern, kann ich nicht seriös beurteilen. Aber die Rolle der Landwirtschaft in der Klimapolitik, die ist in jedem Fall entscheidend. Die industrielle Landwirtschaft ist nicht nur ein maximaler Klimasünder mit ihren gewaltigen Emissionen durch Lachgas, Methan und den Brandrodungen. Sie verspielt und vergibt auch ein riesiges Potenzial zur Speicherung von Kohlenstoff. Wenn wir die Bodenfruchtbarkeit stärken, indem wir den Humusgehalt erhöhen, dann hilft das dem Klima, der Biodiversität und der Ernährungssicherheit. Das enorme positive Klimapotenzial der Landwirtschaft wird bisher viel zu wenig beachtet. Es geht sowohl um die gigantischen globalen Möglichkeiten, den Kohlenstoff aus der Atmosphäre wieder zurück in den Boden zu bringen, als auch um Kühlungseffekte durch veränderte Anbauformen, um Veränderungen des Mikroklimas vor Ort, durch Agroforst-Systeme etwa. Die Landwirtschaft hat eine Schlüsselrolle, die wir nützen müssen. Dagegen ist die Zahl der Erdbewohner letztlich nicht entscheidend. Ich wehre mich vehement gegen die wohlfeile, aber im Kern destruktive Vorstellung: Je mehr Menschen auf unserem Planeten leben, desto schlimmer wird alles.

Die für jeden Menschen verfügbare Fläche schrumpft mit dem Wachstum der Bevölkerung. Es sind die berühmten 2000 Quadratmeter Acker, die wir pro Kopf heute noch haben und die sich immer weiter reduzieren. Boden und Wasser werden knapp.

Das ist in bestimmten Regionen der Welt richtig. Wahr ist aber auch, dass auf 2000 Quadratmeter Acker viel mehr wächst, als ein Mensch vertilgen kann. So ungewohnt sich das vielleicht anhören mag: Die Landwirtschaft leidet an einer massiven Überproduktion von Agrarprodukten auf Kosten unverantwortlicher Überbeanspruchung der Böden und natürlichen Ressourcen. Wir müssen die Produktion runterfahren und damit aufhören, mehr zu produzieren, als wir essen können.

Die meisten Experten sagen genau das Gegenteil. Sie wollen die Erträge steigern und die Produktion hochfahren.

Die Welternährungsorganisation FAO nennt die Zahl von zwölf Milliarden Menschen, deren Kalorienbedarf wir mit der heute weltweit produzierten Menge an Nahrungsmitteln decken könnten. Mit Ausnahme des südlichen Afrika haben wir aktuell in allen Regionen der Welt ein Überangebot an Lebensmitteln. Das besagt auch eine von *Nestlé* gesponserte Sonderausgabe von *nature* zu diesem Thema. Ende 2018 erschien eine Metastudie, die in verschiedenen Szenarien vorrechnet, wie wir mit dem, was gegenwärtig produziert wird, 2050 alle satt bekommen, was wir heute ja bekanntlich nicht schaffen. In vielen Regionen, nicht nur in Europa und Nordamerika, liegt die größere Gefahr für unsere Gesundheit darin, dass wir viel zu viel essen. Im weltweiten Maßstab nimmt die Menschheit kontinuierlich neun Prozent zu viele Kalorien zu sich. Das führt zu zahlreichen sogenannten Zivilisationskrankheiten, von Diabetes über Gefäßschäden bis zu ernährungsbedingten Krebsformen.

Zugleich werden zweieinhalb Milliarden Mangelernährte beklagt und mindestens 800 Millionen Hungernde auf dieser Welt.

Das sind die Berechnungen und Schätzungen der FAO. Vor einigen Jahren wären das übrigens noch etwa 200 Millionen mehr gewesen. Seither hat die FAO ihre Exceltabellen und auch ihre Definition von Hunger deutlich umgeschrieben. Wie viele Menschen tatsächlich Hunger leiden, weiß niemand genau. Aber wir wissen ganz genau, wie wir dieses Problem lösen können. Wir müssen den Ärmsten der Armen in den städtischen Ballungsgebieten mit Geld und Nahrungsmitteln helfen. Wir müssen aber vor allem den unzähligen Kleinstbäuerinnen und -bauern mit ihrem kleinen Flecken Land ermöglichen, eine verlässliche, ausreichende und satt machende Ernte zu erzielen. 80 Prozent der landwirtschaftlichen Betriebe dieser Welt bewirtschaften weniger als einen Hektar Land und ernähren davon den größten Teil der Menschheit.

Dann ist die Subsistenzwirtschaft der Schlüssel im Kampf gegen den Hunger?

In der Subsistenzlandwirtschaft brauchen wir eine Ertragssteigerung, ja. Das ist bis hin zur Verdoppelung der Ernte und Vervielfachung ihres Nährwerts in vielen Regionen mit einfachsten Mitteln machbar. Was dort gelingt, damit bekämpfen wir direkt den

Hunger. Das ist der entscheidende Punkt. Und was die Mangelernährung angeht: Von den zweieinhalb Milliarden betroffenen Menschen ist ein nicht unerheblicher Anteil mittlerweile stark übergewichtig. Wir haben manchmal falsche Vorstellungen von spindeldürren Menschen. Ein Mangel an Mikronährstoffen und gleichzeitig eine Überernährung mit toten Kalorien[165] ist heute gang und gäbe. Stark übergewichtige Menschen können gleichzeitig mangelernährt sein.

Ist diese Fehlernährung eine Folge der oft kritisierten »Supermarktisierung« in vielen Ländern?

In den Schwellenländern explodiert derzeit der Anteil der Supermärkte und damit auch von Junkfood. Billige, haltbare Kohlenhydrate, Zucker und Fett verdrängen, kurz gesagt, preiswertes Gemüse. Wer es sich leisten kann, bekommt dazu noch reichlich Fleisch. Die sogenannte Western Diet ruiniert wie eine Seuche die traditionellen Ernährungsgewohnheiten vieler Gesellschaften.

Wie lässt sich die Nahrungsmittelerzeugung der Kleinbauern denn nun ankurbeln, damit sie mehr und physiologisch wertvollere Lebensmittel erzeugen?

Es gibt inzwischen viele Studien darüber, mit welchen agrarökologischen Anbaumethoden, mit welchen Fruchtfolgen und mit welchen einfachen Technologien zum Beispiel der Bewässerung Kleinbauern ihre Erträge verbessern können. Entwicklungsorganisationen kennen heute die richtige Strategie, sind aber nicht in der Lage, diese Lösung zu den Kleinbauern zu bringen und mitzuhelfen, sie dort umzusetzen. Dem stehen die Interessen mächtiger Großagrarier, Handelskonzerne und Agrarindustrien entgegen, deren Einfluss auf die städtischen Eliten und Regierungen in Afrika, Asien und nun auch wieder in Lateinamerika sich immer wieder durchsetzt.

Inzwischen nimmt die Zahl der weltweit Hungernden wieder zu, der jahrelange Trend zum Besseren hat sich umgekehrt.

Ja, seit drei Jahren scheint die Zahl der Hungernden wieder zuzunehmen. Das ist in erster Linie eine Folge der Kriege und der enorm hohen Flüchtlingszahlen. Sowohl in Afrika als auch im arabischen Raum haben wir die Situation, dass viele Bauern ihre Äcker nicht betreten und bestellen können, weil Krieg oder Bürgerkrieg herrscht.

Im Gegensatz zur öffentlichen Wahrnehmung sind also nicht die Dürren, sondern Kriege die wichtigste Ursache für die Hungerepidemien?

Im Krieg wird immer gehungert. Ohne Frieden gibt es keine Chance, den Hunger zu überwinden. Nicht einmal die dramatischen Notfälle lassen sich dann meistern, die immer nur einen kleinen, wenn auch besonders telegenen Teil des Elends ausmachen.

Um die Kleinlandwirtschaft in den Entwicklungsländern anzukurbeln, fordern viele NGOs einen Paradigmenwechsel. Die vorherrschende Strategie der Agrarindustrie und vieler UN-Organisationen sagt: maximale Erträge durch maximalen Einsatz der Agrarchemie, durch Hochleistungssorten und -tiere und womöglich durch grüne Gentechnik. Wer ist für Sie eigentlich der politische Adressat der die Weichenstellungen hin zur kleinen bäuerlichen Landwirtschaft anstoßen soll?

Der nötige Paradigmenwechsel wurde mit dem Weltagrarbericht 2008 zum ersten Mal klar formuliert und wissenschaftlich untermauert. Inzwischen hat sich diese Einsicht schrittweise in vielen internationalen und wissenschaftlichen Organisationen und Institutionen durchgesetzt. Bei der FAO, sogar in gewissen Etagen der Weltbank, bei der Unctad, dem Entwicklungs- und dem Umweltprogramm der UN, überall ist heute von Agrarökologie die Rede, von der zentralen Rolle der Frau für die Landwirtschaft und Ernährung der Familien, von Mikrokrediten und der notwendigen Förderung der Kleinbauern.

Ist das ein echter Durchbruch für einen veränderten Blick auf die Landwirtschaft?

Wir sind noch nicht dort, wo wir hinwollen, aber es hat sich viel verändert. Im Gegensatz dazu geht in der Europäischen Union sehr wenig voran, praktisch gar nichts. Das Bauernsterben geht hier unverändert weiter, ebenso die Ertragsmaximierung auf Kosten von Klima, Umwelt und Natur. Da wird mit entsprechenden Subventionen weiter das Geschäft der großen Lebensmittel- und Agrarkonzerne betrieben – von Nestlé bis Syngenta und Bayer. Diese Konzerne haben kein Geschäftsmodell, um die Kleinbauern oder die Subsistenzwirtschaft in irgendeiner Weise zu unterstützen. Sie kennen keine agrarökologischen Lösungen. Sie verkaufen Dünger, Gift und Hochleistungssaatgut, fantasieren von Gentechnik und lassen ihre Öffentlichkeitsabteilungen eine folgenlose Nachhaltigkeitssauce darübergießen. Diese Haltung setzt sich fort in der Politik, mit der Europa und die USA internationale Entwicklungshilfe organisieren und dabei immer abhängiger werden von milliardenschweren privaten Stiftungen.

Der Chef von Syngenta, einem der großen Agrarkonzerne, hat erklärt, dass ohne ihren Dünger und ohne ihre Pestizide zweieinhalb Milliarden Menschen weniger ernährt werden könnten.

Das ist frech gelogen. Dafür sollte man Syngenta eigentlich verklagen. Der Beitrag der industriellen Landwirtschaft für die Ernährung der Menschheit liegt heute bei vielleicht 30 bis 40 Prozent. Auf vielen Äckern, die mit industriellem Saatgut, mit viel Pestiziden und Dünger kultiviert werden, wachsen überhaupt keine Lebensmittel mehr, sondern Pflanzen für Biosprit, Futtermittel und andere Non-Food-Produkte der modernen Bioökonomie. Diese Agrarindustrie, die verbohrt auf ihrem alten Kurs bleibt, ist das eigentliche Übel. Auch Bayer hat bis heute nichts begriffen, das wird auch nicht dadurch besser, dass man den Monsanto-Spruch »mehr mit weniger« ständig wiederholt.

Ein Bayer-Manager hat kürzlich auf einem Kongress in Berlin die Strategie des Konzerns vorgestellt, neue Pflanzen zu entwickeln, die sich ihren Stickstoffdünger aus der Luft holen und ohne teuren Kunstdünger auskommen. Das wird als Beitrag gegen Armut und Hunger verkauft.

Das ist im Prinzip nichts Neues, alle Leguminosen machen das. Es ist also eher ein Wunder der Natur als eines der Industrie. Für mich geht es im Kern um die Frage, inwieweit wenige Firmen für die ganze Welt mit ihren unendlich verschiedenen Habitaten und Kulturen die richtigen Pflanzen maßschneidern können. Der Klimawandel verändert unsere Welt und Tausende Ökosysteme auf ganz unterschiedliche Art und Weise. Hier wird es trockener, dort feuchter, und in wieder anderen Regionen verändert sich der Monsun. Die große Herausforderung: Wie schaffen wir es, dass Millionen Bäuerinnen und Bauern die Anpassung an diese Veränderungen bei ihnen vor Ort gelingt? Dem stehen die modernen kommerziellen Hybridsorten eher entgegen. Samenfeste Sorten lassen sich beobachten und auswählen, um die widerstandsfähigsten in den Folgejahren wieder anzupflanzen. Wir brauchen gewaltige und schnelle Schübe züchterischen Fortschritts wegen des Klimawandels, des Krankheits- und Schädlingsdrucks. Aber der muss vielfältig sein und von den Landwirten und Gärtnerinnen kommen. Patentlösungen aus der Retorte sollten wir misstrauen.

Auch die Vereinten Nationen verlangen eine Generalüberholung der Agrarsysteme mit neuen widerstandsfähigen Sorten. Sie wollen damit einen Produktionszuwachs von fast 50 Prozent bis zur Jahrhundertmitte erreichen.

Mehr, mehr, immer mehr! Ich will die Vereinten Nationen aber mal in Schutz nehmen. Es ist nämlich wirklich schwer zu begreifen, dass die Überproduktion und der Überkonsum die zentralen Krankheiten unseres Landwirtschafts- und Ernährungssystems sind, während gleichzeitig Hunderte Millionen hungern. Wir müssen unseren Produktivismus in der industriellen Landwirtschaft drastisch abrüsten, und trotzdem brauchen wir Ertragssteigerungen in der kleinbäuerlichen und Subsistenzlandwirtschaft. Die Kleinbäuerin in einem afrikanischen Land, die mit Unterdüngung, mit schlechter Bodenfruchtbarkeit, schlechtem Saatgut, schlechtem Know-how und womöglich noch im Kriegsgebiet eine viel zu kleine Ernte einfährt, könnte und sollte ihren Ertrag mit agrarökologischen Methoden leicht verdoppeln und zudem klimasicherer machen. Diesen Widerspruch zu verstehen, fällt offenbar schwer. Die Ertragssteigerungen der Kleinbauern nützen auch der Umwelt und dem Klima. Ertragssteigerungen in der industriellen Landwirtschaft sind nur mit noch mehr Energieinput mit Dünger, Pestiziden und hohen Klimaemissionen möglich.

Gibt es inzwischen einzelne Länder und Regionen, die mit einer anderen Landwirtschaft beispielhaft vorangehen?

Es fällt mir schwer, einzelne Länder und ihre Programme herauszustellen. Ich bin vorsichtig geworden: Was ich nicht mit eigenen Augen gesehen habe, will ich auch nicht anpreisen. Natürlich gibt es Vorzeigeprojekte für den agrarökologischen Wandel in Sikkim, Nepal oder Bhutan. Aber sogar in China gibt es neben verheerenden Entwicklungen auch spannende Projekte mit positiver Ausstrahlung. Man hat dort in den letzten Jahren gezwungenermaßen einige Lektionen gelernt, durch vergiftete Flüsse und verpestete Luft. Die Einsicht in die Notwendigkeit, Landwirtschaft nachhaltiger zu gestalten, ist in China und in Indien heute teilweise größer als in Europa. Auch in fast allen lateinamerikanischen Ländern gibt es große Erfolgsgeschichten in der Bekämpfung des Hungers und ein neues Bewusstsein von Ernährungssouveränität. Fast überall, wo auf lokaler Ebene neue landwirtschaftliche Projekte angeschoben wurden, gibt es auch überzeugende Erfolge. Jetzt erleben wir allerdings ein Rollback in Brasilien und eine wirkliche Katastrophe in Venezuela. Zugegeben: Im weltweiten Maßstab sind wir noch nicht sehr weit vorangekommen.

Die Entwicklung in Brasilien ist seit dem Regierungswechsel besonders dramatisch. Die Rodungen des Regenwalds, um noch mehr Flächen für Sojaplantagen und für Biosprit zu schaffen, sind im Sommer 2019 in eine Katastrophe von historischem Ausmaß umgeschlagen mit verheerenden Waldbränden auf riesigen Flächen.

Ja, Herr Bolsonaro, ein globaler Nero. Aber so sind diese Waldbrände endlich einmal bis in die *Tagesschau* vorgedrungen, sogar mit einer klaren Botschaft: Diese Brände sind unsere Brände, sie sind die direkte Folge unseres absurd hohen Fleischkonsums. Regenwald brennt nicht von selbst, er brennt, weil er niedergebrannt wird. Und er wird niedergebrannt, um mit noch mehr Sojaplantagen noch mehr schwäbische oder niedersächsische Schweine zu mästen. Wir fragen diese Futtermittel nach und werden dann von Brandstiftern bedient.

Es sind auch chinesische Schweine, die gefüttert werden. Chinas Sojaimporte sind höher als die der gesamten EU. Der einzelne Verbraucher, der auf sein Schnitzel verzichtet, fühlt sich angesichts dieser globalen Wucht ziemlich ohnmächtig.

Ja, es sind die chinesischen und die europäischen Schweine, für die der Amazonaswald niedergebrannt wird. Aber niemand zwingt uns, Schweine zu essen, die mit Regenwald gefüttert werden. Es werden ja auch Schweine sojafrei mit heimischen Hülsenfrüchten, Kartoffeln und Rüben gemästet. Das lässt sich herausfinden und forcieren. Was die Kundschaft nachfragt, wird registriert. Die Seismografen des Handels sind hochsensitiv. Sie wittern schnell einen Konkurrenzvorteil, wenn sie mit amazonasfreiem Schnitzel punkten können.

Der Hühnerschlachter Wiesenhof hat tatsächlich angekündigt »auf den Zusatz von Soja im Geflügelfutter so weit wie möglich zu verzichten«. Sie wollen auf Insektenmehl ausweichen.

Solche Reaktionen sind typisch, deshalb wirkt die Nachfrage als Verbraucher deutlich über den eigenen Broiler hinaus.

Ganz anderes Thema: Welche Rolle spielt eigentlich die Welternährungsorganisation FAO? 4000 Beamte, die den Hunger verwalten, eine Organisation, die immer wieder als ineffizient und aufgebläht kritisiert wird und weit unter ihren Möglichkeiten bleibt.

Die FAO war noch vor 20 Jahren ein braver Pudel der USA und Europas. Sie war viel zu lange der Botschafter des Produktivitäts- und Effizienzwahns der industriellen Landwirtschaft. Das ist sie heute nicht mehr. Inzwischen ist da einiges ins Rutschen gekommen. Die FAO hat natürlich, wie alle großen Organisationen, das Problem, dass sie mit ihren Programmen nicht bis an die Basis bei den lokalen Bauern durchdringt. Auch ihre politische Beratungstätigkeit bewirkt nicht allzu viel. Das liegt aber auch an den Regierungen und deren Verständnis von Landwirtschaft. Der Job, den der jetzt ausgeschiedene Generaldirektor José Graziano da Silva bei der FAO gemacht hat, war durchaus nicht so schlecht. Wir müssen abwarten, wie sich sein chinesischer Nachfolger Qu Donyu schlagen wird.

Sind Ernährungssicherheit und Hungerbekämpfung auch und vorrangig eine Geldfrage? Es heißt immer wieder, dass zehn Milliarden Dollar nötig wären, um den Hunger zu besiegen. In diesem Kontext wird dann gern auf die 300 Milliarden Dollar weltweiter Rüstungsausgaben hingewiesen.

Es geht sicher nicht um eine Einmalzahlung, die alles verbessert. Man kann mit zehn Milliarden leider auch viel Unfug anrichten. Nach der letzten Nahrungsmittelkrise 2008/2009 hat die Weltbank zum Beispiel hauptsächlich die Düngerproduktion subventioniert. So kann ich viel Geld ausgeben, ohne wirklich zu helfen. Aber viele Bäuerinnen und Bauern und viele Projekte brauchen Mikrokredite, also kleines Geld. Das ist bis heute knapp, und für die Entwicklungsorganisationen ist es einfach zu teuer, es an die Frau und den Mann zu bringen. Damit es gelingt, dass sich in den ländlichen Regionen Afrikas und Asiens regionale Märkte entwickeln und eine Subsistenzlandwirtschaft leben und überleben kann, wäre Geld durchaus hier und da von Nutzen. Das gilt übrigens nicht nur für Afrika, sondern auch für Mecklenburg-Vorpommern.

In Europa sind die Geflüchteten nach wie vor ein großes Thema, und eine der zentralen Forderungen heißt: Fluchtursachen in den Herkunftsländern bekämpfen! Können Sie erkennen, dass für die kleinbäuerliche Landwirtschaft und für die Ernährungssicherheit jetzt tatsächlich mehr getan wird? Dass man genauer hinschaut, wo und wie geholfen werden kann?

| Kennedy war der Erste, der in den 1960er-Jahren gesagt hat: Wir haben die Mittel, um den Hunger weltweit zu besiegen, alles, was uns fehlt, ist der politische Wille. Wir haben also eine lange 60-jährige Geschichte des »Yes we can« und der gleichzeitigen Ignoranz gegenüber der Wirklichkeit des Hungers. Dass jetzt die »Angst vor dem schwarzen Mann« in Deutschland und in Europa wirklich das Bewusstsein schärft für die Probleme des Hungers im subsaharischen Afrika, wage ich zu bezweifeln, auch wenn vielleicht für das eine oder andere Entwicklungsprojekt etwas mehr Geld fließt. Wir bekommen ja nicht mal die Fluchtursachen in den »strukturschwachen Regionen« im eigenen Land in den Griff. Das Wort »Fluchtursachenbekämpfung« ist im Übrigen schon begrifflich eine Degradierung der Menschen. Es geht dabei ja nicht um ein Auskommen und ein gutes Leben für die Betroffenen, sondern einzig darum, die Flucht des schwarzen Mannes nach Deutschland und Europa zu verhindern.

Auch aus moralisch zweifelhafter Motivlage heraus kann es trotzdem zu verstärkten Hilfsangeboten kommen. Hat die Politik gelernt, dass Hunger, Klima und Flucht eng zusammenhängen? Dem Krieg und Chaos in Syrien gingen eine heftige Dürre und eine entsprechende Ernährungskrise voraus.

| Seit der Französischen Revolution wissen wir, dass Regierungen und ganze Staatsgebilde zerfallen, wenn die Grundversorgung mit Lebensmitteln nicht mehr funktioniert. Hungersnöte sind das

Trauma aller Regierungen. Solange die Menschen nur auf dem Lande hungern, lässt sich damit vielleicht noch ein Entwicklungshilfe-Geschäft machen. Aber wehe, sie hungern in den Städten und ziehen vor die Paläste.

Die Landflucht in die Städte dürfte sich weiter fortsetzen. Bevölkerungswissenschaftler erwarten bis zur Jahrhundertmitte sechs Milliarden Einwohner in den Städten und drei Milliarden auf dem Land. Es ist noch nicht so lange her, da stand es pari.

Solche Extrapolationen des herrschenden Trends halte ich für ziemlich wacklige Prognosen, auch wenn sich dieser Trend zuletzt dramatisch beschleunigt hat. Die Landflucht führt in einigen Regionen zu städtischen Agglomerationen, die in dieser Form nicht überlebensfähig sind. Solche Zahlen in die Welt zu setzen, ohne dazuzusagen, dass diese Entwicklung nicht zukunftsfähig ist, ist eine gefährliche Koketterie mit absehbaren Katastrophen.

Wenn die Stadtbevölkerungen weiter wachsen werden: Welchen Beitrag zur Versorgung kann »Urban Agriculture« oder »Urban Gardening« leisten? In der vietnamesischen Metropole Hanoi sollen bereits 80 Prozent des benötigten Gemüses innerhalb der Stadt kultiviert werden.

Urban Agriculture spielt eine zunehmend wichtige Rolle. Sie versetzt die Armen in die Lage, selbst etwas zu tun, und – ganz wichtig – sie führt zur Gemeindebildung innerhalb der anonymen Städte. Gemeinsam etwas anbauen und sich selbst versorgen, das dafür nötige Wasser beschaffen und zugleich die Mikroökologie der Städte verbessern – das kann Urban Agriculture. Auch Berlin verfolgt ja das Ziel, mit dem Pflanzenbau in der Stadt das Klima zu verbessern. Die städtische Begrünung ist also auch jenseits der Versorgungsfrage wichtig, weil sie dem Wohlbefinden in der Stadt dient. Und sie ist ein Statement und Schutzschild: Wenn ich innerhalb der Stadt Gemüse anbaue, kann ich die urbane Umwelt nicht immer weiter vergiften. Wenn in manchen Städten jetzt schon 60, 70 oder 80 Prozent der Gemüseversorgung abgedeckt werden, ist das ein beachtlicher Erfolg. Die großen Ackerflächen für Getreide und Ölfrüchte stehen in den Städten natürlich nicht zur Verfügung. Alles Gemüse der Welt wächst dagegen auf nur fünf Prozent der Ackerfläche, die Obstproduktion auf nur vier Prozent.

Auch in unseren Städten ist die Urban-Gardening-Bewegung inzwischen mehr als nur ein Hobby. Und wir haben in den Städten eine starke Veggiebewegung, die in Sachen Ernährung selbstbewusst den Takt klopft und die Diskurse bestimmt. Können diese Impulse dazu führen, den nach wie vor hohen Fleischkonsum zu reduzieren? Haben wir »Peak Meat«, also den Höhepunkt des Fleischkonsums, in den alten Industrieländern vielleicht schon überschritten?

Auf jeden Fall. Die Gemeinschaftsgärten und die neue Veggiebewegung erscheinen zuweilen ein wenig schrill, aber sie haben Ausstrahlung. Wir haben hier einen »Weltacker« in Berlin, da kommen Schüler aus Marzahn, schauen sich das an und sagen: »Was, Kartoffeln wachsen unter der Erde, ist ja voll eklig!« Natürlich kannst du jedem urbanen Veggie vorrechnen, dass sein Ressourcenverbrauch immer noch obszön hoch ist, aber dabei übersieht man die wirklichen Erfolge. Fleischessen wird nämlich mehr und mehr zu einer prolligen Angelegenheit. Wer etwas auf sich hält, wer sich fit halten will, wer seine Reproduktionschancen verbessern will, wer seine Leistungsfähigkeit in dieser narzisstischen Facebookwelt optimieren will, der isst weniger oder gar kein Fleisch, weil dieses Fleisch allmählich und immer stärker nach ranzigem Fett stinkt.

Die Statistik zeigt bisher nur leichte Rückgänge im Fleischverzehr. Wir sind in Deutschland immer noch bei rund 60 Kilogramm.

Das geht nur langsam voran, aber dennoch hat sich viel in der Wahrnehmung von Fleisch verändert. Die Veggiebewegung hat einen wichtigen Einfluss. Ich bin allerdings kein Freund der veganen Landwirtschaft. Wir brauchen die Tiere in der Landwirtschaft, wir müssen sie wertschätzen. Wir brauchen sie auch zum

Erhalt unserer Kulturlandschaft, wir brauchen die Wiesen und Weideflächen.

Außerhalb der alten Industrieländer wird der Fleischkonsum weiter zunehmen. China hat inzwischen westliche Verbrauchsziffern erreicht. Jetzt schauen alle auf Indien.

Das ist eine spannende Entwicklung: Wenn wir Indien und China vergleichen, sehen wir sie in den 1960er-Jahren auf annähernd gleichem Niveau, was das Fleischessen angeht. In beiden Ländern hat sich in den vergangenen 20 Jahren ein neuer städtischer Mittelstand herausgebildet. In China liegt der Fleischverbrauch heute fast auf unserem Niveau, in Indien ist er dagegen kaum gestiegen.

Geht das auf den religiös-kulturellen Einfluss des Hinduismus zurück?

Die indische Küche ist nun mal überwiegend vegetarisch. Was wir hier in Deutschland beim Inder an Chicken-Curry vertilgen, ist sicher nicht landestypisch. Es gibt in Indien jenseits der heiligen Kuh die Tradition, wenig oder gar kein Fleisch zu essen. Ich glaube nicht, dass es gelingen wird, diese Kultur mit unseren westlichen Fleischbergen und unserem Junkfood umzudrehen. Die berühmte Western Diet erscheint mir zunehmend trumpartig. Ihre Archetypen sind fette weiße Männer, mit denen niemand mehr ins Bett gehen will, weil sie aus dem Mund müffeln. Auch in China wird sich der Trend bald umkehren, zumal die Adipositas dort heute schon heftige Spuren hinterlässt. Es gibt in China auffallend viele fette Kinder. Die nächste Elterngeneration wird verstärkt darauf achten, dass man sich gesünder ernährt und dann auch weniger Fleisch isst.

Vielleicht essen sie dann auch in China schon Kunstfleisch aus dem Labor. 2021 will die Firma *Mosa Meat* In-vitro-Fleisch aus der Laborküche im großen Stil auf den Markt bringen. Auch der Hühnerschlachter *Wiesenhof* ist inzwischen eingestiegen. Wird sich Kunstfleisch zu einer realistischen Alternative entwickeln?

Alle setzen auf Kunstfleisch. Bill Gates hat Hunderte von Millionen Dollar investiert, und das ist keine Charity-Veranstaltung. Er will damit richtig Geld verdienen. Ich halte den Markt aber für begrenzt. Das ist für mich eine Art Übergangskost, das Methadonprogramm der Fleischindustrie, wenn man so will. Ich glaube, dass die meisten Menschen das echte Fleisch in Maßen dem Kunstfleisch vorziehen werden.

Weil Laborfleisch den Konsumenten unnatürlich erscheint? Oder weil es zu teuer sein wird?

Weil sich unsere Ernährungsgewohnheiten stärker verändern werden, als wir es heute für möglich halten. Andererseits scheint das Geschmackserlebnis von gebratenem Fleisch für uns stammesgeschichtlich offenbar eine große Rolle zu spielen, das sitzt tief in unseren Genen drin. Seit wir gelernt haben, Aas zu grillen, sind wir darauf abonniert. Aber ich kann nicht glauben, dass Fleisch aus der Retorte wirklich die Zukunft unserer Ernährung sein soll.

Neben dem hohen Fleischverzehr, der dafür sorgt, dass große Mengen wertvoller Nahrungsmittel in Viehfutter verwandelt werden, ist der Biosprit ein Konkurrent im Kampf um knapper werdende Ackerflächen. Ist der Boom für »Essen auf Rädern« erst einmal vorbei?

Ich bin gespannt, wie sich die Dürrejahre in Deutschland auf die 20 Prozent Ackerfläche auswirken, die hierzulande bereits für Biosprit und Energiepflanzen genutzt werden. Nach allem, was ich höre, haben die Biogasanlagen erhebliche Schwierigkeiten, genug »Futter« zu kriegen. Möglicherweise kommt es in diesem für mich nach wie vor perversen Sektor der Landwirtschaft jetzt zu einigen Turbulenzen. Der Boom beim Biosprit scheint tatsächlich vorbei zu sein.

Mit stark steigenden Ölpreisen könnte Biosprit aber wieder attraktiv werden. 100 Dollar für das Barrel Öl, und schon dürften

wir eine Renaissance erleben. Die Märkte sind meist elastischer, als wir denken.

Ich glaube nicht an eine echte Renaissance. Nach der großen Krise von 2008/2009 haben viele Institutionen und Politiker erkannt, dass der Biosprit für das Trauma der Preisexplosionen von Nahrungsmitteln und für die Hungerkrisen mit verantwortlich war. Die Regierungen wissen, es geht mir an den Kragen, wenn die Brotpreise in den Städten steigen und auf den Äckern blühen die Energiepflanzen. Zumindest die Zeit der hohen Subventionen für Biosprit ist endgültig vorbei. Zudem ist Biosprit immer nur ein Tropfen auf den heißen Stein. Wir vergeuden in Deutschland riesige Ackerflächen und decken damit ein paar Prozent des Spritbedarfs, anstatt ihn einzusparen. Das ist keine Lösung, das ist eine Bereicherungsform für Subventionsjäger.

Schlussfrage, Herr Härlin. Beim Blick auf die wichtigsten Entwicklungen der Landwirtschaft kann einem schon schwindlig werden: Zurückgehende Bodenfruchtbarkeit und Artenvielfalt, Wasserknappheit, Erdüberhitzung, anhaltende Landflucht, schnelles Bevölkerungswachstum und dazu die Krise des Multilateralismus, die Krise der internationalen Organisationen bei gleichzeitig zunehmendem Nationalismus. Wo nehmen wir jetzt den notwendigen Optimismus her, um bei Klima, Landwirtschaft und Ernährung im globalen Maßstab an die Wende zu glauben?

Ich habe unterschiedliche Quellen der Hoffnung. Eine ist die Begeisterung, die ich erlebe, wenn die Städter auf unseren »Weltacker«[166] kommen und sehen, was dort alles blüht und wächst. Die Kleinkinder, die Großeltern – alle haben eine archaische, kindliche Freude an dieser kleinen Landwirtschaft. »Mönsch, kiek ma, so sieht der Reis aus!« Da wächst auch in unseren Städten eine Kraft heran, die sich danach sehnt, etwas zu verändern. Davon bin ich fest überzeugt. Der zweite Hoffnungsträger ist der Zwang unserer postindustriellen Gesellschaft, den eigenen Körper und sein Image zu optimieren, sich fit und leistungsfähig zu halten. Dazu passt unsere alte fleischlastige Ernährungsform einfach nicht mehr. Auch meine Erlebnisse in Brasilien, Kenia, Thailand, Indien und vielen anderen Ländern machen mich optimistisch. Es braucht im Dorf nur eine charismatische Antreiberin oder einen wirklich überzeugenden Bürgermeister, die die Dinge in die Hand nehmen, und schon können mit geringsten Investitionen die tollsten Projekte entstehen. Wenn dann die Mitglieder einer solchen Gemeinde mit einem gewissen Leuchten in den Augen berichten, was auf ihren Äckern wächst, dass es funktioniert, dass die Kinder wieder eine Zukunftsperspektive haben, dann sieht man, was möglich ist. Dieses neue Konzept von Gemeinschaft und Wohlstand statt schieren Reichtums, ist etwas, um das die Reichen, die ein Herz und Kinder haben, schon hier und da die Ärmeren beneiden: das Richtige gemeinsam tun im direkten Kontakt und Einklang mit der Natur. Da geht es um ein einfaches gutes Leben. »Buen vivir« – so heißt die Bewegung in Lateinamerika.

Benedikt Härlin

studierte Philosophie und Psychologie. Er gehörte zur Gründergeneration der Berliner Tageszeitung »taz«, der Grünen und des Netzwerks Selbsthilfe. Er war Hausbesetzer, Schriftsetzer, Verleger und Autor, später Europaabgeordneter. Er arbeitete zehn Jahr für Greenpeace. 2003 wurde er von der Weltbank in den Aufsichtsrat der bisher umfangreichsten wissenschaftlichen Bestandsaufnahme der globalen Landwirtschaft und ihrer künftigen Herausforderungen, den sogenannten Weltagrarbericht (IAASTD), berufen. Dessen Ergebnisse verbreitet das Berliner Büro der Zukunftsstiftung Landwirtschaft, das Härlin seit 15 Jahren leitet. Neben agrarpolitischen Kampagnen, Konferenzen und Netzwerken betreibt er in Berlin den 2000 Quadratmeter großen »Weltacker«, einen Schaugarten, der auf exakt der Fläche, die für jeden Menschen an Anbaufläche zur Verfügung steht, die großen Herausforderungen der globalen Ernährung und Landwirtschaft auf ein menschliches Maß herunterbricht und sämtlichen Bildungs- und Altersschichten sinnlich erfahrbar macht.

Epilog

Zugegeben: Den Leserinnen und Lesern dieses Buchs ist einiges zugemutet worden, was dem Appetit nicht unbedingt förderlich ist. Die kranken Tiere im Biostall, die Kalamitäten in der Lachsindustrie, die Betrügereien mit Superfood – der Teller wurde immer mal wieder mit Not und Elend beladen. Selbst die Schlachthöfe, eine Tabuzone unserer Gesellschaft, sind im Fleischkapitel ausführlich behandelt worden. Das Dilemma: Kann man ein realistisches Bild unseres Ernährungssystems und unserer Esskultur zeichnen, ohne immer wieder unappetitlich zu werden? Eben.

Das Buch versuchte, über einige Themenfelder der Ernährung zu informieren und zu zeigen, wie sich die Esskultur verändert (hat), nicht mehr und nicht weniger. Es will kein Ratgeber sein. Es will eher Skepsis und Kompetenz der Leser schulen, damit sie nicht auf die unzähligen, oft dubiosen Ernährungsempfehlungen und -moden hereinfallen. Wir wissen noch lange nicht genug, um den Menschen anzuraten oder gar im Detail vorzuschreiben, was sie essen sollen und was wirklich gesund ist. Trotzdem geschieht genau dies tagtäglich. Der Blick in die Vergangenheit zeigt sehr schön unsere Irrtümer: von der fatalen Verteufelung des Fetts bis hin zu hysterischen Cholesterin-Kampagnen. Oder nehmen Sie den Kaffee: gestern noch ein Herzensbrecher, heute ein duftender Schutzengel mit besten sekundären Pflanzenstoffen. Oder die Milch, ein uraltes Nahrungsmittel: Sie sei gesund, versorge uns mit lebenswichtigen Nährstoffen, sagen renommierte Wissenschaftler. Das Kuheuter sei eine gute Saftbar für Kälbchen Peter, für Menschen aber vollkommen ungeeignet, monieren nicht minder renommierte Milchkritiker. Es ist erstaunlich, wie »wenig gute Belege es für den gesundheitlichen Nutzen oder das schädliche Potenzial eines jeden beliebigen Nahrungsmittels gibt«, so das ernüchternde Resümee des im Kapitel »Superfood« zitierten Epidemiologen Tim Spector, der sein ganzes Forscherleben diesen Zusammenhängen gewidmet hat.

Natürlich ändern sich auch die offiziellen Empfehlungen der Deutschen Gesellschaft für Ernährung immer wieder. Es ist noch gar nicht lange her, dass die DGE die wichtigsten Ernährungsregeln »angepasst« hat, wie es so schön heißt. So musste die Gesellschaft ihre Dauerempfehlung für fettarme Produkte ersatzlos streichen. Ebenso den Rat, mit reichlich Kartoffeln und Getreideprodukten den Speiseplan stark kohlenhydratreich zu gestalten.

Selbst die empfohlene Kalorienmenge ist innerhalb Europas von Land zu Land höchst unterschiedlich. Und jeder Verbraucher is(s)t anders, jeder hat eine andere genetische Disposition. Frauen essen anders als Männer, Bauarbeiter anders als Fotomodelle, Eskimos anders als Mittelmeeranwohner. Dazu kommen Lebensumstände, Unverträglichkeiten, Allergien, Vorlieben, Abneigungen, Krankheiten, Traditionen. Bei genauem Hinsehen entdeckt man, dass einige Empfehlungen an die Verbraucher rein politisch motiviert sind, wie das Beispiel Rapsöl zeigt. Weil in Deutschland keine Olivenbäume wachsen, wird regelmäßig Rapsöl empfohlen, obwohl Olivenöl geschmacklich und nutritiv dem Rapsöl überlegen ist. Auch die wiederholte Forderung nach mehr Schweinefleisch in Kantinen, Schulküchen und Kitas zeigt exemplarisch, wie stark unser Speiseplan von dumpfer Lobbypolitik beeinflusst ist. Andere Empfehlungen sind schlicht nicht umsetzbar. So empfehlen die Ernährungspäpste der DGE, mehrmals pro Woche fetten Seefisch zu essen, obwohl die überfischten Meere das gar nicht hergeben.

Zugleich gibt es ständig neue Entdeckungen der Forschung, die alte Weltbilder ins Wanken bringen. Aktuell zeigt das neue Verständnis des Mikrobioms – früher auch Darmflora genannt – als zweite Steuerzentrale des Körpers, dass Gesundheit und Wohlergehen nicht primär Kopfsache sind. Das neue Paradigma füllt jetzt bei immer mehr Verbrauchern den Einkaufskorb, denn wir lernen gerade, wie wir unsere Darmmikroben füttern und optimieren können. Aber: Müssen wir uns jetzt vor allem mikrobengerecht ernähren, oder darf's noch schmecken?

Dies soll, trotz vieler kritischer Informationen, auch ein Buch gegen Ernährungsfanatismus und für vernünftigen souveränen Genuss sein. Ein Essen mit Freunden am großen Tisch ist, selbst wenn es mal in ein Gelage ausartet, allemal gesünder als der politisch korrekte Eintopf von Otto Moralverbraucher. Man darf, man muss die Ernährungspolizisten immer wieder vom Tisch verjagen und gelegentlich über die Stränge schlagen. Man kann nicht alle ethisch-moralischen Implikationen beim Einkaufen, Kochen und Essen ständig mitdenken und zu erfüllen versuchen. Dazu wiederhole ich gern den Rat des Aachener Psychoanalytikers Micha Hilgers, den ich im ersten Kapitel zitiert habe: Wir müssen beim Einkaufen und Essen »Ambivalenz-Spannungen ertragen und Kompromisse eingehen«. Ungesund werde es immer dann, wenn wir unsere Werte verabsolutieren. Die richtige Balance zu halten zwischen Genuss und Verantwortung, das ist die Herausforderung – ein Stück Lebenskunst.

Dazu muss jeder Verbraucher seinen eigenen Kompass finden. Mehr Gemüse, mehr Ballaststoffe, weniger Fleisch, weniger Zucker und von allem nicht zu viel – solche Grundregeln sind aus vielerlei Gründen vernünftig und längst gesellschaftlich in den Hinterköpfen abgespeichert. Die Leitplanken sind abgesteckt, fast jeder kennt sie.

Von Seiten des Autors gibt es jenseits aller Ernährungsstile und der individuellen Auswahl der Lebensmittel nur *eine* Empfehlung: Kochen Sie selbst so oft wie möglich, meiden Sie jeden Industriefraß, misstrauen sie den Fertiggerichten der Ernährungskonzerne. Noch ist nämlich nicht erwiesen, dass die hochprozessierten Lebensmittel und Fertiggerichte überhaupt Lebensmittel sind. Was macht eine, sagen wir mal, essbare Stoffmixtur aus Stabilisatoren, Emulgatoren, Feuchthaltemitteln, Antioxidationsmitteln, Konservierungsstoffen, künstlichen Aromen, Geschmacksverstärkern, synthetischen Süßstoffen, hydrolisierten und isolierten Proteinen, zugesetzten Vitaminen und Mineralstoffen, dazu reichlich Fett, Salz, Zucker und Magermilchpulver – was machen solche Kunstprodukte mit unserer Körpermusik? Mit dem jahrtausendealten

Zusammenspiel von Geschmack und Konsistenz, die wir am Gaumen wahrnehmen und den dadurch in Gang gesetzten Prozessen in unserer Verdauung? Was sagen unsere Mikroben dazu? Hochprozessierte »Lebensmittel« decken in den USA inzwischen zwei Drittel des gesamten Speiseplans. Auch zu diesem Thema kursieren schon seit Jahren die richtigen Empfehlungen: Essen Sie nichts, wofür im Fernsehen geworben wird, nichts mit mehr als fünf Zutaten im Kleingedruckten, nichts mit Zutaten, die Ihre kleine Tochter nicht aussprechen kann.

Kochen Sie also selbst. Eignen Sie sich Kompetenz und Ernährungswissen an, das funktioniert am besten am eigenen Herd. Regelmäßiges Selberkochen ist ein Akt der Selbstbehauptung und muss nicht viel Zeit in Anspruch nehmen. Wer selbst einkauft und kocht, der weiß nicht nur, was er isst. Der macht sich allmählich auch lebensmittelschlau, widersteht der *consumer confusion*, entwickelt womöglich eine Leidenschaft für gute authentische Erzeugnisse und einen Blick für echte Qualität. Es wird zwar pausenlos über Essen und Ernährung geredet, aber es fehlt an Wissen und Beurteilungsvermögen. Aktuelle Ernährungsreports bestätigen, dass immer weniger Zeit für die Zubereitung und das Kochen von Lebensmitteln verwendet wird. Gleichzeitig boomt der Markt für Kochbücher, teure Haushaltsutensilien und Designerküchen. Umgekehrt wäre es sehr viel gesünder und natürlich genüsslicher.

Genug! Der letzte Satz dieses Buchs soll ein nobler sein: Für den Berliner Philosophen Wilhelm Schmid ist Ernährung »ein sinnvolles Objekt der Sorge für sich selbst, um sich mit sich zu befreunden und ein bejahenswertes Leben zu führen«. Und wenn die Liebe tatsächlich durch den Magen geht, dann, so Schmid, ist Ernährung »der Ausdruck dieser Liebe, der intimste Akt, den das Selbst tagtäglich mit sich vollzieht, intimer als die zeitweilige innige Berührung beim erotischen Akt …«.[167]

Anmerkungen

1 Yelena Mejova et al.: #Foodporn: Obesity Patterns in Culinary Interactions around the world. International Conference on Web and Social Media 2016

2 Christine Ott: Identität geht durch den Magen – Mythen der Esskultur. S. Fischer, Frankfurt 2017, S. 442

3 Hartmut Rosa: Die Einverleibung der Welt. Umweltmagazin zeozwei 3/2015

4 Gunther Hirschfelder: Europäische Esskultur – Geschichte der Ernährung von der Steinzeit bis heute. Campus, Frankfurt 2001, S. 7

5 Michael Pollan: Lebensmittel – Eine Verteidigung gegen die industrielle Nahrung und den Diätenwahn, Goldmann 2009

6 Gisela Groß und Ulrike von Leszczynki: Angst vor Lebensmitteln. Stern.de, Juni 2017, https://www.stern.de/gesundheit/ernaehrung/angst-vor-laktose-und-gluten--warum-jetzt-alle-ernaehrungshypochonder-sind-7497958.html

7 Persönliches Gespräch mit Micha Hilgers, September 2019

8 Hanni Rützler, Wolfgang Reiter: Muss denn Essen Sünde sein? Verlag Brandstätter, Wien 2015, S. 24

9 Jürgen Dahl: Zwölfzylinder schadstoffarm. Scheidewege, Jahresschrift für skeptisches Denken 21/1992, S. 245

10 Coffee to go-Einwegbecher – Umweltauswirkungen und Alternativen. Hintergrundpapier der Deutschen Umwelthilfe, Oktober 2018

11 Bettina Weiguny: Der Lieferheld. Frankfurter Allgemeine Sonntagszeitung, 25.8.2019, S. 24

12 Alexander Kühn: Das große Schlingen. Der Spiegel 29/2019, S. 68

13 Tadashi Ogawa: Das Essen im hochtechnisierten Zeitalter. Aus dem Buch: Essen – Wissen, Erkundungen zur Esskultur, herausgegeben von Harald Lemke und Tadashi Ogawa. Iudicium-Verlag, München 2008, S. 125

14 Bundesanstalt für Landwirtschaft und Ernährung: Bericht zur Markt- und Versorgungslage Kartoffeln 2018

15 Wolfgang Abel: Generation lecker. Slow-Food-Magazin 2/2012

16 Wolfger Pöhlmann: Es geht um die Wurst. Albrecht Knaus-Verlag München 2017, S. 429

17 Wilhelm Schmid: Ethik der Ernährung. Aus dem Buch: Essen – Wissen, Erkundungen zur Esskultur, herausgegeben von Harald Lemke und Tadashi Ogawa. Iudicium-Verlag, München 2008, S. 22

18 Vegan und vegetarisch lassen sich nicht immer trennen, zumal der wichtigste Interessenverband Proveg beide Ernährungsstile unterstützt. Die Bezeichnung »Veggie« benutze ich synonym für Pflanzenesser, gewissermaßen als vegan-vegetarisches Konglomerat.

19 Udo Pollmer, Georg Keckl, Klaus Alfs: Don't Go Veggie! – 75 Fakten zum vegetarischen Wahn. S. Hirzel-Verlag, Stuttgart 2017 (4. Aufl.)

20 Kai Funkschmidt: Erlösung durch Ernährung – Veganismus als Ersatzreligion. Materialdienst der Evangelischen Zentralstelle für Weltanschauungsfragen 11/2015 (Teil I) und 12/2015 (Teil II)

21 Deutsche Gesellschaft für Ernährung: Position zur veganen Ernährung. April 2016, https://www.ernaehrungs-umschau.de/print-artikel/15-04-2016-vegane-ernaehrung

22 Christine Ott: Identität geht durch den Magen – Mythen der Esskultur. S. Fischer-Verlag, Frankfurt am Main 2017

23 https://proveg.com/de/5-pros/pro-umwelt/klimawandel-ursachen-massentierhaltung/

24 Christoph Drösser: Fleischloser Führer. ZEIT ONLINE, 18.7.2011

25 Marie Rövekamp: Probleme mit der Fleischeslust. Tagesspiegel-Online, 25.3.2015

26 Hanni Rützlers Foodreport 2019 – eine Publikation des Zukunftsinstituts in Kooperation mit der Lebensmittelzeitung

27 »Vegane Fleischalternativen erobern den Markt«: Interview mit Thomas Ludwig. Proveg-Homepage, Februar 2019, https://proveg.com/de/vegane-fleischalternativen-erobern-den-markt

28 Manfred Kriener: »Peta verhandelt mit Wiesenhof«. taz, 17.9.2015

29 »Besseresser«. Der Spiegel, 27.4.2019

30 Paul Shapiro: Sauberes Fleisch – Wie tierfreies Fleisch unser Essen und die Welt revolutionieren wird. Jim Humble Verlag, Roermond 2019, S. 41

31 https://www.mosameat.com

32 https://www.aerzte-gegen-tierversuche.de/de/helfen/aktionen/2488-fks-frei-naehrmedien-ohne-fetales-kaelberserum

33 Du und das Tier, Magazin des Deutschen Tierschutzbundes 4/2018, S. 15

34 Marta Zaraska: Is Lab-Grown Meat Good for Us? The Atlantic, August 2013
35 Hanna Tuomisto et al.: Environmental Impacts of Cultured Meat Production. Environmental Science & Technology, Juni 2011, S. 6117–6123
36 Shapiro, S. 125
37 Inge Böhm, Arianna Ferrari, Silvia Woll: In-Vitro-Fleisch. Institut für Technikfolgenabschätzung und Systemanalyse, Karlsruhe, Oktober 2017
38 M A.T. Kearney: How will cultured meat and meat alternatives disrupt the agricultural and food industry?, Mai 2019
39 Christina Hartmann, Michael Sigrist: Insects as food: perception and acceptance, Ernährungsumschau international 3/2017
40 Arnold van Huis et al.: Edible insects – Future prospects for food and feed security. FAO Forestry paper 171, Rom 2013
41 Sabine Bonneck: Entomophagie – Überbewertet und gruselig? Vortrag bei der Food-for-Future-Konferenz in Köln, September 2018
42 A. Müller et al.: Entomophagy and Power. Journal of Insects as Food and Feed, 2016, S. 121–136
43 Andrew Müller: Insekten sind nicht die Nahrung der Zukunft. Die Tageszeitung (taz), 27.7.2019, S. 24
44 https://snackinsects.com, siehe unter »Fragen«
45 Appetit-Lexikon von 1894. Neuauflage im Oase-Verlag, Badenweiler 1997, S. 147
46 Nichtorte der Fleischindustrie – Fakten und Hintergründe zum Schlachten in Deutschland, ein Forschungsprojekt des Deutschen Instituts für Wirtschaftsforschung, des Wissenschaftszentrums Berlin und der Leibniz-Gemeinschaft. Berlin 2018
47 Wikipedia zum Stichwort »Schlachtfest«, https://de.wikipedia.org/wiki/Schlachtfest
48 Alexander Bauerkämper: Das große Schlachten – Der Schlachthof als literarischer Schauplatz und Resonanzraum tierethischer Reflexionen. Masterarbeit 2015, FU Berlin
49 Maritta Adam-Tkalec: Historisches Berlin – Eine Stadt voll Fleisch und Blut. Berliner Zeitung Online, 23.10.2017, https://www.berliner-zeitung.de/berlin/historisches-berlin-eine-stadt-voll-fleisch-und-blut-28631940
50 Daphne Demmler: Leistungsabhängige Gesundheitsstörungen bei Nutztieren für die Fleischerzeugung (Schweine, Rinder, Hühner, Puten) und ihre

Relevanz für § 11b Tierschutzgesetz (»Qualzucht«). Dissertation 2011, FU Berlin
51 Friederike Albersmeier et al.: Zur Wahrnehmung der Qualität von Schweinefleisch. Universität Göttingen, Oktober 2009
52 Redaktion Fleischwirtschaft.de: Fleischkonsum – Deutsche essen immer weniger. 25.3.2018
53 Bundesministerium für Ernährung und Landwirtschaft: Deutschland, wie es isst – Ernährungsreport 2019, https://www.bmel.de/DE/Ernaehrung/_Texte/Ernaehrungsreport2019.html
54 Florian Stark: Nur durch Fleischkonsum war die Menschwerdung möglich. Die Welt, 31.3.2016, https://www.welt.de/geschichte/article153842714/Nur-durch-Fleischkonsum-war-die-Menschwerdung-moeglich.html
55 Véronique Bouvard et al.: Carcinogenicity of consumption of red und processed meat. The Lancet 16, Dezember 2015
56 Die Essenmacher. Edition Le Monde diplomatique, taz-Verlag 2018, S. 69
57 Franziska Koch et al.: Meat consumers and non-meat consumers in Germany. Journal of Nutritional Science, Mai 2019
58 Tamara Pfeiler: Du bist, was Du isst? Psychologische Forschung zum Fleischkonsum. Aus Politik und Zeitgeschichte, Januar 2018, S. 32
59 Johann David Michaelis: Der dubiose Metzger. Zitiert aus: Leben, Töten, Essen – Anthropologische Dimensionen. Hirzel-Verlag, Stuttgart 2000, S. 247
60 Klaus-Michael Meyer-Abich: Was sind wir dafür schuldig, dass wir von anderm Leben leben? Zitiert aus: Leben, Töten, Essen, s. o. S. 231
61 Lierre Keith: Ethisch essen mit Fleisch. Übersetzt und bearbeitet von Ulrike Gonder. Systemed-Verlag, Lünen 2013
62 Anita Idel: Die Kuh ist kein Klimakiller – Wie die Agrarindustrie die Erde verwüstet und was wir dagegen tun können. Metropolis, Marburg 2010
63 J. W. Reijs et al.: Grazing dairy cows in North-West Europe. LEI-Report 2013
64 Tine Stein: Moral in Zeiten der Klimakrise. FAZ, 24.6.2019
65 Brian Machovina et al.: Biodiversity conservation: The key is reducing meat consumption. Science of the Total Environment 536, Juli 2015
66 Robert Goodland, Jeff Anhang: Livestock and Climate Change, Worldwatch-Institute, November 2009

67 OECD-FAO: Agricultural Outlook 2019–2028. Rom 2019, Fleisch-Kapitel ab S. 166

68 Die Zahl bezieht sich auf die Bruttomenge, die beim Händler über den Tresen geht (»retail weight equivalent«).

69 Brian Machovina et al., s. o.

70 www.sojatoaster.com: Soja – Globale Mengenverteilung und Mengenströme, ohne Datumsangabe

71 Thomas Fischermann: Mission Kettensäge. ZEIT ONLINE, 29.7.2019

72 Gemeinsame Erklärung des Forums Umwelt & Entwicklung und des Deutschen Naturschutzrings, 27.8.2019

73 Bund Ökologische Lebensmittelwirtschaft (BOEL): Zahlen, Daten, Fakten – Die Bio-Branche 2019

74 Jürn Sanders, Jürgen Heß (Hrsg.): Leistungen des ökologischen Landbaus für Umwelt und Gesellschaft. Thünen Report 65, Januar 2019

75 BOEL: Zahlen, Daten, Fakten – Die Bio-Branche 2019

76 Agrarmarkt Informations-Gesellschaft: Marktversorgung und Importe von Bio-Produkten. 12.3.2018

77 Nils Klawitter: Not mit dem Nachschub. Der Spiegel 15/2017

78 Jost Maurin: Bio-Restaurants ohne Kontrolle. Die Tageszeitung (taz), 20.2.2017

79 Benninger, Richter, Sundrum: Statusbericht zum Stand des Wissens über die Tiergesundheit in der Ökologischen Tierhaltung – Schlussfolgerungen und Handlungsoptionen für die Agrarpolitik, Universität Kassel, Fachbereich Ökologische Agrarwissenschaften, 2004

80 Krieger et al.: Prevalence of production disease related indicators in organic dairy herds in four European countries. Livestock Science 198, Februar 2017

81 Ulrich Schumacher: Schlechter als ihr Ruf – Zustandsanalyse und Entwicklungsperspektiven der ökologischen Tierhaltung. Der Kritische Agrarbericht 2014

82 Die verschiedenen Bio-Verbände haben im Detail unterschiedliche Richtlinien, wobei die nicht verbandsgebundenen EU-Bio-Richtlinien weniger anspruchsvoll sind als die Vorschriften von Demeter oder Bioland

83 Niggli et al.: Mit Bio zu einer modernen nachhaltigen Landwirtschaft. Diskussionspapier zum Bio-Landbau, 2. Entwurf, 30.9.2015

84 Eckehard Niemann: Gegen Agrarindustrie-Bio. Unabhängige Bauernstimme, April 2012
85 Julia Springmann: Preiskampf in der Biobranche. Die Tageszeitung (taz), 17.6.2019
86 Susanne Tappe: Eine Frau ohne Wenn und Aber. Greenpeace-Magazin, März 2013
87 Scientific, Technical and Economic Committee for Fisheries (STECF): Monitoring the performance of the Common Fisheries Policy. Luxemburg 2018
88 Rainer Froese et al.: Status and rebuilding of European fisheries. Marine Policy 93/2018, S. 159–170
89 Administrative Agreement between the European Commission and the International Council for the Exploration of the Sea. März 2018
90 Charles Glover: Fisch kaputt – Vom Leerfischen der Meere und den Konsequenzen für die ganze Welt. Riemann-Verlag, München 2005, S. 132
91 Glover, s. o., S. 111
92 FAO: A third assessment of global marine fisheries discards. Rom 2018
93 Mark Kurlansky: Kabeljau – Der Fisch, der die Welt veränderte. Verlag Econ Ullstein List, München 2000, S. 52
94 FAO: The state of world fisheries and aquaculture 2018. Rom 2018, S. 4
95 Bernd Dörries: Wie EU-Staaten das Meer vor Westafrika leerfischen. SZ-Online, September 2017
96 FAO: The state of world fisheries and aquaculture 2018. Rom 2018, S. 6
97 Wilfried Huismann: Das Geschäft mit dem Fischsiegel – Die dunkle Seite des MSC. WDR, April 2018
98 FAO: The state of world fisheries and aquaculture 2018, Kapitel Aquakultur ab S. 17. Rom 2018
99 WBGU-Hauptgutachten: Welt im Wandel – Menschheitserbe Meer. Berlin 2013
100 ISFA-Report 2018: http://www.salmonfarming.org/cms/wp-content/uploads/2018/06/ISFA-JUNE-2018-REVISED-FOR-FOR-WEB1.pdf
101 Servicio Nacional de Pesca: Informe Sobre uso de antimicrobianos en la Salmonicultura nacional. August 2018
102 Douglas Fraser: Scottish salmon farming's sea lice crisis. BBC-News, Februar 2017, http://www.bbc.com/news/uk-scotland-38966188

103 Chile: Konferenz zur Lachslaus-Problematik. Fischmagazin-online, November 2018

104 Maritza Sepulveda et al.: Escaped farmed salmon and trout in Chile: incidence, impacts, and the need for an ecosystem view. Inter-Research, Dezember 2013

105 Norwegen: Zahl der Escapes um fast die Hälfte gesunken. Fischmagazin-online, Januar 2016

106 Trine Ytrestøyl et al.: Utilisation of feed resources in production of Atlantic salmon in Norway. Juni 2015, http://www.sciencedirect.com/science/article/pii/S0044848615300624

107 Tirza Meyer: Giftige Fischsuppe. FAZ.net, März 2018

108 Manfred Klinkhardt: Lachs – Die Erfolgsgeschichte des Zuchtlachses. Fachpresse-Verlag, Hamburg 2005

109 Bernhard Feneis: Welche Potentiale und welche Entwicklungschancen hat die Aquakultur in Deutschland? Loccumer Protokolle 9/2014

110 Mattea Dallacker et al.: Parents considerable underestimation of sugar and their child's risk of overweight. International Journal of Obesity 42/2018

111 Zahlen der International Diabetes Federation, https://idf.org/aboutdiabetes/what-is-diabetes/facts-figures.html

112 WHO: Obesity and Overweight, Key facts. 16.2.2018, https://www.who.int/news-room/fact-sheets/detail/obesity-and-overweight

113 Wirtschaftsvereinigung alkoholfreier Getränke: Entwicklung des Pro-Kopf-Verbrauchs von alkoholfreien Getränken nach Getränkearten 2012–2018, https://www.wafg.de/fileadmin/dokumente/pro-kopf-verbrauch.pdf

114 Gert Mensink et al.: Konsum zuckerhaltiger Erfrischungsgetränke bei Kindern und Jugendlichen in Deutschland – Querschnittergebnisse aus KIGGS. Journal of Health Monitoring 3 (1), 2018, S. 32–39

115 Cornelie Pfau et al.: Häufig im Lebensmitteleinzelhandel gekaufte industriell vorgefertigte Produkte und ihre Energie- und Nährwertgehalte, insbesondere Fett, Zucker und Salz. Max-Rubner-Institut, November 2017

116 Jason Fung: The Obesity Code – Unlocking the Secrets of Weight Loss. Greystone Books, Vancouver 2016

117 Robert H. Lustig: Die bittere Wahrheit über Zucker. Rivaverlag, München 2016

118 Jörg Blech: Süßes Gift. Der Spiegel 15/2018

119 Deutsche Gesellschaft für Ernährung: Fructosezufuhr fördert hepatische Insulinresistenz – auch bei Nicht-Diabetikern. DGE-Info 4/2017, S. 50–52
120 Goncalves MD et al.: High-fructose corn syrup enhances intestinal tumor growth in mice. Science 363, März 2019, S. 1345–1349
121 Serge H. Ahmed et al.: Sugar addiction – pushing the drug-sugar analogy to the limit. Clinical Nutrition 16, 4.7.2013, S. 434–439
122 EU.L.E. e. V.: Ernährungsunsinn des Monats – WHO will weniger Zucker. April 2015
123 Matthias Schulze: Macht Zucker krank? Aktuelle Ernährungsmedizin, Oktober 2018, S. 20
124 Ulrike Gonder: Freispruch fürs Fett. Edition Le Monde diplomatique Nr. 24, Die Essenmacher, Berlin 2019
125 M. Dehghan et al.: Associations of fats and carbohydrate intake with cardiovascular disease and mortality in 18 countries from five continents. The Lancet 390, 2017, S. 2050–2062
126 Leonie H. Bogl et al.: Ernährungsgewohnheiten und Adipositas bei europäischen Kindern. Ernährungsumschau international 10/2018, S. 164–169
127 P. Philipsborn et al.: Environmental interventions to reduce the consumption of sugar-sweetened beverages and their effects on health. Cochrane Database of Systematic Reviews, Issue 6, Art. Nr. CD012292, 2019
128 OPG-Spezial: Sonderausgabe Adipositas. Mai 2019, S. 17
129 Bundesministerium für Ernährung und Landwirtschaft: Presseerklärung Nr. 194, 30.11.2018
130 Matthias Schulze: Macht Zucker krank? Aktuelle Ernährungsmedizin Oktober 2018, S. 20
131 Jörg Blech: Süßes Gift. Der Spiegel 15/2018
132 Mit Süßstoffen steigt das Diabetesrisiko. Ärztezeitung, 30.11.2017; Richard Young et al.: Impact of artificial sweeteners on glycemic control. Abstract #193, Meeting der European Association for the Study of Diabetes, Lissabon 2017
133 Jotham Suez: Artificial sweeteners induce glucose intolerance by altering the gut microbiota. Nature 514, 9.10.2014, S. 181–186
134 Robert Mach: Alternative Süßungsmittel. Aktuelle Ernährungsmedizin, Oktober 2018, S. 50

135 Johannes Ritter: Der schwierige Kampf gegen den Zucker. FAZ, 6.11.2017, S. 19
136 Gary Taubes: The Case against Sugar. Portobello Books, London 2017
137 Max-Rubner-Institut: Superfood für Superhelden. MRI-News, 8.3.2016
138 https://www.zeit.de/2016/43/avocado-superfood-anbau-oekologie-trend
139 Avocados in der Kritik – Ist Bio besser? Bio-Markt.info, 19.12.2016
140 Avocado-Boom führt zu illegaler Abholzung in Mexiko. Spiegel-Online, 29.8.2016
141 Andrew Stevens: Quinoa Quandary – Cultural Tastes and Nutrition in Peru. 8.5.2015, http://andrewwstevens.com/wp-content/uploads/2015/06/Quinoa.pdf
142 Quinoa – Züchtung für den Anbau in Europa. Ernährungsumschau 12/2018, S. 663
143 https://www.zeit.de/wissen/gesundheit/2018–02/ernaehrung-superfood-faelschung-chia-basilikum-interview
144 Tina Sikka: Contemporary Superfood Cults. Aus dem Buch »Food Cults«. Rowman & Littlefield, Lanham 2017
145 Praxis-Interview: Einheimische Superfoods sind besser. Deutsche Zeitschrift für Onkologie 49, 2017, S. 192–193
146 https://www.zeit.de/2016/43/avocado-superfood-anbau-oekologie-trend
147 Verbraucherzentrale Bundesverband: Superfood – Hype um Früchte und Samen. 9.9.2019
148 Andreas Michalsen: Mit Ernährung heilen – besser essen, einfach fasten, länger leben. Insel-Verlag, Berlin 2019
149 Robert D. Hancock et al.: Berry fruit as superfood: hope or hype. Biologist 54, Mai 2007
150 Tim Spector: Mythos Diät – was wir wirklich über gesunde Ernährung wissen. Berlin-Verlag 2016, S. 88
151 Untersuchungsämter für Lebensmittelüberwachung und Tiergesundheit Baden-Württemberg. Auf der Internetseite www.ua-bw.de finden Sie unter dem Begriff »Superfood« in der Suchmaske die Untersuchungsergebnisse der Jahre 2016–2019
152 Nicolai Worm: Täglich Wein – Gesünder leben mit Wein und mediterraner Ernährung. Hallwag-Verlag, Stuttgart 1996

153 Klaus Jung: Wein, Genuss & Gesundheit – Eine Darstellung aus ärztlicher Sicht. Woschek-Verlag, Mainz 1994

154 Deutsche Hauptstelle für Suchtfragen: Alkohol? Weniger ist besser!, www.dhs.de/fileadmin/user_upload/pdf/Broschueren/z-Card.pdf

155 Angela Wood et al.: Risk thresholds for alcohol consumption. Lancet 391, 14.4.2018

156 Anne Krebiehl: Herausforderung Klimawandel: Vinum, Magazin für Weinkultur, Juni 2019, S. 20

157 Forschungskreis der Ernährungsindustrie: Forscher entwickeln erfolgreich Minimierungsstrategie für Petrol-Fehlnote im Riesling. FEI im Fokus 31.10.2018

158 Vinum, Juni 2019, S. 25

159 Gottfried Knapp: Warum die Deutschen sich weigern, das eigene Land zu entdecken. Süddeutsche Zeitung, 4./5.8.2001

160 Reinhard Heymann-Löwenstein: Terroir – Weinkultur und Weingenuss in einer globalen Welt. Kosmos-Verlag, Stuttgart 2009

161 Vinum-Weinguide Deutschland 2018. Christian-Verlag, München, S. 29

162 Katja Trippel: Die Trauben und der Tod. SZ-Magazin 19/2019

163 Brief des Generaldirektors des CIVB, Fabien Bova, an die SZ-Autorin Katja Trippel, 17.5.2019

164 Mitteilung des Deutschen Weininstituts DWI

165 Tote Kalorien kommen von Nahrungsmitteln, wie Weißmehlprodukten, Süßigkeiten und fettigen Snacks, die außer Energie kaum lebenswichtige Nährstoffe liefern.

166 Informationen zum Weltacker unter www.2000m2.de

167 Wilhelm Schmid: Ethik der Ernährung – als Element der Lebenskunst in einer anderen Moderne. Aus dem Buch: Essen – Wissen, Erkundungen zur Esskultur, herausgegeben von Harald Lemke und Tadashi Oghawa. iudicium-Verlag, München 2008

Register